献给所有相信爱情 愿意用心经营婚姻的朋友

婚姻的十万个为什么

一部全方位解密两性婚姻的情感百科

潘幸知

（著）

光明日报出版社

情感自立是女性一生的必修课

从做女性主义自媒体"sharpshow"以来，我见到了太多太多在爱情中困惑的女性朋友。为了爱，奋不顾身，飞蛾扑火；也害怕爱，痛过以后，把自己蜷缩在厚厚的壳里，担心被再次伤害。这本书给我的定位是"情感医生"，这也是2014年年初我给自己的定位。

每个人都是独立鲜活的个体，所谓的爱的方法论——如果真的可以包治爱情的病，何以中国五千年历史长河，全是花好月圆的祝福，或是悲剧故事的蔓延？如果爱真能用科学手段、化学程式，在固定时间，用固定比例来书写，又怎能给人生那么多邂逅与惊喜？这才是人生真正的意义所在，即：你不知道在什么时间，什么地点，以什么样的方式，爱上一个你或许应该爱或者不该爱的人。

作为情感医生的我们，不是去帮助你爱上某个人或者不爱某个人，不是劝诫你离开某个人或者不离开某个人，而是帮你剖析：你今天为什么会面临这样的困境？你为什么会爱上这类特质的人？你因为什么而痛苦？你需求什么而你又缺失了什么？帮你寻找焦虑的根由，重新审视当下的资源，并且沿着自己可以掌握的资源，在情感医生的搀扶下，走向更好的自己，走进更广阔的空间。那么到了最后，在情感的道路上，你终将学会一个人更好地独立行走。

情感不独立，精神压抑，在中国，不是一个人两个人面临的问题，它成了一个普遍现象。这跟我们所受到的教育和家庭成长环境不无关系。

在我们的教育体系里，自始至终，没有任何一门跟情商有关的教育，只有来自父母的经验教训；没有任何一门教你如何正确看待自我、规划自我的课程，我们所有的关于情感的认知，全部来自于每个人在实践中的摸爬滚打和对青春无穷无尽的损耗。

我们常常说，中国最近三十年走过的历程，相当于西方国家三百年走过的路。把三百年的发展压缩到三十年里，科技革新以及价值观巨变、财富新贵快速迭代所带来的社会变迁，又如何不给每个人带来巨大的冲击？

中国女性，很幸运地生活在新旧价值观交替的时代。一方面，我们女人要抬头挺胸做女人，要在男人作主导的世界混出一个人样来；另一方面，我们也要做传统的女性，享受照顾家庭的成就感，不想让自己完全被事业所牵绊，又有何不可？当然也有人的观点有些偏激，觉得自己凡事要强调个性独立，有男人没男人一个样。她们活得尖锐，不让自己的生活为男人留下任何空间。还有一些秉持传统价值观的女性朋友，则面临着丈夫对妻子的要求发生变化：既要下得了厨房，又得出得了厅堂。在这个时代，女性也不知道应该对自己有什么样的要求，对另一半应该有什么样的要求。男性也不知道，到底对妻子有着什么样的角色期待，因为他们对另一半的角色期待，在不断产生变化。

如今，男性思想观念发展的速度，远远赶不上女性觉悟的速度，这就是为什么"剩女"频现的原因。然而这个时代，同样是可以冲破藩篱勇敢做自己的时代，你可以不拘泥于一个城市，你可以换一种活法。所有你认为的束缚和阻力，其实根源全部来自于自身，而冲破自我束缚，才是精神自由、情感独立的关键。

只有一名"情感医生"是远远不够的。纵观业内情感咨询现状，又乱象颇多：没有任何相关心理学、社会学知识积淀或行业背景的人或机构，就敢做情感咨询的；还有自诩为情感导师的，看似站在女性立场，把男人痛骂一通，或者各种支招的，其实只是搏出位、出名，对于存在的问题治标不治本。一方面，大众对专业情感医生的需求，是刚需；另一方面心理咨询师们在如何应对市场化、如何满足用户需求上，又有很大的距离。于是在这一年里，以"华人女性的24小时贴身情感陪护"为依托，我建立了"幸知在线"情感咨询平台，我们在国家二级心理咨询师的基础上进行培训，让数百位比我优秀的情感医生，真正成为这个时代女性精神的引路人。未来，一定是数千位、数万位，而他们，一定是经过"幸知在线"咨询师考核委员会严格地盖章认证过的，对女性的影响，也将是巨大的。

又或者，当你打开这本书的时候，或许你还不知道我是谁，只是这本书的书名"婚姻的十万个为什么"吸引了你，你觉得你可能需要。当你读到这篇文字的时候，我们之间心的链接已经在建立。因为，从此之后，你可以随时随地找到"我"——情感医生，我们会给到你 24 小时的贴身情感陪护。不用害怕现在，也不用害怕可能会面对的未来。情感是女性一生的课程，在这条曲折的路上，我们会一直一直陪伴你。所以，独立爱，勇敢爱，为你觉得值得爱的人。爱上不值得爱的人，也没有关系，及时抽身离去，即使痛，我们也会帮助你，砥砺出美丽的花骨朵，凌霜而开。

《婚姻的十万个为什么》一本书，打不了十万个问号，但是，六个章节，皆为抛砖引玉而设，启发你思考，帮助你探索恋爱、婚姻的答案。某个问题里，也许有与你相似的身影。当然，如果你还是想不明白，或者觉得需要深度疗伤，一句话，我们随时可以建立联系。在这个世界上，我们都不是孤立的人，可以拥抱取暖，可以互助同勉。借此我们共同抵达精神自由的彼岸。

潘幸知

2015. 8. 28

目录 CONTENTS

第一章
Chapter 1
婚姻前奏：
因为爱情？

第三节 做自己想做的事，选择自己想要的爱人

第四节 随缘，是一个很大的陷阱

第二章

Chapter 2

婚姻进行曲：
像看陌生人一样
重新审视他

第一节 你认为他是个好人，也许只是你的认知错误

第二节 恐婚：我们到底在恐惧什么

第三节 很多人结婚，走了两种极端

第四节 我们选择爱人还是选择父母？

第四章

Chapter 4
婚姻与忠诚：
能控制欲望的人，
才能让欢愉大于愁苦

第一节 欲望的引诱——往前一步是出轨，往后一步是花心

第二节 做了情人就要有接受不幸的觉悟

第五章

Chapter 5
婚姻与家庭：
聪明爱，理智活

第六章　Chapter 6
婚姻与自我：
你需要一堂灵魂修复课

第一节 你可以爱他，但绝不要以自我牺牲为代价

Chapter 1
婚姻前奏:
因为爱情?

第一节 找到一份让你感受到尊重、平等和关怀的爱情

在生活中，我看到女性受到最多的困扰，不是不愿付出爱，而是在过度付出爱中受伤太深。爱一个人的时候，我们会因为各种各样的事担忧，好像自己的一颗心都系在他身上了一样。担心自己做得不够好，让对方厌恶；担心自己错过了什么，担心冷落了他……总之我们会特别用心去"爱"。

我们怕自己做得不够多、不够好，也是源自于心底里对"得到"的渴望：我对你好，你就会对我好；我付出得多，那你也会为我做得更多。但是我们没有发现自己心中暗藏的期待，而且大多时候会因为期待没有得到回应，或是没有得到理想中的回应而失望。所以我们并不知道自己做了这么多其实"与他无关"——因为根本不确定他是否需要。

譬如你总是在等待，等他早点回家，等他一起吃饭，等他一起出门……或者尽可能多地陪伴他，不让他一个人待着。以他为中心的生活是那么的辛苦，但是你却毫无怨言。如果他并不领情，甚至是压根儿就没有发现你为他做了那么多，你就会愤怒、委屈和受伤。你想和他在一起，因为和他在一起比较有安全感，可是你要明白：这是因为你有这种需求，然后才会去付出时间和努力，并不是你为他所做出的牺牲。

对方对来自于你的恣意汪洋的爱没有做好准备，一开始可能会享受，然后就是习以为常，最后突然发现原来还需要付出代价。一考虑到自己有可能付不起这个代价，于是他的潜意识里就会产生了抵抗，杜绝再次接收，甚至攻击这份爱。

你做了你愿意做的事，也应该允许他去做他愿意做的事。不是谁付出得更多、做得更好才能得到更多的爱。留出一部分精力来好好爱自己吧。让自己有一个好的状态，然后和他一起经营属于两个人的感情。并能给予他机会，让他知道在两个人的感情世界里，需要他做什么。只有你能够做好自己，他才能正视你的存在，就算他偶有生气不满，但是也有平等谈判、寻找解决问题办法的选择，绝不会如从前一般视你的爱为包袱和累赘，迫不及待地想要逃离。

我们不要轻易去爱，就算要爱，也不要沦为情绪操控的奴隶——完全感性行事，弄得自己遍体鳞伤。

当我们看不清自己的需求，迷失了自己甚至丢了自己时，爱对方就变成指责和苛求对方，无时不在的关注和担心让对方喘不过气来，所谓的自我牺牲只会让对方觉得窒息。用力过度的结果，双方都会疲惫不堪，甚至伤痕累累。

从现在起停止这种徒劳的做法吧，尊重他也尊重自己，弄清楚自己真正想要的。理解他，允许他做他自己。适当的合理的要求他做需要他做的事，也愿意和他一起去做他喜欢的事，哪怕只是去尝试——也代表了你有了一个很大的进步，爱得理智，爱得聪慧，如此才能实现对这份爱的把控。

1 我们要爱，但必须学会把控爱

问：你好，我自身的条件很好，走在街上回头率保守估计也有 60% 以上，前男友的自身条件也不错。和前男友相处时始终认为应该相互坦诚，所以在相处的一年里，平时和谁接触都会如实告知他。

我的男性发小、同学都很多，关系也都很好，这样会不会让男生觉得我不是好女孩呀？可是我的女性朋友也很多啊。恋爱时他因为工作忙，多是我先联系他，一周最多见面两次。我也埋怨过他对我不怎么亲密，也很少主动打电话给我。他说："你想我就给我打电话呗。"现在想想当时的自己好贱。

当时我很喜欢他，他也知道，但我感觉他并不爱我。虽然每次出差他都会给我带礼物，大约 200 元左右。最贵重的礼物是他送我一个 ipad，我觉得礼物太贵重了，后来他买手机时，我假装和他打赌打输了送他一个 iphone。还有一次我特意试探他说，我做梦梦到我结婚，新郎不是他，可是却怎么也找不到他，最后哭醒了。他回我说梦是反的，再也没别的话了。

我真的好心寒，他也从来没有对我说过承诺的话，后来我对他也越来越怀疑，相处一年后我实在很痛苦就和他分手了。他有挽回，说有考虑和我结婚，但我最终还是选择分手。半年后，在他生日当天我电话里对他说："我依然很爱你，但无法接受一个不爱我的男人。"此后相互也再无联系了。

补充一下：我普通一本，他毕业后在职读研，经济收入略高于我，双方家庭旗鼓相当，他有房有车。我们相互见过家长，他家里人对我都非常满意。我妈因为他对我冷淡，多次劝我分手，但我执意坚持，我妈也尊重我的选择，我妈对他也很好。我不明白他对我到底是怎么想的，我到底哪里出问题了，让他如此对我。另外，我是本分人家孩子，性格开朗，爱交朋友，但自身很保守，从不去夜店酒吧，始终坚持婚后性行为。

答： 什么才是他爱你的标准？承诺？他是一个善于表达的人吗？我不知道。如果他是一个内秀的男人，他也考虑过跟你结婚，难道这不是一个承诺吗？但是这个承诺被你试探性的分手打破了。你心里不想分手，但还是选择了分手，因为你受不了他不爱你并且对你冷淡的表现。你明明跟对方分手了半年，他早已适应了你的分手，但你依然放不下自己，告诉他你依然爱他，给了一个甜枣再打一棒子，说无法接受他不爱你。其实我了解你的内心，希望他能主动示好，如果能够这样，即使是赴汤蹈火，我相信你也在所不辞。但是他，用沉默应对。

男人和女人虽然是同一星球的生物，但却是不同的物种。很遗憾，相处一年、分手半年的爱情，捡起来还想要如初始般甜蜜，实在太难。分手半年，你还在痴痴想他，他的心却早已不在此，适应了没有你的生活。这跟你出没出问题没有任何关系。因为你所谓的"问题"本身，只是社会道德标准，或者说社会普遍的价值观。比如说，如果你出轨了，是你有问题，如果你觉得他条件不够没有房子，可能也是你所顾虑的问题。但是这些都没有，又是为什么呢？

两个人之间无法相爱下去，问题是双方的，不是单方的。一个女人脾气很坏，算不算问题？一个男人总是家暴，算不算问题？男人出轨找小三，算不算问题？但这些常人觉得是问题的背后，两个人还爱得撕心裂肺死去活来，如果是这样，那他们之间，就没有问题。

他不爱你了，可能是因为你不是他喜欢的类型了，仅此而已。没有对错可言。或者他曾经表达过他所希望的，但是被你拒绝了，而他很在乎两个人相处时要有这个，但你觉得，可以没有。这个时候，也许分歧就出现了。在你零星的文字里，我读出了他的沉默，却没有读出他沉默的原因所在，我相信是会有的，只是这个分歧被你忽视了。

我做个猜想，只因你加上了最后一句话"我是本分人家孩子，自身很保守，从不去夜店酒吧，始终坚持婚后性行为"。我想知道，他对这点是怎么看的？两个人之间，共同的性观念很重要。有时候，男生会觉得女生不愿意和他发生性行为，是因为还不够爱他。就像女生觉得男生不提到婚姻是因为不够爱她一样。我觉得你之所以加上这句，是因为，这曾经成为分歧？

好好回顾一下你们在一起的点滴，也许你能找到蛛丝马迹。另外，性格开朗、有很多朋友，不会让男生觉得你不是好女孩。

坚持自己，因为这就是你，这就是你的魅力所在。如果因为他不愿意不喜欢，就委曲求全放弃了自己喜欢社交的天性，没有必要。再一个，男女之间的爱和礼物，请不要过分用金钱去衡量价值。

祝你幸福，找到一份让你感受到尊重、平等和关怀的爱情。

2　每一段不成熟的爱情，都会帮助自己更好地成长

问：我和他谈了九个月的恋爱，刚开始我并没有很喜欢他，因为刚工作，很多烦心事，他适应我的生活节奏，适应我的习惯，讨好我和我的家人、朋友，对我百般依赖，于是我就逐渐深深地爱上他了，他的性格、一举一动都在我脑海里留下深刻的印象。

谈婚论嫁时，因为房子的问题，他说压力很大，他说我们性格不合适，于是他就离开了，并且分手的第二天他就和他同事好上了。我就纠缠他20天，甚至放下自己的自尊求他回来，可是他说回不去了，他喜欢那个女的。

在纠缠的过程中我发现自己很多时候会恨他，想毁了他，我觉得他不会幸福的。我做得不对吗？

答：和对方分手，是为了有机会能够收获更多的幸福，而不是钻营在过去的情感中，这样反而延长了自身的不幸。你和他的感情已经过去了，一味地怀念他从前如何的好，只是反衬了你如

今内心的悲伤；他用多短的时间去爱上另一个她，你越在意也只是加深了你此刻的痛苦。其实，这跟你都不再有关系。

不要试图用他过得不好去证明这是上天的报应。或者说，看他过得好，一定要跟他你死我活、一损俱损。咱不做损人不利己的事情。迈过这个坎吧！不管过去他是如何地讨好你，现在他就是不爱你了，你如何的委曲求全都没有用。你应该庆幸，他的早点离开，恰恰给了你机会去好好地爱上更适合你的人。你所要做的，就是想办法过得更精彩，比过去更幸福。只有你自己能够左右自己的人生。他人的磕绊，都只是路上的风景。

另外，一定记得学会反思，每一段不成熟的感情，都应该帮助你更好地成长。幸知姐不了解"房子"中有个什么样的故事，但是有些经济条件强迫不得，要学会相信自己和自己的另一半，是有潜力会越过越好的一对。

③ 为了爱情，请有所保留地与他分享你的全部

问： 我和我男朋友刚刚分手，因为我男朋友知道我以前流产过，他说他接受不了，想了很久，最终决定分手。其实我们一直以来感情都很好，都见过父母。突然间他告诉我这个，还玩失踪让我找不到。

我们本来过年的时候是要订婚的，我也一直都认定了他，以前

都好好的，结果他现在就消失了。就算嫌弃我也好，不想见我也好，就不能当面给我一个交代吗？现在没有了他，我心里既空虚又茫然。就是因为我流产过才这样对我的吧？这么多年的感情都是狗屁！难道我的幸福就这么毁了吗？我再也不敢相信爱情了！

答：男人和女人行为模式不同。男人有事喜欢憋在心里，自己承受，不想说的、觉得不该说的，一律憋着：我一辈子不让你知道。女人却并非如此，爱他爱得真切，什么都不会隐瞒，竹筒倒豆子，把一切说个痛快。觉得反正他爱你，让他了解自己的全部又如何？殊不知，就算是干柴烈火时，这样完全揭晓的全部，竟成了难以挽回的心痛。

不是爱情不再值得相信，只是因为男女生理结构不同所导致。现代社会依然是男权时代的延续。很多秘密，女人可以跟闺蜜分享，却不能跟男友倾诉。请有所保留地去爱吧，为了你，也为了他，更为了你们的爱情。

④ 不顾一切地去爱，在我们是浪漫在父母却是灾难

A问：我今年23岁，谈了一个男朋友，但是爸爸妈妈不同意，觉得不般配。他学历比我低，长得也不好看，家境一般，工作也不好，爸妈觉得找这样的女婿让他们没脸，拿断绝关系、断

绝生命威胁我，我该怎么办？我们确实相处得很好，为什么爸爸妈妈会有这么多偏见，我为什么就要成为他们风光的工具，我很痛苦。

　　B问： 姐，我失恋了。我恋爱的时间很短，仅仅一个月，可是我真的很喜欢他，他是我一个朋友介绍的，比之前家里让我相亲的那些人都有感觉，喜欢他的成熟、幽默、进取、孝顺。可他是回民，我是汉人，他的家庭不接受我，但是他的弟弟的女朋友同样是汉人，他的家里却可以接受。我很不平衡，他没有给我一个争取的机会，仅仅是把家里的决定通知了我，其余什么也没做。

　　他为什么不争取？同样我也有这种民族压力，可我争取到了机会，他放弃了，我入戏太深、太快，可他还在前女友造成的伤害中没有走出来，害怕再受伤害。我已经提前被他伤了，对于爱情，还有什么可相信的，生活真的就是随便找个人搭伙过日子吗？！

　　答： 对于A，条件是相对的！今天条件好，明天也许就变差了。同样道理，今天的穷苦男，明天也能飞上枝头当凤凰。第一，相信你的眼光。你相信他，他就是潜力股。第二，婚姻的本质是找个共患难的人，无论条件如何，都愿意一起走。第三，人比人，气死人，内心的幸福不是比出来的。女人是男人的伯乐，可是很多时候女人有眼无珠，于是这个男人这辈子也就这样了。

　　再来说B，他父母是因为你是汉人才无法接受的吗？还是因为有其他原因？据你所说，他弟弟的女友是汉人，却被父母接受了。民族的问题我无法支招。但是，我觉得这在你们俩之间不是根本问题。根本的问题是，他放弃了，他害怕伤害。爱情当然可信，问题是他不够爱你，至少没你爱他这般爱你。

以上两个都是跟父母相关的恋爱问题，一个是两人真心相爱但父母以死相逼非要拆散；还有一个是男方父母不接受所以提出放弃。在这里引申出来一个值得我们思考的问题：父母在我们的感情中到底有多大的影响力？

说起影响力，我们这一次先探讨标准不一致的问题。很多人认为是观念不同导致的。观念肯定有关，但追究根源，父母或者长辈在子女择偶方面的标准和当事人之所以有那么大的差异，是因为父母在思考合不合适的时候，往往不会考虑你们的感情，只看实际因素。

当事人考虑是否走入婚姻的最大标准就是感情依据，然而这个东西除了本人以外别人是看不到的，所以作为父母长辈，只能从其他方面来看待这份感情。而且最需要强调的一点就是作为当事人男女的差异，因为父母不同意而跟家里闹僵的姑娘比比皆是，但是死活要抵抗父母非跟姑娘在一起的男人大概只出现在偶像剧里吧。

这是因为男人的思维方式更加理性和具体，感情当然重要，但这只是因素之一，在看待婚姻的问题上，他们更倾向于"父母视角"，会考虑现实可行性。表面上看来男人薄情，但这却从侧面反映出姑娘们对待感情的盲目态度，为了爱情就什么都不管不顾，这不是真心，只是幼稚罢了。

有的人可能会不满，说爱情就是这样的，掺杂了其他就不纯粹了。爱情的确是人类的最高级别的人际吸引，但是跟什么人相爱不值得自豪，如果缺乏相应的经营能力，迟早会失去的。为了爱情跟父母闹僵，反映出的不过是不成熟的处事方式和没有预见性的思维方式，到最后吃了苦连倾诉的地方都没有了。

我从来无意去批判感情中双方的对错是非，幸福是可以自己创造的。爱情很珍贵，但是姑娘们不能过度依赖感情并把它当成人生的全部意义。情感自立，确实是需要现代女性努力去学习和消化的重要课题。

⑤ 一开始就错的爱，如若动心也请及早收心

问：幸知，你好。我是一名大二的学生。我在学驾校时遇到了一名教练，他32岁，离婚无小孩，现在单身。我好像喜欢上他了，他好像也喜欢我吧。我不敢确定。只是觉得他很幽默，有颗年轻的心，和他在一起时挺开心的。

他喜欢旅游，向往自由，我也是，我想这是我们唯一相似的地方吧。他说他都习惯孤独了，不想谈朋友了，但是我和他散步时有时候他会牵我的手，我不知道这是什么意思？他说他害怕两个人相处，和他在一起散步时也感觉他心情比较沉重吧，问他发生过什么他也不肯说，他说没必要说。可是我想知道，却发现不了。而且他的职业决定他会遇到很多人，如果只是因为我是他的学员而喜欢我，那他有一天也会喜欢上其他人。

我很担心，也很纠结，虽然现在是喜欢他，但是我不敢保证以后也喜欢。我只是觉得现在这样陪着他就可以了，但是他说他不喜欢晚上，晚上一个人回去对着电脑然后睡觉，想想觉得还是挺心疼的吧。我应该怎么办呢？

答：读大二的你，其实还不是真正懂得爱情。相信我，这不过是一场邂逅老男人的露水情缘。谁不喜欢旅游？谁不喜欢自由？他所谓的孤独，只是故意为你开了一道缝隙，挑拨你的心疼，诱使你乖乖上钩。你们若是真正相爱，必能坦诚相见。否

则，经不住任何考验。

问：辛知你好，我和我男朋友谈了五年多，我一直觉得我很爱他，这辈子除了他我不会嫁给别人。

去年我们两家一起给我们付了首付买了房子，如果一切都按计划进行的话，今年把房子装修好明年春天我们就会结婚。

可就在前段时间，我在网上认识了个男的，他是当兵的，我们聊天他问我有没有对象，我隐瞒了我有对象的事。我从小就想当兵，可因为现实条件等原因没有如愿，所以我对当兵的有种特殊的好感。

当初他加我为好友，我之所以同意，也是因为他军人的身份。后来他说让我做他女朋友，我没有拒绝也没有接受。

他在网上叫我老婆，被我男朋友看见了，我男朋友很生气要和我分手，我苦求他原谅我，说我不会和他再联系了，我男朋友原谅了我。可实际上我和那个男的并没有断了联系。

前两天我男朋友又从手机里看见我和那个男的聊天，我知道我把他伤得很深，可我真的不想分手，我也说不清是因为我还爱他，还是因为我们一起买房，所有人都知道我们在一起的缘故，分开后我不知道怎么和我爸妈解释，可我又不想断了和那个男的联系（我们没有见过面，只打过两次电话，他在部队也没时间聊天）。

现在我男朋友第二次原谅了我，我知道我应该断了和那个男人的联系，才对得起我男朋友，可心里就是放不下这件事，我不知道该怎么办，难道我喜欢上那个男的了吗？

答：明明一切都按计划进行，但是你中途变卦了，别给自己找借口，因为自己小时候想当兵，遇到当兵的就隐瞒了对象。

你男友那么疼你爱你，第二次原谅了你，你还要一只脚踏两只船。其实爱情中没有所谓对得起、对不起，而是一个素未谋面的男人，你真的认定跟他就一定会比现在幸福吗？

如果你真的放心不下，还想给自己一次选择的机会，那你去见见那个男的吧，也许他是你心目中的男人，也许完全不是。见过面，再综合分析你们的可能，再下定决心做出选择，否则这样的所谓爱情，不过是一次平和现实的精神刺激。

什么叫爱上了没有结果的人？其实这只是一种爱情幻觉。无论是驾校教练还是兵哥哥，其实跟姑娘们之间，不要说了解，连实质性的接触都没有。面对一个陌生人，也许是好奇，也许是兴趣，也许有激情，但是如果说爱，那只不过是一时的爱情幻想，是在种种表象交织之下产生的幻觉。一旦真的相处了，这种幻想很快就会破灭。

爱情幻想，不分男女，任何人都会有。即使走入了婚姻，我们也很难保证这一生只对一个人动心，不被配偶以外的人吸引。但是成熟除了承担责任以外，还有重要的一点就是对爱情幻想加以分辨，并且克制。

因为动心导致自己痛苦纠结，或者差点结不成婚，这都是因为在恋爱这个人生课题上磨炼不够，光知道动心，做不到收心，就会让自己陷入困境。最好的方式就是把对他人的好感转化成持久的欣赏与友情。

6 什么样的年龄决定你谈什么样的恋爱

问：潘老师，最近我陷入一个怪圈：有感觉的，不愿付感情；愿意付感情的，没感觉。不知道是不是我太急着找男朋友／老公了。最近两个男生，都是很快就跟我有亲密动作的，但最后都被我拒绝了，我好像有些怕男生的……我30岁了还是处女，我没有这个情结，只是我有心结，就是太快了，会让我很害怕（小时候父母有过感情方面的问题），我很害怕在感情上受伤，会很痛……也不想让我自己感觉我很随便（从小家教很严，在感情方面很保守），我不知道怎么办了。

答：小时候家庭情感的阴影，还有保守的家教，一直没有遇到愿意真心付出的爱人，让你变成了大龄处女。这个年纪的你，太着急找男友或者老公是个很正常的事情。

什么样的年纪基本决定你谈什么样的恋爱。如果你今年16岁，你的爱情可以不管物质，不管未来，可以很纯粹，可以投入到很受伤，但是三十岁的年纪，你会犹豫自己到底有没有沉沦的资本，而且已经接受的教育和经历让你很"清醒"，不愿意沉沦。

很快有亲密动作，是这个年纪的男生的本能。不过他如果真的爱你，告诉他，我想他会等你做好准备。不太了解你"有感觉的，不愿付感情；愿意付感情的，没感觉"这个悖论是怎么形成的，是因为有感觉但是觉得他各种基础不够不足以成为你未来的丈夫吗？

害怕、受伤，有时候是人生必然的经历，逃不去躲不掉。对感情出现的任何可能，要有迎接的勇气。走过去了，自然海阔天空。祝福你。

每个人到了该恋爱结婚的年龄却迟迟找不到结婚对象确实会很着急、焦虑，担心年龄越大，越不容易找，所以你的这种心态每个人都会有。

小时候家庭的影响确实会对孩子造成一定的影响，比如父母之间感情怎么样，他们相互是怎么对待的，他们是相敬相爱还是彼此冷漠，他们婚姻中相处的模式会直接影响到孩子未来恋爱婚姻的价值观。如果他们之间比较冷漠或长期争吵，会让孩子潜意识里觉得婚姻是可怕的。女孩认为男人是可怕的观念，影响到自己的择偶观。另外你说从小父母对你管得严，这或许无形当中让你产生了对别人的距离感、不信任感：小时候的经验告诉我他们有可能都是坏人，我可能会受到伤害，这使你不能敞开心扉地与人相处，相处中不敢全情投入。当然就很难建立关系了。虽然说小时候的影响固然深远，但你是成人了，自己有为自己幸福负责的能力，所以未来的交往中你要试着敞开自己的心扉，痛痛快快地谈一场恋爱，从经历中慢慢改变你以往的那些固有观念，唯有体验过深刻的感情后才有可能进入婚姻。

另外婚姻不是儿戏，草率的婚姻注定不会幸福，你在与人交往特别是亲密关系交往中需要学习提升，人际交往能力包括和人建立关系和保持关系的能力。当务之急你需要学习提升自己的婚恋能力，边学习边寻找你的有缘人。为了找到合适的人，用点时间也值得，毕竟关乎自己一生的幸福。

7 你不过是他在婚恋网站摇到的良家妇女

问：幸知，你好！我离婚后带一男孩，不是前夫不要孩子，而是我放不下孩子。自己能独立抚养孩子，父母经济能力也不错，也在尽心尽力帮我带孩子。

三个月前，我在世纪佳缘上认识了现在的男朋友，是他主动联系我的。他未婚，据说前女友留学找了老外结婚把他蒙在鼓里，对他伤害很大。他很善言谈，让我觉得很有才华，而且做得一手好菜，愿意为我买菜做饭，所以我喜欢上了这个男人。

接着他见了我父母，我父母也挺满意。有一段时间几乎每天中午到我家给我做饭。对孩子也挺好。后来我父亲生日，他也送了厚礼。孩子生病，也很给力帮忙找医院。

　　可是，他一到晚上就忙，说陪领导。周末更加不见人，**据说**
去外地做项目。最近这段时间，他曾经承诺我的带我见父母、给
我看他的证件资料、带我看他的新房，一概不断推延。总是说
忙，说忙完就好好跟我过日子。到现在，我连他住哪儿都不知
道，他说住姨妈家，不方便。除了一个人，一台车，我对这个人
真的什么都不知道了。之前带我去过他上班的地方，但是最近突
然又说辞职了。

　　他喜欢说很明显的谎言，也常被我识破。前几天发现他玩摇
一摇跟别的女人聊天，他说没什么，只是随便聊下。但是关于证
件，他说什么时候给我看户口本。关于见家长，他说遇到阻力，
家里反对。我问他怎么办？他总说忙完这段时间再说。总觉得最
近他做的和说的完全不同。我不知道他是否是真心？放弃的话，
我又害怕只是自己多疑而错过了他。

　　答："可是他一到晚上就忙，说陪领导。周末更加不见人，据
说去外地做项目"，陪的什么领导？在哪家饭店？在外地哪里做什
么项目？不用事事了解，但是总得有个大概去向，好心中有数。

　　连证件（身份）都不确认的男人，你就往家带？就带着见父
母？你不知道他住哪，朋友是谁，晚上、周末在干啥。这样的男人
在暗，你在明。连他上班的地方你都没搞清楚，他的交际圈你无法
涉入，你不过是他在恋爱网站摇到的良家妇女，他还在继续摇着。

　　这样的男人，赶紧放弃吧！你就当是摇一摇摇到的漂流瓶，

赶紧扔回人类的海洋里去吧。别被他一时扔出的本钱迷惑了。

8 当一团乱麻时，先挑关键的解决

问：幸知您好，我有一个感情上的困难想寻求帮助。我去年谈了一个女朋友，但我妈反对，因为我女朋友是农村的，且有四个兄弟姐妹，她父母又是住在县城的小商户。我妈就认为我以后如果娶了她，就会被她家的人拖累，被我女朋友掐得死死的，给我们家带来沉重的负担。为了这件事，我经常跟我妈争论，关系也有些僵了。我妈威胁道：要是娶她，就断绝母子关系。还说我来自城市的，又是公务员，找个农村的自损身价。

然后我和我女朋友的关系也出现问题了。当初是我同学介绍的，因为是远房亲戚关系，所以认识不到一个月就恋爱了。但是拍拖后不到半年，共同语言就没多少了。她之前一直觉得我不会主动去找她，主动去说话。她也几次说跟我在一起没意思了，想结束这段关系，但没付诸实践。实际上一是我的性格原因，二是我妈反对，我只有偷偷找她，我还时常买礼物给她的。再到后来我们就更少见面了。最近她两次因为一些事情跟我发脾气，微信朋友圈都不让我看了。我真是两边都很难受，一直纠结该怎么办。

我很喜欢客家女生，因为在那里生活过，有感情。但客家女生绝大部分都是来自农村的，这点我妈又不同意，她还不让我找 O 型血女生，怕以后生小孩有 ABO 溶血症。我和我妈似乎都没什么好谈的了，谈不到一块。我也不敢把我女朋友的工作情况告诉给我妈，她是做电信客服的，因为上班原因我们见面时间也少。我们的关系都濒临分手了。真的很难受，我怕我提出分手的话，会引发未知的不利情况，也会受人非议，我现在都不敢跟外人谈起我的感情现状，总之很想寻求解决之道，不胜感谢！

答：在中国大部分家庭，谈恋爱是两个人的事情，结婚是两个人同时也是两个家庭的事情。从你表述的内容看，不管是和她偷偷地在一起还是谈到分手，你首先考虑的是其他人的感受。在一起怕伤及家人，分手怕有未知不利情况发生，这样看来，其实是你之外的力量在控制你目前的恋爱和未来的婚姻，而你并未采取主动去和母亲沟通，和你女朋友沟通，换一种说法就是，你自己并没有明确的目标，更不用说去付诸实践。

感情现状不敢和外人谈起，这是可以理解的，但如果当事人你都不谈，那又怎么能说希望或者不希望继续一段关系呢？如果说在这个问题上可以给你一个建议，那就是先冷静下来，抛开其他外界因素，只考虑你是不是有和她在一起的强烈欲望，如果有，那你首先得先去赢得她的芳心，之后再一起努力把外界的障碍通过积极的沟通去逐一解决。心动不如行动，有时候与其被一堆问题绕得迈不开腿，不如索性梳理一下，挑关键的先解决。

9 生肖八字相冲是个古老的咒语，本质是爱情里产生了畸形关系

问：幸知，你好，很高兴在头条上看到你回答的情感困惑。我和男朋友相恋一年半左右，刚开始的两三个月我们感情很好，彼此都很开心，可是去年国庆节后，他告诉我说他的家人不同意我们在一起，原因是我们生肖相冲，他父母担心我们结婚后不能白头到老。

那之后我们之间虽然没有分手，但是他对我却没有那么热情了，过年也没有带我回他家。今年我没有上班，我们同居在一起，他也没有和我发生关系，对我谈不上好还是不好，反正就是让我吃饱穿暖，彼此之间渐渐没有什么共同的话题，就好像生活了几十年一样，出门也不要我牵他手，在家也不让我抱他、撒娇，所有亲近的事情我们都没有。他也不亲近我，同居一年也是相敬如宾，没有越轨。

我好困惑，我不知道他是什么想法，他每月都会给我生活费，也会给我买一些护肤品、衣服之类的。可是除了吃饱穿暖，他从不关心我心里在想什么，虽然他也偶尔跟我父母一起吃饭，但是他也少言少语。他本来也比较内向，不爱说话。

今年十二月他妈妈从老家过来看他，顺便见见我，和他妈妈相处了一天。他妈妈对我表示满意，可是后来拿着我们的生辰八字去算命合八字之后，给我打了几次电话，都说属相相冲，怕以

后不能白头偕老，所以不知是同意还是反对，他们怕同意我们结婚以后不能白头，反对又怕我男朋友以后不好找对象而怨恨他们。我听了这些话真的好难过，一面是我男朋友的态度我不知道，一面是他父母的那些话语，我很迷茫，不知如何是好。

答：生肖相冲，八字不合，是个古老的诅咒。你信，它就存在，你不信，它就不存在。既然他的父母相信，往后一旦有一朝一夕的争吵，都有可能被衍化放大，而后你们就中了咒。

不过，抛去这个诅咒不说，你们之间，尚未结婚，就已相敬如宾，这往后的日子还怎么过？你都说了，不让你抱，不让你撒娇，没有亲近关系，只有一个理由可以解释——他不爱你了。

对于一个女人来说，我不明白为何今年你没有上班，并且需要男人来接济生活费。这本来就是一个非常畸形的关系。他对你，更多的是责任而不是爱。只有自爱独立、自拓生活圈的快乐女人，才招男人喜爱。

10 嫁给"奶嘴男"，同时也是嫁给他妈

问：我和我男朋友是在网上认识，认识第二天他就带我去见他妈了，因为他爸是军人，住在部队，所以就见了他妈！他家庭条件很好，他特别听他妈妈的话，他也很被他妈娇惯，跟

他在一起，他每天都要打电话让我陪他妈晚上去公园锻炼身体，他妈很严厉，每次到他家我都要去洗碗做饭！我不知道他现在到底什么意思？该不该去陪他妈做这些事？谢谢潘老师解惑。

答：你得想想，你若想嫁他，能否同时容忍嫁给她妈？一个被娇惯还没长大的男孩，一切都是妈妈做主，你是否充当了第二个母亲的角色？你愿意负担这个角色吗？做他的妻子，但不要把照顾他的接力棒从他母亲那儿转移到你那儿。你需要你们独立的空间。至于该不该去陪他妈，全看你是否真正愿意去做这个事情。

第二节 看清逢场作戏的"爱情"

一个 27 岁还没有谈过一次恋爱的女生问我，怎么去找到自己心仪的男人。她曾经很喜欢看男主角很帅的小说，痴迷韩剧。现实总是没有电视剧或者小说这般唯美，所以她，宁愿不恋爱。

27 岁那年，她突然想通了，她想要谈恋爱结婚。所以，开始给自己创造各种各样的社交网络，给自己认识男性朋友的机会。也会上百合、世纪佳缘等婚恋网站，或者去参加相亲旅游，去找到男生。

但是她总在饱受打击，一来是她的性格，直来直去，不是那么懂得人情世故。对喜欢她但是她不喜欢的男生，会很烦，拒人于千里之外。另外，处在 27 岁这个年纪，有来自这个城市各种各样的诱惑，包括优秀的男上司、工作客户，等等。然而，她很失望，因为那些她崇拜的男人，那些在饭桌上给她挡酒、非常贴心的男人，总是想和她上床。

她很失望地说，幸知姐，我是多么希望自己没有长大，永远像个孩子，不用去理会这么复杂的关系。我曾经是真心地想跟他们交朋友的，他们有自己的魅力，有丰富的阅历，在你迷茫的时候还会给你指点，吃饭的时候会在朋友面前护着你，不让你喝酒，温柔地给你一杯橙汁，所有都是不着痕迹的体贴。当时很难过，后来明白了，也许真的是男女之间没有纯洁的友谊吧，何况我们条件差了那么多。

她说，她最讨厌的两句话就是：大家都是成年人了！今晚不回去吧！她感觉特别无奈和无助，她分不清，那些想上床的男人，哪些是想长久的，哪些是想玩玩的，所以就一并拒绝，把自己包得很严实。

很多大龄未恋女性，还没学好与男性相处这一课。她们错过了在合适时间谈一场合适恋爱的机会。

很多被父母吹耳边风"不要受男人欺骗而失身"的女生，读了大学还是要强迫自己好好读书杜绝恋爱的女生，都在践行一种错误的恋爱观。恋爱是一门课程，就像是读小学中学大学一样，从恋爱到结婚也是一个循序渐进的过程。当然不排除有些人跳级，或者也有十几岁的少年大学生——恋爱也一样，比如有的女生 18 岁就生孩子了，有的谈第一次恋爱亲第一个吻就结婚了。结婚就像是一纸大学毕业证书，大学毕业了还得找工作，还得在这个社会摸爬滚打，其实结婚也是，结婚证书拿到了，婚姻内相处的学问才刚刚开始。

这个时代变了，网络化、大社会让爱情变得不是那么羞涩和金贵。所以，学会从个人世界（小说）里走出来，勇敢地走到真实的交际环境里，从婚恋网站、微信里开始交友，这是个好的进步。

可是，为什么现在交往到的男人都不纯洁，动不动就想上床？为什么那些让人非常崇拜的可望而不可即的职场男性，却如此不堪呢？一个没有谈过恋爱的小姑娘，眼中的中产阶级，之所以暴露情欲的一面，原因是：他们只把你当成一个女人，一个想要得手的猎物。他们享受这种被崇拜、被赋予权威的身份。他们吃饭时候护着你也好，不让你喝酒也罢，所有的体贴，都是止于饭桌上男人对女人的天性，一种礼仪性的逢场作戏。

逢场作戏这个东西是不能当成爱情的。逢场作戏只能成为职场经验的注脚。女孩子们要明白：第一，有老婆的男人是不能碰的，没谈过恋爱、如果想好好谈恋爱的女生玩不起；第二，"在宾馆开房邀你玩"，"到我酒店坐坐保证不怎么样"，其实这个潜台词是那么明显。不要相信男人的乞求，那只是黑夜里涌动的情欲。

分析清楚了，其实你就明白了。那些动不动就想上床，或者说在女生面前表现得想上床的男人，其实都是有前提的。这个前提就是，宾馆啊酒店啊两个人单独的出租房啊，这些暧昧的名词摆在前面，邀你入瓮，你入了，他们默认为你已经应允进入"成年人的游戏"。然而，你入了瓮又坚决拒绝，又如何让人不生气呢？但是，他们的本意，一定不是好好跟你谈恋爱，他们的本意一定是——天亮之后说分手。

那这样的饭局是不是坚决不能去？一群人的饭局，可以去，但不要把自己当孩子，不要把自己当成一个男性社会的弱者，需要人照顾，而坦然享受这种照顾。要学会在酒桌上察言观色，学会学习，学会恰到好处地发表看法，学会成长为一个"和他们"平等对话的人。也许言谈稍显稚嫩，没有关系，慢慢成长，饭桌上会学到很多，即使是稚嫩的言谈，都会在觥筹交错中被包容。只要有心，就会得到成长，赢得尊重。另外杜绝饭后坐一坐，要时刻记得，你不是以弱者的姿态与他们平等交往，同时不给成人游戏留下机会。那两人，就还会是朋友，即使只是蜻蜓点水。

那么，什么样的恋爱是值得珍惜的，应该谈什么样的恋爱呢？首先，大龄女生们要学会脱离孩子气。复杂社会是我们每个人必须要面临的，这是我们对自己的责任，未来我们还需要担当抚养孩子、照顾家人的责任。

其次，要学会对喜欢的人有充满爱意的表达。也许第一眼你喜欢那个 28 岁的男生，只是不太愿意接受他一起去游泳、温泉的邀请，但是你愿意试着去了解他，就循序渐进地去了解，你可以说"来那个了"婉转地拒绝掉，同时提出你希望的玩法，比如也许你可以接受吃饭、看电影这样的环节，促进你们相互了解。不要总是被动等待爱，等待对方召唤。不喜欢就拒绝掉，这样对方的感觉，很有可能就像一颗石头投进湖底，甚至有一点波澜都会转瞬即逝。学会关心他一点，不要觉得他对你动心他步步前进，你带着防备地节节后退，这样任何一个男人都会因为感受不到温度而离开。

对于相处的男生来说，他对你认真，你对他是否有好感？不要因为他对你好你就要被迫性地接受他，或者就这样尝试着看看。听清楚内心的声音，如果觉得还没有到亲吻的阶段，就不要提供给他亲吻的场所。如果他抱你你都拒绝，只能说明你不爱他。想好了再爱，否则他和你，都会很累。

找到真的心动的人，也许这会是一个漫长的过程。学会等待，学会给自己更多可能，但不能操之过急。先好好补上恋爱这一课。当然27岁这个年纪，可能需要跳级了，需要恋爱、婚前培训一起来。没关系。基础先打好。不要周围人都结婚了自己也急急忙忙进入婚姻，这样的婚姻日后也许还会遇到麻烦。遵从内心的感觉，相信会找到那个可以让上床变得慢一点、可以等你、可以珍惜你、可以让你心甘情愿不会防备的男人。

爱你爱到能为你去死！不过是"童言无忌"

问：我姐弟恋了！在看了许多成功与失败的例子后，我遇到了他，一个16岁的孩子！我喜欢他，很喜欢。想要疼他，给他呵护，我们见面确定了情侣关系。其实我也不确定能不能感受到他对我的爱，可是他说他爱我爱到能为我去死！

他会因为我和其他人聊天而吃醋，因为我曾经的悲伤过往而心疼万分，因为我从前写下的感想而醋意大发，生气，骂我，我因为这些而感到难过生气，要和他分手。好几次他都哭泣着哀求我，我也因为不舍得他伤心而原谅他，也因为我真的爱他，想让他能成为一个值得我爱的男人！

可是，现在他变了，他说没有那种想为我去死的感觉了！不想和我一起，不想再累再痛了。我该怎么办？我放不下，我舍不得，我爱他，真的爱。可是他厌倦我了，让我不要找他，不要想他，不要再爱他。

答：本来，想要为你死的爱情，不过是年轻时的"童言无忌"。16 岁是个喜新厌旧的年纪，青春的年纪，成长的年纪。顺其自然，你也要适应失恋，那是人生必经的一段路程。你称人家为 16 岁的孩子，我实在不好猜测你的年龄，估摸着也有 20 岁了吧。一般过了这个分水岭才会把十几岁的当作孩子。喜欢他，想疼他这是你的母性发挥作用了，你也不确定能不能感受到他对你的爱就相信他说的话，那是因为你太缺爱了。

可能年纪比你大的男人都已经理智到不会为你发疯、为你哭，更不会跟你说为你去死这样的话了，所以你明知道这只不过是个"孩子"，还是放任自己沉迷其中。他吃醋你是很高兴的，但是纠结得过分你又不高兴了，然后再和人家分手，看着他哭着求你，你又高兴了。我觉得你折腾得很带劲。

说什么真的爱他，想他能成为一个值得你爱的男人，不过是享受他爱你的感觉，并且想把他打造得更合心意一点。结果小鲜肉累了，倦了，现在你却放不下了。

姐弟恋不算什么，和 16 岁的男孩子谈恋爱也不算什么，麻烦的是：你有一颗作死的游戏心，却没有从游戏中走出来的能力。如果你也是个十几岁的小姑娘，那当我什么都没说吧。

"你情我愿，两不相欠"的 Partner 真的存在吗？

问：我是 29 岁的单身女青年，一年半以前遇到一位男生，比我大一岁，是我喜欢的类型。外型、性格，包括交流方面都很好。认识两个月后，我提出在一起，他吞吞吐吐，推脱了；我放不下，所以还是以朋友的身份断断续续交往。发展到后来是那种属于我们有上床但是我没有让他进来的程度。因为我比较保守，虽然也想要，但是害怕，怕他不是真心地喜欢我。

我求一个结婚的结果，但是他又旁敲侧击告诉我他给不了我婚姻。原因是他这个年纪，物质看得比较重，而且我属御姐型，他喜欢软妹子的长相。虽然给不了婚姻，但是我们这么谈得来，要是失去他，我会觉得可惜。所以他希望我们就只做 Partner，一起赚钱，一起当炮友，但是各自可以寻找适合结婚的人。

我没有什么感情经历，他在我之前谈过四个女朋友，我还是挺喜欢他的，怎么办？

答：29 岁还没有什么感情经历，是一种缺失。现实给你狠狠地补上了这一课。他确实不是真心地喜欢你，他可以把你定位为 Partner，定位为炮友，但已经很明确地告诉你，做不了爱人。

"各自寻找适合结婚的人"，对你来说比较困难，因为你的心在他身上。如果你继续跟他在一起，需要适应他随时离开的不安全感，需要适应炮友的身份而不做僭越之想。在心底思量一下，你是愿意享受现在的光阴，不在乎感情的未来，只要拥有这一刻便好，还是愿意找一个有未来的爱人，痛下决心放弃这份感情？把他变成爱人，或者在爱他的同时找到你真正的爱人，这也许是你美好的愿望，但现实很无情，需要你做出选择。

这种"你情我愿，两不相欠"的炮友关系看似很公平，但实际上如果姑娘不是动了真感情就不会答应这种关系。说白了是喜欢又得不到，所以想通过这种委曲求全的方式得到他的一部分，哪怕只是身体；甚至可能还幻想着，跟他有了亲密接触之后对方说不定会爱上自己。

中国女性在对待感情和性的态度上普遍还是比较保守的，很少有姑娘能把爱情和性当成两码事。为了解决生理需要或者寻找乐趣而跟男人上床，发展成炮友并且还能潇潇洒洒离开的姑娘我们见过几个？到最后都是打着性的旗号来掩盖挣扎的感情，以致一不小心泥足深陷了就更加痛苦。

按说欧美那边够开放吧？但实际上一旦两个人有了性关系也会不一样，因为心理状态会发生变化，人不可能像杂交的动物一样不受影响，更何况是咱们这里。所以，在姑娘们的观念没发展到那个程度的时候，最好不要做这种自欺欺人的事，不然到最后不但没得到希望的感情，还白白成了人家的免费泄欲工具。

③ 你的真心付出，对得起曾经的爱

问： 男友大我五岁，三个月前我们分手了。我爱他爱得很深，其实我不确定他爱我爱得深不深，也许不深吧。相恋不到两年，闹过三次分手。第一次是我提出来的，后来两次都是他提出来的。可是每次分手后，只要他说点好听话，我就又屁颠屁颠回去了。我觉得我挺贱的，最后一次分手是他提出来的，分手的原因很狗血，就不好意思说了。

我们相爱的时候，我有一个微博只有他知道，我每天都会为他写点东西。现在分手了，我还在继续写，写我的悲伤，我的痛苦，还有我的愤怒。我在微博上写了很多很多挽留他的话，可是他还是没有回来，他说他不会回来了。我一直走不出来，继续在微博上写。昨天，他发私信说，不让我再写这些了，他说结束了就结束了，为什么总絮絮叨叨的，你太作践自己了。他还说，我应该让自己忙起来，忙到忘了吃饭睡觉，这样就不想他了。可是我不行，我现在像个将死的人一样，除了写微博诉苦，什么事情都不想做。我是不是真的很作践自己啊？

答： 他转身走了，为什么要剥夺你自我倾诉的权利？你前男友大概对你还有那么一点点留恋，只是他看了你的微博内容，也许会放大这一点点留恋。但是你不要抱有幻想，幻想他还能回来。他之所以让你停止更新微博，不见得是同情你、怜悯你。你写下的这些内容，其实羁绊了他前行的脚步。如果你"安静"了，他看不到你的动静了，他内心就不会再有包袱了，这样他就可以彻底忘记你了。所以，他的建议有些自私，你压根儿不用考虑，只要你不涉及他的隐私，该怎么倾诉就怎么倾诉，你需要一个出口。但一定要记住，接受他不能再回来的现实。

每次分手后你都可以回头，甚至最后你还极尽所能地挽留他，你一点儿都不卑贱。在爱面前能够彻底忘记尊严，你对他一定是真心付出的，你对得起这份曾经的爱，为爱卑贱的人，永远都是高贵的。至于情绪低落，那就任由它低落下去吧，世界上最难控制的就是情和爱，因为爱而情绪低落，如果暂时走不出去，那也没有必要刻意拯救自己。当情绪低落到不能再低的时候，自然有回潮的时候。等你情绪回潮了，如果还愿意再回想这份爱，想一想你现在受的苦，这份爱也就彻底忘记了。

"风会熄灭蜡烛，却能使火越烧越旺。"做不了炉火，暂时做一支蜡烛也无所谓。感情面前，真的没必要逞强。

4 放不下他有限的爱，意味着接受了同等的痛

问：幸知您好，我是个24岁的大学女生，我喜欢上我的一个四十多岁的男老师，他有美满的家庭。我无意中向他表白，他说他也很喜欢我，但是出于责任和对我负责的态度，没有接受我

的爱意。他说他没资格喜欢我。但是我们微信里一直聊得很好，有时也很暧昧，他给我的感觉总是若有似无的，让我抓不住。我到现在都不确定我们这种关系到底算什么。我到底应该怎么办。不过有一点我要说明，我不想失去他，尽管没有真正地拥有，这样若有若无的暧昧对我来说也是精神食粮！

答：不在乎天长地久，只在乎曾经拥有。每个人的一生也许都有这样冲动的时刻。只是你要想好，拥有和代价都是相伴相随的。拥有了以后，你还想要更多，你会痛苦。如果你沦陷，痛苦会更多地相伴。从你的描述来看，他一定不是一个很负责任的男人。让这段关系柳暗花明，也非他所愿。所以你非要让人说清楚这段关系是什么，一定不会有明确答案。他的爱有限，他若有两个女人，他的爱就会分成两半，你和他的她，则是两个完整的痛。在爱面前，所有人都是不理性的，这也就是爱之所以神秘而美好的意义。我不会讲过多的道理，一切因缘际会，交给你选择，还有等待时间的洗礼。

5 如果你对性随便，在他眼里你就是可以随便对待的

问：潘，我现在刚开始工作，公司同事，大我一岁。说喜欢我，也可能是因为我刚刚失恋。也对这个男人有点好感。聚会之后，

就开房了。他有女朋友，可是他居然还说喜欢我。他说他和现在的女朋友恋爱很多年了，是初恋很珍惜，并且他说这个女朋友性格或者别的什么，跟他都很合适。所以这样子也让我越来越不相信男人和爱情，真的。这段时间我也挺郁闷，每天都用忙碌的工作填满自己。那个男人也偶尔带我去他家，我们做了很多次了。我觉得我现在好像很堕落，好像成了小三。潘，我好想见见你和你聊聊天。

答："他有女朋友，可是他居然还说喜欢我。"你不是也一样吗？明知他有女友，还跟他开房。

初恋很多年，爱情变亲情，所以那个男生要在你身上寻找的是激情。他把你放在炮友的地位，然后你迎合了。关键的关键是，他是你同事！而且你还刚工作！觉得自己堕落，就远离是非。如果觉得他是你合适的男人，毫无疑问，抢过来！如果你觉得男人不可相信，因为他随便跟你上了床，同样男人也会觉得你不可相信，因为你，随便跟他上了床！

不要想那么多，新一段感情开始的时候，还是选择好好爱。这些经历，就随风而去吧。

⑥ 他只把你当作一次艳遇，你切莫入戏太深

问：幸知，你好！我最近有些困惑。十一月初和同学去外地考试，然后就认识了他——我同学的同学。在火车上我们很聊得

来，之后在陌生的环境下我们发生了关系，在那里我们的感情很好，他把我当女朋友对待，对我很体贴。慢慢地，我也以为我们是男女朋友了，觉得还挺幸福。可是，回到他生活的城市后，他就不像原先那般体贴了，不让我拉着他。完全就是普通朋友的状态。他说他现在一无所有，不能给我生活上的保障，现在还不想恋爱。我不知道他这样算是什么，他把我当什么。我不敢去问他，我喜欢他，我害怕我的提问把他吓走了。我好困惑，他到底是怎么想的，怎么看待我以及我们的关系的。幸知，帮帮我。

答：他把你当成了一次旅途的艳遇，寻欢求爱，没有压力，无须负担。只是你入戏太深。回到现实吧，他并不想对你负责，也许另有所爱，总之，断了吧，把过往压在心底。

第三节 做自己想做的事，选择自己想要的爱人

一个 32 岁的女生，向我求助。她的问题是，该不该将就着和一个男人结婚？即使结婚，也不过是追求一种"亚幸福"？她谈到她的初恋，因为他不是公务员而被父母拒绝。但是从此之后，她再没能找到能和初恋媲美的、很纯真又能让他信任的男人。两年前，偶遇一个 34 岁还没有结婚的富二代，她终于觉得经济基础、爱都很足够，她很崇拜他，但是对方却不想结婚。

她对爱人的考量标准是看硬件和软件条件，还有对方家庭，以及"付出多少"。但是，她一直没有能找到太合适的另一半。就这样拖着拖着，已是 32 岁大龄未婚女青年。

"因为感情和婚姻这个问题没有落实，总觉得心里少了一种温暖的力量"，是这样的。很久以前我看光野桃《时尚的目光》，她在书中也提到了这么一句类似的话，觉得只有结婚了，才能安宁悠闲地开始她新的设计生活。也许在结婚前和结婚后，她的设计作品有了一些风格上的变化，这种变化的来源，来自一件人生大事的瓜熟蒂落。

32 岁是一个需要重新审视的年纪。我的意思，不是说因为 32 岁了，所以在爱情上就需要将就。如果你将就地挑了一个你不够爱的男人，他将就地挑了一个不够全心付出的女人，仅仅因为年纪到

了父母催逼而成婚，最后婚姻的开始也带来了另一场危机的开始。为什么？因为组成家庭后，"将就"带来的后果会成倍放大。

我们大部分女人的一生，都有几件绕不开的事情：上大学、结婚、生小孩。在这几件事情上，总是全家总动员翘首以盼，稍微失策一点点，中国的父母会格外焦虑。但是这三件事情，永远只是人生的节点。完成了并不意味着人生就完美了。关于上大学这件事，我想到日前我朋友收到北大 2003 年毕业的高才生只要求一万薪水的简历，不免唏嘘感慨。在很多人印象中，迈进北大的门，或者毕业十一年后至少应该有所成。再说后面两者，我也收到过很多结婚了才发现世界观、价值观不一致的男女要求做情感咨询，更辅导过有了孩子想走却不敢走的妈妈，面临人生十字路口是否离婚的选择，帮助她们走出情感困扰。

我想说，你要从根子上，重新看待婚姻这件事。婚姻，既不是委曲求全又不是找不到更好的所以匆忙嫁了，时间长了，两个人在各方面谁都无法迁就谁，争吵谈离婚的案例到处都是。婚姻，也不是用高姿态去要求对方，一点点都将就不得，所以一直拖着，拖到这个年纪。

为什么剩女越剩，因为姿态高，觉得我都挑到这个年纪了，如果放低姿态岂不是亏欠了我那么多年的耐心等待，而且有时候要求会越来越高，但是往上看，好男人可能都在合适的年纪被其他女人掳走了，所以年纪越往上越寒心。

那怎么办呢？重新扭转你对待婚姻的态度。

　　首先说你的初恋。一个对你极其宠爱的他，相信你们对待彼此都非常用心和信任，但是两人关系因为他的优柔寡断和你的不太成熟，还有家庭的干涉而告终。优柔寡断的性格和幸福家庭的出身，也许是有点联系的，温室中成长的他不会有足够的决断力。包括你也是，你会更听从母亲的建议，比如找个公务员有个系统内稳定工作的想法。你错过了这段爱情。

　　判断一个好男人的标准，首先是你爱他、他也爱你，其次是有可以携手走下去的经济基础。至于公务员编制或者说稳定工作对婚姻来说有多重要？这个是仁者见仁智者见智，但是我的看法是：如果这是个潜力股男人，他表现出对待工作的特质，比如说他有很好的人际关系、对一项事物保持充分的好奇心、他对待工作的态度很认真，等等，你可以判断他的未来走势，而且你也需要经受这样的风险。假如说这个男人收入水平就这样，你的也这样，那这样的经济条件是否够过你基础的生活，如果可以，就很OK，家庭背景只是个锦上添花的事儿，不应该是必然要求。毕竟美好的未来是需要两人用双手打拼的。

　　错过的初恋并不可惜，但是你要从中得到经验，却并不是拿初恋表现好的要求去要求下一个男人，这一定不是正确的做法。你要选择自己去判断想要什么样的感情与未来，父母的建议只是建议，因为婚姻是两个人过的，家人不能替代你进入婚姻。

　　你提到一个词，叫"亚幸福"，这其实不是正确的婚恋观。经历了初恋后，你希望从未来的另一半身上得到如初恋般的纯真和信任，这很难。年轻的时候，我们都曾付出过，然后失败过，所以跌跌撞撞找到了对方。每个阶段的爱情观都会因为恋爱经历的增加、年纪和阅历的增加，对另一半的要求也会有所不同。如果因此执迷于不符合年纪和身份的爱情观，那谈不妥婚姻，即使在一起，也未必幸福。

举个例子，初恋的时候，男女双方有着纯真和信任。男人甚至会为了送女人一条项链而让一个月的午饭都变得乏善可陈。他没有钱，但感情可以是幸福的。他甚至认为他可以给她买下全世界只求她开心一笑。如果你们有着相同的价值观，愿意接纳彼此一起磨合、一起成长，是可以从一而终并走入婚姻的，但是往往拗不过异地求学或者经济窘迫而分离。

25岁到30岁，女生求嫁，男人若是有房、有车、有收入、有职位，他相应的要求就比较理性，不可能再有"给她全世界"这样的爱情了，而是会考虑比如这个女生是否能成为自己的贤内助，或者是否可以带出去满足自己的虚荣心，是否会是一个生儿育女的贤惠妻子。上升到责任感和繁衍后代的事情，他会计较成本和得失。这是一种人类繁衍的本能。他不可能放弃手头的工作每天陪在她身边，职场沉浮教会了他理性而非纯真，即使有那样一个女生出现，也是一时的黏糯，不可能是长达半年甚至更久的时间去作陪，很简单，不懂得"控制"和"权衡"的男人，一定不可能得到较高的职位。对待工作如是，对待爱情，也是一样的道理。在这个年纪，你不能期望他长期坚持每天煲电话粥一个小时以上，在他的字典里，爱情只是生活的一部分。而在很多女生那里，这成了"不够爱"的标志。

我在微信里发过一篇文章《为何那么多女人爱上渣男》，其中有一点，渣男有时间周旋你，有花言巧语有心思，但他们可能没有太多钱，包括品德不够，但是很多女人因为这些看起来温暖的爱情而深陷于此。如果要求一个男人全心全意地对你付出，又要全心全意地对待工作，有钱有闲又疼你，这样的男人，也只能是富二代，或者掌管家族企业，一个身边还有无数军师作伴的继承人。

提到富二代，是的，你也曾经遇到过这样的男人。一个34岁还没有结婚的富二代。他有可能玩世不恭，他有可能眼界开阔所以有更多选择的机会，他有可能根本不在乎有一段婚姻，因为他不期望婚姻给他带来什么样的改变，除非是家族联姻。在男权时代，我们不得不承认，有钱有权没长相的男人，会有多少年轻女性愿意追逐。这就是社会现实，甚至愿意不要婚姻为他生个孩子。很多小三给我的求助电话，证明了她们的选择，她们的"爱"与物质之间有说不清的纠葛。这样一个优质男人被你崇拜，各自满意看似皆大欢喜，但是他却不想结婚——理由无外乎我以上提的几种。

有钱、有貌、脾气好，并永远对你好的男人，除非是21世纪智能时代的定制机器人，就像《黑镜》中描述的那样，他可以无条件对你好，否则在现实中不可能有。

绕来绕去，还是回到这个问题，如何找一个可以结婚的男人？你的标准是看硬件、软件条件，还有对方家庭，以及"付出多少"。姑娘，这个要求太苛刻了。尤其是最后一点，付出如何比？如果一开始就抱着这个念头去"付出"，对方付出少，你就收回来一点，对方付出多，你也放出去一点，那爱情就玩完了。而且你的要求远大于这个标准，比如还得家庭同意，还有你是爱他的，他也是爱你的。至少包括这两项，对吧？

如果你以交易的逻辑思考方式来要求一份爱，那你注定是得不到的。你要么遵从交易原则，要么遵从爱的原则。交易原则讲究等价交换；爱的原则是不计得失，甚至是不存在计量的概念。你不可能既遵从交易原则，又遵从爱的原则。

如果从交易原则来看，就是所有的都是摆上台面的事儿，你的工作、你的家庭、你的收入、你的年纪、你的长相，等等，还有你的付出，再把对方的也摆上来，如果悬殊过大，你们之间就不可能。不要觉得自己可能会赚了，放心，在交易的原则下，对方也是个人精。我们再从爱的原则来看，为什么电视剧里的高富帅都爱上了没心没肺的灰姑娘？一方面，这是电视剧，另一方面，这里暗含了一个爱的原则，灰姑娘没心没肺、不计较得失、无条件付出，哪怕自己摔得很傻很惨，哪怕充当了一个卑微的角色，都深爱对方，正是这份憨傻，得到了高富帅的宠幸。她爱情世界的原则，是不怕吃亏的概念，是在做"自己喜欢的事情"。所以，她得到了交易原则中难以匹配身份的爱。你付出足够多，对方也一定会适度地回馈。这不仅在爱情上，在工作上也同样奏效。

　　我们再退一步，假如你找到了那个硬件、软件、条件、家庭都好，付出也多的男人，你们结婚了，如此千挑万选得到的另一半，是不是很棒？是不是永恒？不，爱情观随着时间推移需要逐步改变，在你们结婚以后，将重新进入一堂经营婚姻的课程，那就是需要跟上他的硬件。灰姑娘如果跟高富帅结合，未来会如何，大部分青春电视剧里就这样戛然结束，但事实上功课才刚刚开始，她必须从憨傻中脱离，成为一个有大智慧的贤内助，她必须跟上家族规矩，跟上社交脉络，等等。否则，当爱的荷尔蒙分泌结束，爱情态势就会扭转。

　　静下心来想想，你最希望对方具备的婚姻品德是什么？相同的价值观？稳定的经济基础？还是付出回报对等？列出十个，取其中三个。其他的，不是你容忍他，就是他做出为你而改变的努力。假如说你希望管钱，他不希望，这一项在你前三个中没有，那能不能有个折中的法子双方都接受？婚前就必须试着谈好，否则婚前都在压抑容忍，婚后开始慢慢原形毕露，这日子一定不会像想象的那样幸福。

　　说了这么多，初衷都是希望你幸福。

女人挣钱的能力在任何时候都不能丢失

问：幸知，晚上好，关注你好久了，希望你能看到我发的内容。我今年28岁，2005年大学毕业，留在南京工作，2009年开始到日本留学，去年回国。因为是家里的独生女，家里不太想我出去，就留在老家工作。今天因为对象的问题和家里吵架了，家人说我不要眼光太高，说我虽然条件还可以，但是不要把自己当宝。

我现在在工作，但是在国企上班，不是很忙。和我在日本的工作强度相比，国内的工作只是需要每天待在单位而已，所以我就想自己在外面再做点什么事情，结果我朋友又说，你挣这么多钱干什么啊，终归是要嫁人，难道你还要倒贴给你老公啊。我现在有些迷茫了，特别是这个年纪，我身边很多朋友都结婚了，而且都很刺激我的就是她们生活都比较富足、闲暇，基本都是老公挣钱。我就在想我的想法和坚持是否正确，是不是也该很好地歇着啊？

答：眼光太高没什么错嘛，不过我能体会你父母的焦虑，28岁，稍有不慎即跨入大龄剩女行列。这个时候，是最需要你自己自由选择人生的时候。

一种方式，安安静静在国企上班，等候家里介绍个经济条件不错、自己也还算喜欢的男人然后结婚。但是否安安稳稳过一辈子？不好说。国企也会下岗，男人也会变心。

　　另一种方式，坚持自我，甚至因此忤逆父母，坚持独立自主，做自己想做的事，选择自己想要的爱人。如果我是你，我会选择第二种生活方式。但是，也许会因此承受加倍的痛苦。

　　既然你选择回家进入不忙的国企，既然你朋友富足舒适的生活方式会让你羡慕，说明你还是想过小情调的闲适生活。不过姐姐告诉你，千万不可放弃独立。包括经济独立、精神独立。"挣钱倒贴老公"是一个很坏的思想，女人挣钱的能力不能丢失，男人不会是你一辈子的饭碗。

　　富足闲暇有时只是一时的好运气，给你长期饭票的，不是男人，是独立自主的你。

② 脸蛋只能拴住轻浮的男人，个人魅力却能征服优秀的男人

　　问：幸知姐姐，您好！我最近认识一位男士，在我看来外在条件符合我心中青年才俊的标准：哈佛毕业，在华尔街某基金公司做对冲基金带一个团队。本来两个人都互相爱慕，但后来他变冷淡了，最后直接摊牌说我们不合适，一个重要的原因是他觉得我不够漂亮（针对漂亮这个标准我问过我的男女闺蜜，如果外貌满分十分，综合评价我属于七分，比较有气质）。他也曾半认真半开玩笑地说，你就属于中等偏上，去整容吧，我可能会爱上你。我自身素质和修养还

可以：烹饪、茶道、音乐、书法、舞蹈都略知一二，自己有一份比较体面的工作。但据我观察比较成功的优质男人都喜欢那种特别漂亮的女人，至少会先被她们吸引。所以我想咨询一下幸知姐姐，整容是否会增加找到优质男人的概率。我应该整容吗？这个问题困扰了我很久，谢谢您百忙之中答疑解惑。

答：我觉得整容最大的好处（在整容自然并且变美的前提下），就是第一眼看上去让人愉悦并且爱上，而事实上，现代高明的化妆完全可以达到这种要求。当然，有些人因为意外事故或者特殊原因整容，只是想让自己变得更大众化一些。两个人相处久了，对相貌的追求倒没那么极致，反而内在的吸引力会趋于上风。在你和他的恋爱经历上，你们既然已经相互爱慕，就表示他对你一开始的长相是接受的。在这样的状况下，"不够漂亮"只是一个借口和托辞。

即使拥有足够漂亮的五官，在男人身边待久了，对方也会日久生倦。再说漂亮，也有很多款型呢，看够了熟女，明天他开始喜欢萝莉，那怎么办？我觉得做女孩子，在容貌上清新干净就好，气质和身材都可以通过后天来改进。你是一个有气质综合评价属于七分、中等偏上的漂亮女孩，而且看似对外貌也没有困扰，何必冒着风险去做整容呢？见惯了漂亮女人的成功男人，其实对漂亮这个词已然脱敏。今天你可以很漂亮，老了以后呢？喜欢漂亮女人的"成功男人"是否可以再找更年轻更漂亮的女孩？

靠脸蛋只能拴住一个轻浮的男人。你可以靠个人魅力，征服一个优秀的男人，让他拜倒在你的石榴裙下。当然，如果你特别有意愿的话，去有着很好口碑的医院做一些风险低的微整容，也是可以的。但是要记得，安全第一。

③ 不管多大年纪，都可以做个万人迷

问：幸知你好，想向您咨询点意见。如今我也到了女大当嫁的年龄了，家里也介绍了不少人，但我始终觉得太形式、太功利了，怎么也无法找到那种学生时代恋爱的感觉，我不想为了结婚而结婚，而且目前也没做好结婚的准备，但是家人心急如焚，朋友们也说女生越大越掉价，我一边惶恐一边又排斥，觉得很茫然？我该如何定下心来面对择偶一事？

答：什么年纪谈什么恋爱。初高中时的爱情好纯粹，还不知道爱是怎么回事的时候，心里装的是天长地久、海枯石烂、永不分离，那时候家长怕你不自制，怕早恋耽误学习。大学时的爱情，也许有点物质、有点虚荣、有点誓言，也想着一辈子能够走在一起，父母吹着耳边风"不要让自己吃亏"怕你不克制。然后，真正女大当嫁的时刻到来，突然把门当户对、爱与责任这样的字眼摆在一起，却突然心生恐惧，突然不会爱了。

　　很多女孩子都会经历这样的心路历程。一方面，爱确实需要务实，认真考虑，自己到底需要一个什么样的婚姻，婚姻现实、爱情理想，大部分女性最后都会选择把自己嫁出去，这是你的阶段性"任务"，要把它当成高考择校一样慎重对待。另一方面，作为过来人，幸知也想告诉你，年龄也是个相对的概念，很多男生确实相对喜欢年轻女生，媒人也喜欢年轻女生，但你若保持独立、成熟、秀气，不管多大年纪，都可以是个万人迷。做女人，决不放弃自己，决不向年龄低头，决不向不爱的婚姻低头，也决不要因为家人的心急如焚而将就自己。恐惧不必要，有合适的机会大大方方赴约，有爱的火花继续，没爱不勉强。婚姻，是在看对眼的前提下水到渠成。

❹ 喜欢就要巧妙地主动出击

　　问：最近认识了一个男生，他长得很斯文，是工作了两年的毕业生。最近两个月以来我发现自己总是想着他，但我对他没别的了解，我不明白我怎么会惦记着一个才交谈过几次，没太深了解的人。以后都没机会见面了，但我还是想念他，难道真的有一见钟情吗？我从来不相信这种东西的。我居然还有打算通过朋友联系他，主动追求他，但我从来没有主动出击过。我应该跟着自己的感觉去吗？我这种冲动，全是爱情吗？

答：恭喜你，在生活中中了一见钟情的毒。你不了解他却爱上了他，交流的细枝末节已经充分展示了他神奇的魔力：他很斯文，他的长相你很满意，也许他说话的语气你很喜欢，他走路的姿势，他的背影，还有他指甲缝里没有你讨厌的污垢。他洋溢在空气中暖暖的气味。

我很欢喜看到这样的问题，因为太多人问我"已经对爱没有感觉了怎么办"。不要害怕自己为什么不了解他却爱上他。你居然惦记了两个月而不去深入了解，不去试图寻找聊天的机会，这是你的错过。"通过朋友联系他，主动追求他"，不应该是"居然"而是必然。

喜欢就要巧妙地主动出击，至少让他明白你对他有好感，试图多交流让他了解你，也让你更了解他。这样你才可以慢慢发现自己的真心。在爱情的世界，能够跟着感觉走，说明你还拥有着爱的超能力，这是件很幸福的事情。幸知不晓得你和他为何"没有机会再见面"，但在这之前，一定要充分了解自己和对方的心意。

5 主动寻求所爱的，不为结婚而结婚

问：我是大龄未婚女青年，而且还在失业中，报了补习班，深造中，对于将来的职业规划，我很迷茫，对于婚姻更是迷茫。24岁时我决定离开那个长不大的男朋友，享受了一年的单身生

活，开始步入相亲的大军，各色的相亲对象，多种渠道，我一直很努力，但是还是没能摆脱单身的行列。大家都说我太挑剔，其实真的没有，只是那些感觉还可以的人身边都有牵手的人了，我不知道该怎么办。难道真的要把自己委屈地嫁了？还是真要坚守着，找到理想的他？婚姻是一辈子的事情，我很怕到时候会后悔！我不是一个女强人，也没勇气一辈子单身。在单身期间我认识了一个已婚男，和他很合得来，很开心，从没有过这种感觉，所以迷失了，他不会离婚，我也不会在他这棵树上吊着，算是个插曲吧！我知道生活不是完美的，我也不会追求完美，只是那个人总是不出现，我真的有些累了，到底该找个什么样的人结婚？帮帮我，真的迷茫了！

答：我觉得你是个很自主的人。喜欢已婚男，确实只是生活的插曲，该挥手说再见了。我给很多女孩子的建议是，主动寻求所爱。我发现你一直在努力！这很好。不要为结婚而结婚。有时候婚姻就是这样，它像个小孩子，喜欢跟你躲猫猫。你越着急缘分就越不来。放宽心，爱人就在灯火阑珊处。

⑥ 错位的爱难以扣合，却令我们成长

问：你好，我上个月处了一个对象，现在分手了，但是我一直纠结我做的对不对？是我的问题还是他的错！ 我们相处不到一

个月，除了星期六，几乎每天下班会见面吃饭，但白天时间他从不会发短信或打电话给我，起初我觉得我应该主动发给他，可是每次都是我主动，我就累了，和他说过这个问题，可是他说忙，那既然这样，星期天也一样不发信息不打电话给我又是为什么？也许这是小问题。

我家里有事和他试探性地说了一下，看他会不会帮忙，前提是这个忙他有能力帮，可是他居然听不出话的意思，我不知道他是真不懂还是装不懂？

还有，我们相处不到一个星期他就想和我发生关系，我不同意，然后感觉他有点不高兴，对我有点疏远，不似前几天那么好了！还有他的朋友们当着我和他的面说我不如他以前的女朋友，他听后无动于衷，也不会顾忌我的感受，还说我太小心眼，以后都不敢带我见他朋友了。大男子主义就是这样的吗？而且我发现我和他沟通不了，我们想法太不一样！

答：如果你足够爱他，你巴不得天天打电话给他，而不是考虑谁主动。当然所有人都希望自己的主动可以得到相应的回报。也许他是真忙，也许他只想找炮友而不是真恋爱。不过在下一段恋情开始的时候，千万记得在他朋友面前给他留面子，无论回家怎么说，在人前当好女朋友这个角色。另外，谈一个月恋爱就试探着让对方帮忙，有点操之过急哦！而且男女是不同生物，你认为你把话说清楚了，人家未必理解呢。

既然已经分手了，反思倒也是好事，总想着谁对谁错倒也不必。一段缘分的终结，往往不是因为谁对谁错，而是磨合得不够好。就像拉链，错了位就很难扣上。

 ## 不因负罪感而去接受一份勉强的感情

问：有一个男的，比我矮，比我瘦弱很多，他家离我家也很远，但是他很爱我，什么都迁就我，不强迫我做任何事。但是，我好像不爱他，我会因为朋友的一句话而疏远他，我很反感他在朋友面前搂我的腰。我们分手了，他一样对我很好，我现在不知道应该以什么身份去接受他对我的好。

答：他要的就是你这种负罪感，负罪感会让你心软，他试图用这个感化你，这是他希望得到你的方式。没有人会无条件对一个人好，没有血缘关系的爱，终究拗不过时间推移。你不爱他，他离你又远，你又何必带着这份负罪感去接受他给你的爱？除非，你真的觉得很炫耀，很满足。

8 契合的世界观与爱情才是选择伴侣的基础

问：老师您好，我有个已经交往三年半的男友，双方家庭都算同意吧。他对我很好，相比他周围的兄弟，他已经做得很好了。但是我还是劈腿了，我知道自己做得不对，但是我现在很困惑，不知道该选谁，希望老师能帮帮我。是这样的，我的男友个子很高，工作也不错，唯一算是我不满意的地方是他不够贴心，属于粗心的男生，就是心里有我但没有把我放第一位，他有他的父母、他的朋友要考虑。同时他对他的妈妈过分好，我不是不让他孝顺，我也不强求他想着他妈妈的同时想着我妈妈，我只希望他在购物之类的时候能够想着他妈妈的同时想着点我，不要觉得我太独立了。还有就是房子的问题，我能接受但是不太满意。而让我动摇的男生，很贴心很细心，真的很懂我，但是个子很矮，和我男友相差有点大，所以我心里其实也有点排斥。另外，这个男生能把我放在第一位，而不是他妈妈。他的其余的条件例如房子啊之类的我很满意。其实我已经和男友分手了，但是我现在做不到和这个男生好，因为他矮，更重要的是因为他而导致我变心，所以我把一切的错自私地归在他身上。觉得看他怎么都不顺眼，觉得对他好就很对不起我自己及前男友。所以，老师，我现在真的不知道该选谁，是我前男友（他还在想着复合），还是选后来出现的这个男生。我觉得婚姻中不仅仅是爱情，婆媳问题、物质问题都很重要。我是不是太现实了？

答：两个男人，摆到台面上进行比较，就好像苹果与梨子，谁更好吃？苹果不够多汁，咬起来太硬。梨子不够香，个头太尖，不好看。如果非要分出个端倪，一定是这样的。买水果的时候，苹果跟苹果比，梨跟梨比，挑男人的时候，就非要把苹果跟梨比了。在你内心排个位，什么最重要？如果说，感情五分，物质四分，婆媳关系三分，对方未来的潜质二分，相貌一分（每个人心里都有不同的排序），实在无法抉择，就给两个男人打个分，挑分数最高的那个，并且不要后悔。

为什么说不要后悔呢？因为未来是个未知数。未来你觉得最爱你的那个男人，有可能对你感情淡了，在物质上充沛的那个男人，有可能未来并不把钱都给你花。如果你一直在小处比较，结婚后还在对自己的选择一而再，再而三地纠结，一定不会幸福。

非要对各种问题进行细化，越精于对小问题的算计，反而算不了久远。

你更愿意对谁多付出一些，就说明你更爱谁。更爱谁就嫁给谁。婚姻只是万里长征第一步，未来依然需要经营，夫妻关系、婆媳关系，还有对家庭经济的经营。

在选择男人的过程中，契合的世界观还有爱情，是最重要的基础。在这基础上进行思考和对未来理想婚姻作出预期，相信你会做出合适的选择。

9 为喜欢的他做一个特点择优排序

问： 幸知老师，您好，我今年26岁了，在读研究生，身边也有很不错的追求者，但是我不知道为什么会对男生的相貌很在意，朋友都说相貌是最没用的，以后看习惯了都一样，而且对于长得帅的男生也不是轻易能把握得住的。可是我特别害怕，如果将来我找到的人睡在我身边，当午夜我醒来时会不会看到一张令我觉得害怕的脸？

可能我是处女座的原因，对这个有着神经质的敏感，也就是这个原因，我一直都没有去交男朋友，现在年龄大了，家里也在催，我也不知道该怎么办了，所以我想请教一下老师，我这样的情况该怎么办呢？

答： 很正常。每个人看中男生的地方不一样啊，有的人看重个性实在，有的人看重金钱，有的人就是喜欢看脸。

婚姻做不到十全十美，那种又帅、脾气又好、又多金、对你又好的男生，可能不一定有，但是你心中可以对一个人的特点择优排序，比如他要俊朗，但是你可以忍受他稍微有些坏脾气（做个假设），我觉得没什么问题。而且，有句话叫情人眼里出西施，你喜欢的男人，一定不会让你午夜梦回噩梦连连的，可能目前你还没有遇到心仪的他。耐心等待然后主动出击，多进入社交圈，你一定会遇到让你满意的真命天子！

第四节 随缘，是一个很大的陷阱

说说相亲这码事，随缘的姑娘们说了，我还不知道男主角本人如何呢，我只是随缘去瞅一眼而已，合适不合适都没关系，一顿饭的事。顺其自然呗，我就是这样的姑娘，你看得上我，还得我看得上你，你要看不上我，那拜拜咱永不再见。别以为老娘年近三十就能像白菜一样贱卖。

说的有道理！但是既然相亲了，我建议还是把每一次相亲慎重对待。随缘随缘，这是一个很大的陷阱。缘分，不是随便来的。说缘分就像天上掉馅饼似的，关键是，这馅饼掉下来，你还要接得住，而且还要善待它。

（一）不要让相亲，止于相亲，这是一场严肃的"婚姻面试"。

从一个姑娘相亲的态度，可以窥视她的生活态度，还有工作态度、学业态度。你认真点，对方会欣赏你的认真。说不定一来二去就成了，至少你对得起自己，也对得起对方。为啥你在工作中可以认真负责地把每项工作完成得尽善尽美，却不能将同样的原则用在相亲上呢？别跟我说公司工作是你的"奶娘"，相亲若遇到老公可比你"奶娘"还重要，可是你一辈子的潜力股、钱袋子外加灵魂伴侣！

所以，请了解对方喜好——一般在相亲前，也许你们已经用
QQ 或者微信联系过，也许你进入他的空间查看过，请"人肉"
他，把他当成即将面试你的老板。揣摩一下，他这样性格的男
人，更喜欢你打扮得成熟一些还是天真烂漫一些？前提条件是，
这个服装是适合自己的。否则只能弄巧成拙。不要觉得这样的碰
撞是多余的，如果他是你的男人，你们出席重要场合，服装气质
上的呼应，举手投足间的情投意合与默契，这才是爱情保持新鲜
的重要秘诀，也是最高秘诀，即"和谐"二字。记住，你是去进
行婚姻面试的，不是去谈判的，不是去街头玩非主流游戏的。

（二）相亲，是一场"造爱游戏"。

荷尔蒙被唤醒，是爱情持续的基础。一个山东姑娘来找我，
说幸知姐，我觉得我不适合相亲，几乎每次见面后都没戏。她觉
得自己什么都不错，除了长相一般，所以男生难以钟情于她，令
她产生挫败感。从长相来说，脸确实很重要，但时间、灯光和情
调，都是"造脸"的地方。

一个合适的餐厅，会让你显得无比美好。约在晚上的浪漫餐
厅，打点无感 BB 霜，基本看上去肤质可以超好的，小缺点都会
被掩盖掉。对"一见钟情"四个字来说，脸上的分数确实是第一
位的。不过不要忘记，你们见面的时间不是一分钟，而是要耐心
地把一餐美食消化完毕。在这一餐的时间里，你可以不美，但只
要你是干净的、健康的、温暖的、专注的，这场谈话是可以持续

的，并且无关相貌的优势也可以逐渐凸显。见面之前，想必你都已经了解了他的"硬件"，既然硬件不错，那么为对方付出的这一个小时，想必是值得的。

即使不是那么钟情于对方的两个人，也会很有修养地把这一个小时努力过完。而这一个小时，其实就是一个展现优势、力挽狂澜的机会。如果你不喜欢对面的那个男人，也请记得保持你的修养，这是你心甘情愿为对方付出的一个小时。记住你当时当下的角色扮演。

（三）相亲的目的，绝非美食

妹子你千万别告诉我，姐没看上那哥们，就当赚了一顿饭吧！因为——相亲，真的不是让你去吃饭的！吃饭，其实是一个为相亲而设置的场景。别把男人给吃跑了。这个时候看似合理的浪费——时间浪费、食物浪费，都是为了下一次的值得，是为了把生命浪费在最值得浪费的美好事物上。

回到那个觉得自己什么都好的姑娘的话题上，她的相亲，其实不是败在脸上这么简单。

1. 她没有学会恰到好处地沟通。姑娘是个大大咧咧的山东妹，第一次吃饭，竹筒倒豆子，什么都说。对方问一句她能答十句，上懂天文下知地理。女生在饭桌上确实不应该过分羞涩，但是要聪敏一些，记得把发言的机会递给男士，让他有被尊重被仰慕的感觉。男人都喜欢被崇拜、被折服，若他的主题又能得到恰到好处的回应，那真是会如见着知音一般。

2. 这个山东妹子犯的第二个错误是抢话。你不能总抢话，即使未来你真是你们家的新闻发言人，但至少在这一刻，你还不是。记得多表现出倾听的特质，否则自己倒是说得爽了，这顿饭的目的却黄了。男生还没有说完，她忙不迭地说"我知道我知道"。刚聊着一电视剧，眨眼间她就把话题抛到朝鲜和韩国开战上去了。对方才入境准备开聊呢，妹子又开始扯互联网思维。这样的聊天，深刻地让男人觉得"罩不住"啊。

（四）美食只是场景设置，连附属目的都不算

这不是一次会餐，而是一场情感交际。哪怕对方的餐桌礼仪很 Low，也要记得耐心听他把话说完。哪怕排骨再怎么好吃，也不要啃得满嘴都是渣子，骨头掉了一地。点到即止，美食只是场景设置，在他还没成为自己人之前，不要像家庭主妇一样，把肉吃光，甚至还要主动把剩下的打包，即使过去的你和朋友之间都是这么做的。只要你保持修养，也许未必适合你的他，也有可能成为你人际脉络圈上重要的一环。欣赏你的他，有可能会给你带来一份惊喜。虽然这份惊喜，未必是爱情。

你所做的这一切都是为了顺利通往婚姻的大道。缘分，是顺势而为，更是造势而为。相亲的秘诀，不在于剑走偏锋的捷径，而在于你所习得的礼仪和你的修养。

1 大部分爱，就是在错位的空间不停磨合

问：幸知你好！我现在特别纠结我的感情。我和我男友相恋四年了，就在要订婚的前一个月，因为一点矛盾他要和我分手。原因是我的脾气他受不了。我承认我的脾气特别的糟糕，他这次和我分手让我特别不理解，也想不通！因为我知道他身边出现了一个女的。当初我自责过，以为是因为我的脾气，就算有第三者也是我对他的冷落才导致这样。可是现在我学会包容他了，忍受之前发生的一切，只求他能回到我身边和我好好过日子。以前他对我特别好，温柔体贴，包容我的所有。可是现在我也认识到自己的错误了，我希望大家都能退一步给彼此空间。最后他答应和我年底结婚，可当我说要先订婚的时候他同意说可以，但不是现在，现在他要忙他的事业。我年龄不小了，还比他大两岁，我真的害怕我这样的等待没有结果。以前我们真的都很爱对方，即使家里反对也要在一起，可是现在家里都同意了，他却这样，我真的不知道该怎么办了？

答：男人女人都是在爱情的相互打击中逐步成长的。相遇的时候，女人如带利刺的玫瑰，男人也有尖锐的锋芒。只是，男人被女人的魅力和香气吸引，即使被利刺所伤，也心甘情愿地追逐。男人向女人展露的，是包起利刺的圆润与厚实。他让你觉得美好，可以依靠。

香气弥久浸淫，总不会再觉得如初始般曼妙。你的锐利，他的锐利，若能如拉链上的锯齿般合拍，倒是能谱写新的恋爱序曲。一方锋芒若过于尖锐，拉链自然难以合上。你知晓你的冷落与不好的脾气，你懂得收敛了，你在进步与成长了，他回应你的，却是节拍不合的冷漠。

大部分爱，就是在错位的空间不停磨合。有的成功了，有的失败，带着磨合过的伤痕，找另一个人继续磨合出新。他用事业的借口来推却，他带着曾经被你扎过的伤口。你爱他更甚于他爱你，这个时候，步步紧逼，只会惹来他的抽身而退。

我知晓你的年纪和焦灼，但爱情强迫不来，即使过去你们如何如胶似漆。结果不能逼迫。给他空间思考和选择。一面保持对他的好，一面要给予距离让他想清楚想明白。你也要给自己空间，他不是你唯一的救命稻草。只有这样，你才能真正放下你的心结。

❷ 已经发生的性，就让它随风而去

问：幸知，我现在本科三年级，有一个在一起两个月的男朋友，已经发生了关系，现在很矛盾，我觉得我们是不会结婚的，大学的爱情无非是聊以慰藉的东西罢了，所以对发生关系这一点感到很烦恼，是不是对自己不负责任？

答：发生一次关系就一定要嫁给他吗？已经发生的事实，矛盾什么？或者说，再矛盾也没有用了。这不应该成为烦恼的源头。在一起，就开心些！既然两情相悦，注意身体，注意安全。

③ 如果你爱他，请用他喜欢的方式温暖他

问：潘姐，请教您一个问题，真的不知道该怎么做了！他幼年丧母，这些年来一直封闭自己的内心，学费、生活费都是自食其力，他说他家里复杂，关系不好，他也很少回去。但是细问他，他又不愿意多说什么。感觉和他处得有些累，我很想温暖他，给他更多的关心，但是他却很少跟我说掏心窝的话。我觉得两个人在一起就是要心通才好，像这个情况，我该怎么办？谢谢！

答：女人喜欢掏心窝，竹筒倒豆子什么都跟爱人说。有的男人喜欢藏心底，他不想说的事情，不要去问。如果你爱他，以他喜欢的方式温暖他，而不是逼问他。等到合适的时刻，他一定会告诉你他想说的。爱一个复杂的男人，确实是一件辛苦的事。希望你们幸福。

4 "女汉子"如果爱，勇敢爱

问：幸知姐你好。我是个今年刚大学毕业的女汉子，在一所大学里面试行政工作，结果暂时被分到超市做服务员了，等待新校区建好就能转成正式科员。在这个学校里有个单身又有实力、教雕塑和油画的男老师，我非常喜欢他，可是现在我还是个服务员，而且我们店里的店长是老师的前女友，店长又是个非常苛刻的人。论家境、学历和长相，我不输给店长，年龄上还比她小几岁，而且我也是学美术的，思考方式和老师比较接近。所以我还是挺有信心拿下老师的。可是又很担心被店长穿小鞋。怎么办？

答：既然他们之间的感情结束了，一定有它的原因所在。不要去跟他的前女友去比较家境、学历、长相，要相信自己，你是最棒的。

自称"女汉子"的姑娘都是比较有实力的，你既对老师有感觉又对自己有信心，就勇敢去追！只给你三点建议：第一，这是你和老师的事情，尽量不要在工作中说私生活。第二，在工作上一定要拿出你的实力来。干得非常出色，店长有什么理由挑剔你？要跟其他同事搞好关系。第三，既然是暂时的，即使穿小鞋也没关系，不要想太多，先入为主地给自己制定了很多框框。

5 不念过去，不畏将来，只做好当下的自己

问：幸知你好。我和男朋友从大二在一起，到现在研二已经快四年了。其间他因为我比较强势，而他喜欢温柔听话类的，我也一直没答应他性方面的要求，他找过别的女生暧昧。虽然后来他解释说他和那个女生什么也没有发生，但我不相信。

分手过，后来又和好，我也把第一次给了他，并且慢慢有了我自认为还算和谐的性生活。但是我一直对他和那个女生暧昧的事儿耿耿于怀。看见过他们的聊天记录，那个女生胸很大，所以胸小的我从此很自卑。每次争吵我都会提起那个事儿，我觉得他亏损我的，有时候我会用很脏的话，因为我真的一想到这事就很生气。

刚开始他被我骂还忍着，可能也是觉得他错了，有愧于我；后来他也不耐烦了，我一说这事他也反驳，然后不理我。但我现在真的不相信他了。我们都见过双方父母，准备毕业就结婚。但我现在不信任他。我觉得我没法释怀。婚后如果还总因为这事儿吵，我觉得这种婚姻我会很害怕。但是我还爱他。我知道这种事情需要被背叛的人有极大的容忍，但我做不到。每天担心他会不会出轨，好累。即使他以后都不再犯，我的心理已经不健康了，我现在都有点疑神疑鬼。真的对他又恨又爱。我恨他把一个快乐的我变成现在一副神神叨叨的样子。最近一次又是因为这个吵架。他发短信说他受够我了，不爱我了。我不知道怎么办。请幸知帮帮我。

答：姑娘，不要因为胸大胸小自卑，如果你是萝莉长相，对方是熟女范儿，你的男人今天喜欢萝莉明天喜欢熟女怎么办？长相是外在因素，只要是自信漂亮的女人都会得到男人的青睐。

不要觉得你"付出"了第一次，不要觉得他曾和别的女生暧昧，就是亏损了你。在爱情上，没有什么亏损可言。你拿这份自以为的亏损作为爱情的挟持，只会让这份爱情更加不堪。

无论你和他有没有未来，都要记得，在两性相处关系中，过去的事情不要再提，另外要足够信任对方，因为你爱他，所以想办法去管理好你和他的现在。如果你总是疑神疑鬼，担心对方会不会出轨，不仅让这份爱情很累，也会让你自己很累。不是他把你变成了神神叨叨的样子，把你变成这样的，恰恰是你自己。

如果你不反思自己的问题，不加以改变，任谁都会受不了的。

6 试着独处一段时间，来确定自己是不是真的爱他

问：我和我男朋友相处快三年了。他并不是我理想对象的身型。近一年半我们吵架很凶，中途分手两次。上一次我把订婚戒指还给他了。昨天在我妈妈在场的情况下我们又分了。我觉得主要问题是我对他不满意：不满意他家人对我不热情不够重视；不满意他做事不够大气；用钱上虽然对我比他自己大方，但是做事还是不够

全面。我妈妈其实是喜欢他的，但还是觉得他家人给他压力太大，什么都不管他，不帮他。我经常怀疑我根本不爱他：对他脾气很大，各种挑剔，但是真正分手了，我觉得不会有人这样迁就我了。我是爱他的吗？是不是每个人爱的方式和相处的方式不一样呢？

答：不要怪他家人，他家人对你够不够热情，是否对他不管不问，这都不构成你们是否相爱的理由。也许你还比较年轻，所以爱还不够成熟，对他外表、家庭、处事方式以及各种挑剔，都是因为你不足够爱他，至少没有爱到足够包容他。

也许分手是一种反思的方式。试着独处一阵子，来确定你是不是真的爱他。爱他，不是因为他足够迁就你。只是一方迁就的爱情，不会久远。如果你继续和他吵架、分手、不包容他，迁就必然会随着时间褪去。

第五节 你不是不懂恋爱，
而是缺少"管理人生"

一个 25 岁女生在感情上遇到困惑，这个男生学历一般，家庭条件不太好。虽然他们很相爱，父母却不同意，怕婚后不幸福。她是个好孩子，一直很听话，觉得父母说得有道理，加上他们恋情持续了五年有余，男方也有些退缩，又是异地恋，不愿意回女方那个城市生活，但女生注定是要在老家父母的"庇佑"下生活的。她问我，是不是要放弃这段感情。

感情问题只是表象，细聊下来有更多细节。女生是一家公司的会计，同时用她自己的话来说，她是个完美主义者。高中毕业，她原本想学中文，但是父母劝说，说中文系没有对口行业，所以报了会计专业，可以"吃一辈子技术饭"。读了四年，工作后却深深地痛恨这个专业。她还是想读中文系，因为完美主义作祟，所以想重新回到校园读研，而拒绝接受在职研究生培训。

她想去他所在的城市读研，但是同时她害怕恋爱会干涉学习，希望过一段时间再谈恋爱。另外，她潜意识里更希望，通过读研这个方式，出来之后不仅能得到更好的工作，也能得到更棒的男朋友。

这样的案例，我遇到太多，不是棘手的事情，但女主人公一直处于长达数月的纠结中。虽然她就情感问题咨询我，但是，在帮她剖析感情的过程当中，我发现，情感问题只是表象，更深层次的，是爱情、家庭、事业都让她纠结。

这就引出了我今天要说的主题：女孩，请不要缺了"管理人生"这一课。

这个话题说起来挺沉重的。很多人得抑郁症，或者觉得人生无望，大抵是在管理人生阶段出了问题。而这样的问题，不仅在普通青年中存在，也在名人中存在。不过很多人，在出了问题之后，能够得到及时的休整。这对于他漫长的人生旅途来说，还是值得欣慰的。

我觉得管理人生，不是说一切按照章法来，那样人活着不过是一具机器，计算时间与成本，尽量只犯下可以容忍的错误。当然，这对于对人生有精确掌控力的少数人来说，是可以略去不谈的。我是一个浪漫主义的人，甚至也曾犯过完美主义者所通常犯下的拖延症，我的爱人是个对章法逻辑极其苛刻的人，我们的旅行生涯也会拧巴着来。比如，站在东京的街头，我可以拍下一张路口的照片，然后漫无目的地闲逛，迷失之后，我的策略是指着这张照片的典型建筑物，去询问路人——当然那是个没有智能手机的时代。再比如，在马来西亚，我参加宣传页上的当地团去登岛旅行，除了一个手环作为标志，我几乎不认识其他人。我的爱人会滋生一种不安全感，在他眼里，他更愿意是一场被安排好的、全是华人、有既定时间和全程旅程安排的活动。他不喜欢意外，包括因为意外而产生的不安、旅程拖沓或者惊喜。但我觉得：这样的意外，因为有惊喜成分存在，我可以承担其中的时间拖延与不安全感。

用这样一段话，我是为了说明，一个浪漫主义的人，其实也是需要井井有条地管理人生。我之所以没有选择"被安排"，是因为对旅程管理中所能预计的小范围风险，可以承担。这并不表示，我对那一刻没有管理。

而在咨询过程中我发现，很多年轻人的情感之所以频繁出现问题，恰恰是在管理人生的问题上绊了一跤，或者对选择无所适从，或者做出选择后，缺乏对风险的预见和管理。

继续说文章开头提到的 25 岁女生。

经历过城市生活和专业洗礼的我，或者你，想必都知道，这个女生更大程度上只是给自己造梦。三年以后的她，不排除赢得梦想，但也很有可能就是我最近遇到的另一个 28 岁姑娘的案例翻版。

设想她成功地考上了某所大学的研究生并攻读中文专业，28 岁毕业后也许进入一家出版社工作，也许进入一家新闻媒体工作，或者成了专职作家（其实专职作家大部分都不是通过读研培养出来的），或者成为一家公司总裁秘书（形象往往更重要）。她所面临的可能是最基础的薪水，甚至被企业拒绝（因为 28 岁的女生，关于结婚生子的问题你懂的）。在爱情上，未必因为研究生这个学历就得到了更多男性的青睐，因为在年纪增加的同时，她提高了择偶条件。如果梦想中的情境，并没有因为她三年的艰苦努力而得到相应的社会回报，她一定会再次纠结痛苦。

当然，不排除她在读研的时候找到了很棒的男朋友，不排除她也有各种机会，但是也许目前踏踏实实从业，选择的余地会更大。她可以不喜欢会计，但是可以通过在这家公司开始进行职业生涯的转型。我们不能为了读中文系而读中文系，如果她想做个出版社编辑，那能否进入一家心仪的出版社，从做会计开始，通过认识公司的高管，通过了解编辑的日常工作，转型为编辑，再接着进行一些培训进修课程。也许这个可能性更大。我知道有些出版社编辑，还是数学系的高材生。其实这个时代，专业对口这个词汇，已经改写。

什么年龄做什么年龄的事，这句话之所以在大部分时候有道理，有"随大流"的成分在。不是说25岁你就不能进入课堂进行学习，但是梦想回到象牙塔的生活，又何尝不是一种逃避？第一，象牙塔已经没有纯粹意义上埋头苦读的学生生活了，大部分学生在实习、在与社会接轨；第二，如果想进入课堂学习，建议边工作边进修，更适合这个年纪的女生。读研一定不是个避风港，尤其是伴随读研，年龄日渐增大。很多完美主义者，不愿意"随大流"，一方面想过一种跟大部分人不一样的生活，另一方面，完美主义者会认为通过拖延和努力，会让未来过得更好，这就像剩女找男友，越拖却反而越难以找到合适的男友。

中国的家庭教育和学校教育通常会压抑一个人内心真正的喜好。还是拿那个姑娘举例，其实高考毕业那年她如果不是因为听从父母的建议，现在就不会遇到这样的痛苦。当然，她也有可能面临其他的痛苦。但是我觉得，家庭和学校教育应该学会把抉择权下放给孩子。家长应该做的，是告诉她学习会计的好处，学习中文的好处，以及可能会遇到的潜在风险，她应该学会通过互联网搜索，来预期她未来有可能经历的事情，并为自己的选择承担相应的后果。这至少是管理人生的第一步。但是，她直到25岁那年，才开始真正想"为自己而活"，想做自己希望做的事情。她来咨询我，虽然表面上是情感问题，深层意义上却是情感、家庭、事业各个方面的问题。她觉得，所有的问题都在陷入困境。从咨询我这一天开始，一个她所能信赖的情感咨询师，才开始帮助她意识到人生管理和规划的重要。

都说，拔起萝卜连着泥。我发现，当一个成年人开始需要担负选择时，她遇到瓶颈时，会发现人生怎么什么都不顺，爱情、家庭、事业都不顺；而顺的人，会各方面都顺。这就是管理人生出了岔，并非是命运待你比别人更不公平。

很多人不会管理人生，从不懂得如何选择。很多女生问我，我是应该选择穷困但是相爱、父母却不同意的A男呢，还是选择家庭条件好但我不爱的B男呢？有的女生勇敢地选择了A男，若干年后有可能遇到A男背叛，只好把泪水往肚子里咽，不敢告诉父母，因为这是自己的选择。她会悔不当初，为什么没有听父母的话选择B男呢？有的女生选择了B男，婚后发现因为不爱矛盾重重，又开始纠结，怕离婚后找不到条件更好的男人，然后为了孩子将就着妥协吧！

有时候我问，姑娘你内心到底是更喜欢 A 还是更喜欢 B？答曰不知道，我喜欢 A 的浪漫，但我也喜欢 B 的物质，就这样纠结无比。

你可能也会问，幸知你会选择 A 男还是 B 男？我会告诉你，我要做一场风险评估。其实每个人在婚姻开始前，都需要跟婚检一样进行一场爱情检验。有句话说，幸福的家庭都是相似的，不幸的家庭各有各的不幸。但是我告诉你，我接受过几千个深度案例的咨询，不幸的家庭都有相似的不幸。如果你不是和幸知一样是个独立的女性，而这个 A 男是个成功欲望极强，为了实现任何目的不择手段（包括得到你）的男人，我会建议你慎重考虑，是否可以承受婚姻中有可能发生的最坏的风险。在我的新书《疗伤的对话》中，我也将给大家展现更多的案例，告诉你"乖乖女＋极度凤凰男"婚姻成功的概率有多低。那 B 男呢？如果你天性是个忍者，觉得不讨厌，但也不爱对方就可以在一个屋檐下生存，并且对方很爱你，爱情可以培养；或者你爱金钱胜过爱丈夫（在金钱足够多的情况下），可以。如果你对爱情是有渴望的，但只是为了结束剩女生涯而找个看起来合适结婚的男人，我建议你果断 Pass。

"我不知道我要一个什么样的人生，我逃避选择。一直以来我的选择都是父母帮我做出的"——所以这样的你们，我能理解，当婚姻破、丈夫出轨、一退再退、一忍再忍后，选择离婚还是不离婚，是何等的纠结与痛苦。

"我想鼓起勇气，在这个阶段体验这种形式的人生"。不过，在这种体验开始之前，记得想好最坏的情境，或者咨询在过这段人生的有相似经历的人们，他们会有什么样的忠告。这会比你头也不回地扎入其中，要好上一百倍。结婚离婚是如此，创业也是如此。中国人群基数太大，和你有相似经历的人，太多。不要只是咨询身边人。我们要减少让自己犯错误的时间。小成本的代价有助于更好地厘清自己内心所需。

另外，遇到挫折并不可怕。一件一件着手去解决。找到目前所能做的最佳结合点。把一团糟的生活分成若干个目标，肢解。把一些问题先放一放，不去想它。其实人生没什么大不了的事，只要自信、努力、坚强，不管多大年纪，人生都可以重新开始。另外多给自己几个人生支架，如果一个女人一生唯一的支架就是男人，一旦支架丢失，岂不是致命的打击？

1 好好疼惜自己，你若盛开清风自来

问：幸知，你好。我是个典型的天蝎座女孩，骨子里对爱情特别认真。我跟男友从大二开始在一起，到现在四年了。男友家条件不好，比较穷，从一开始我家人就反对，但我还是义无反顾地跟他同居了。

三年前，我爸爸因病去世，后来妈妈又生病住院。这期间我们也闹过矛盾，但也一直在一起。我们在一起的四年当中，我做了两次人流，第一次人流对我影响不大，但做完第二次人流后，我整个人就垮了，首先是身体变差，妇科病一直不好，还有就是身材明显没以前好了。为这事我每天耿耿于怀，不能原谅自己，觉得自己跟他在一起，失去得太多！每天都被后悔的情绪左右，恰巧他这一年多以来忙事业，完全顾不上我，经常两三天没一个电话。越是这样我就越觉得亏，心里越难受。

我非常后悔认识他，觉得要不是认识他，我不会身材变差，胸和屁股下垂，更不会脸色发黄。现在整个人很没自信，虽然一直想有别的追求者，但都因为自己做过人流完全没敢考虑。我做人流和看病的钱都是男友掏的，所以他觉得他做了很多了，没有对不起我。我现在每天好痛苦，一想起自己把好好的青春耽误了，就痛恨自己遇见他，我是不是得抑郁症了？

幸知，帮帮我，我该怎么办？是继续和他在一起，还是分

手？男朋友当初创业，两年一直是我养他，他创业的钱都是我借朋友的，现在他开始赚钱了，开始对我爱搭不理了，即使打电话，我能感觉出他对我说的事情不感兴趣。我现在很后悔在该奋斗发展自己的时候，忙着堕胎，围着男朋友转了。但是我现在一想到自己做人流后身材上、面貌上的变化，就自卑地想起这些事，什么都不想做。我该怎么办？

答：对爱情认真没什么错，但我们不能为了爱情放弃自己的美好。"义无反顾"地跟他同居，不是为了证明你的牺牲精神，这只是你当时的一个考量和选择。

我常常对姑娘们说，你想怎么玩是你自己的决定，但是记得不要为此付出身体的代价。如果只是为了短暂的放纵和欢愉在一起，暂时并没有考虑孩子和将来的话，那请杜绝自己给这个男人打任何胎的理由。他说不戴套更爽，你就不戴套？他说大不了吃紧急避孕药，你就使劲吃或者不吃？他说只要安全期内一定安全，你就信了？姑娘，怀了不该怀的孕，一而再，再而三地做人流，损的可是你自己的身体，跟男人一点关系都没有，别指望你为他打了胎他就该心疼你，他若是心疼你，就会让你把孩子生下来并且共同承担应有的责任。你损了身体，脸色发黄，身材走形，你连自己都不疼惜自己，你怎么能让人来疼惜你？

经济学上有一个名词叫"沉没成本"，意思是付出并且不可收回的成本，放在感情上也是一样的逻辑。如果你对这份感情还抱有希望，那就想办法经营好你们的现在。过去的你付出了，青春已经耽误了，但如果只是因为这个而在一起，你就准备好继续耽误下去吧！谁的青春也不能重来，但是经营好现在，从今天开始之后的青春还是可以牢牢把握。记得，及时止损才是最明智的选择。

经历了这么漫长而纠结的情感历程后，你产生失落、后悔、无助、迷茫等比较复杂的情绪是可以理解的，但不能让自己沉溺在这些情绪中不能自拔，这样会让你越来越可怜无助。

你需要自我成长与转变观念，在你在观念里你认为和男朋友相处四年，为他堕胎两次，导致自己身体走形，脸色变黄；并且养了男朋友两年，还出钱支持他创业，结果换来的是他对你的无情无义，显然是不公平的，所以你把自己放在被害者的地位，后悔自己的付出，后悔与他的相遇。但我想这个事件你的男朋友应该有责任，你肯定也有责任，比如难道你没有遇到这个男朋友就不会受伤害了吗？我想不尽然，你还可能会遇到别的人，也以同样的方式对待别人，结果也不见得好。在与男人上床之前一定要采取避孕措施，我不反对婚前性行为，但女孩子一定要学会保护自己，不能让一时的欢愉造成一生的痛苦，这件事既然已经发生了，希望你以后吸取教训。

另外你在和男友四年的恋爱中一定也得到了很多东西，享受到了很多，不然你不会一直和他在一起，所以不要为现在的失落否定四年的付出，把眼光放得长远点。

　　我觉得你也有一种被害者心态，你在感情中付出了很多，到头来男友却这样对你，肯定心理不平衡，但不要忘了在感情中付出的一方，潜意识都是希望用自己的付出求得别人对自己的好，并且在道德上让男人产生愧疚感：我为了你付出了这么多，你却这样对我？让男人无所适从。

　　你抱怨，后悔，就是失去了改变的力量，陷在悔恨中看不到未来，你需要为自己的生命负起责任来。身体变形，脸色变黄只是一个表象，关键是你的心理状态也变得很糟糕了。相由心生嘛。你要试着让自己变得自强、自立、自信起来，拿出内在的力量出来，即使你堕胎两次，你一样会变得光彩照人，很有魅力。你感觉你的男朋友不愿意理你了，一方面可能是你多想了；另一方面也可能是你内心的负能量太重了，男朋友开始不知怎么跟你相处了。你若盛开，清风自来。

② 婚姻不是开淘宝店，幸福有时是逆经济规律而行的

　　问：你好。我今年 24 周岁，即将 25，在家乡的小城市工作。今年 7 月毕业真正踏入社会后，我彻底感受到了来自家里的催我找对象的压力。在相亲了几个后，我陷入了两难。

　　第一个是建行工作的，条件不错，但性格不是我欣赏的类型，

长得也不好，联系半年多，基本不动心。第二个是我的一位同事，长得很高很帅，性格也不错，我们很谈得来，在一起很开心，只是条件不好，不管是学历还是收入都没有建行那个好，最关键的是他爸妈在他 20 岁的时候离婚了，这一点我家里人非常反对，不同意我们交往，我很为难。所以，我特别想问你三个问题：

1. 感情与现实哪个更重要？假如我选择建行那个的话，他对我好是没问题的，因为他确实很喜欢我。我一直不动心的原因就是他不是我欣赏的类型。

2. 跟单亲家庭的孩子结婚真的很危险吗？我确实想跟这个同事在一起，可害怕我没有能力承担来自他家庭的压力，也担心Hold 不住因他单亲而带来的婚姻更大的挑战。

3. 假如单亲同事这位确实不该考虑的话，我该怎么表达才能最大限度的不伤害他？因为我不想让他以为是他家庭的原因导致的，虽然事实就是如此，我一直觉得他很无辜，这是他父母的事，跟他本身无关。

答：爱情不是开淘宝店，如果今天只能下一单给一个客户，你会怎么做？心下想着，这个客户会继续买我的产品吗？他会带人来买我的产品吗？我这一单赚的是今天最多的吗？还是在反复思量在不知如何选择中终结这一天？或者下完单看到后面更大的诱惑后悔不迭？

结婚后是否幸福，首先跟你愿不愿意跟这个人在一起。一个我不动心的男人，就算他条件再好，我会第一个 Pass 掉，除非你结婚的唯一愿望，是嫁给房子或者嫁给钱。第二，你嫁的是一个男人，对方家庭是你没办法改变的，何况还是过去的家庭背景，除非你在目前的相处模式中发现你跟他父母极端不合，否则又何必对他们家过往的事情如此介怀？你都觉得他无辜，又何必再来一个完美的欺骗，骗了他又骗你自己？

这样的考虑，看似你理性，把肉酬定律应用得完美。不过爱情婚姻不纯粹是一门经济学。幸福有时候甚至是逆经济规律而行的。你不可能找建行男结婚，再由单亲家庭男陪床。

3 恋人不成当兄妹？趁早断，免得乱

问：幸知你好，我和男友恋爱一年，他离了两次婚，有两个孩子。我们相差 13 岁，我和他大孩子相差 6 岁，他 7 年前和孩子妈离的婚，至今他妈都让他们复婚，最近我们闹点小别扭，他让我考虑是做男女朋友还是兄妹，想到要和他做兄妹，我就堵得慌。

我们迟早要分手，他说他妈命是捡来的，所以百分百听他妈妈的。他最近老不回家，其实在这之前，他也很宠我，很照顾我的家人。我该怎么办？

答：一个孝顺到愿意放弃爱情的男人，要么是他足够理智，

要么他不是真的爱你。我不知道他的前两段婚姻，是否也都是听他妈妈的话而离的婚。否则他那么听母亲的话，母亲若是不让离婚，他应该不离才对吧。

在你的描述中，他看起来很有责任感。不过只是"看起来是"。恋人不成当兄妹，如此暧昧的兄妹，我是想不出来该如何相处的。敢问他有多少好妹妹？趁早断了，免得乱了！

4　在爱情世界里，请警惕"被小三"

问：你好，潘老师，向您咨询个问题，我很苦恼。我喜欢上了一个男同事。具体是这样的：我属于总部办公室的，他是市场上的区域销售负责人，按照公司制度，他每天晚上都要给我汇报工作。经过半年多的时间，我们的关系越来越好，聊不完的话题。后来我出差去参加公司一个活动，本来他也要去的，结果没去成。彼此都挺失落的，他给我打了一个通宵的电话，给我表白了（前提：他之前有个相处三四年的女朋友，分分合合，那女生是那种很爱猜疑的人，总是翻手机，查各种信息，这段时间说是彻底分了，家里不同意）。

在我认为他彻底分手的情况下，我们谈了2个月，每天晚上通电话，那段时间真的很美好。后来，他女朋友上他的微信上发现我们的关系，打电话找他闹（异地），还在微信上对我说了些难听的话，随后他发短信给我说：我们不合适。我打电话给她女朋友解释说：他跟我说你们彻底分了，我才跟他谈的，现在这样子我也不想多说什么，对不起，以后我和他只保持工作关系。他女朋友说：我第一次见你这样的，不吵不闹。

我也没哭没闹，只跟他保持工作关系，几乎不打电话，虽然很想，即使打电话也是说完工作就挂掉，其实我们都能感觉到对方欲言又止。平时他每个月回总部开会一次，我们见了面说话就是吵吵闹闹，我说话，他就挤兑我，开我玩笑，他说话我也如此。就没有一次随和的时候，反而随和的说话不舒服，觉得陌生。现在的我只和他保持工作关系，但是我不希望就这样，还是很喜欢他，哪怕做朋友也好，可是我每次都怕他女朋友怀疑，从来不给他打电话发微信，除了每天他给我短信汇报工作时我回复两个字：收到。不想就这样，我该怎么办？

答：明明是一个男人脚踏两条船，最后却变成两个女人之间的斗争。不吵不闹是对的。男人必须做出抉择。"收到"两个字辱没了你，你又不是小三你说对不？何必遮遮掩掩。痛下决心，如果他不做出明确选择，一定要离开他，或者以离开他的方式，逼迫他选择。他是一个成年男人，若还是唯唯诺诺，你更要趁早离开！

5 鱼和熊掌欲兼得，爱得自私活该痛苦

问：幸知，您好！我现在遇到感情上的困惑，希望你能帮我指点迷津。我已经二十七岁了，该结婚了，如今一人在苏州工作。婚姻方面，我面临着三个选择，一个是爱了我十多年的同学，人在北京，一个小律师。一个是相亲男，研究生学历，在长沙搞科研。一个是我的初恋，一穷二白在苏州，我们四年前分手了，我一直没有忘记他，没想到在苏州又遇到了他，也没想到他一直没有放下我。

律师男，目前在北京工作，小律师一个，之前一直对我非常好，今年他觉得等我等了这么多年，没有等下去的希望了，就开始寻觅新的目标，找了一个暗恋了他好多年的女孩子作为结婚对象。当我知道这一消息时，很难以接受，因为我觉得他不会变心的。在那时，我意识到原来他在我心中占据很重要的位置。以前，我总觉得我们两个认识得太久太久了，太熟悉了，跟他没有恋人之间的那种感觉。

答：你这个人，太自私。生活有时候就是这样，选择余地太多，反而痛苦。明明心里爱着初恋，却嫌弃人家一穷二白。明明有个爱你的律师站在你面前，却不懂得珍惜，觉得他爱你是天经地义，而且只是个"小律师"。他一离开却难以接受。你都不接受人家的感情，人家为什么不变心？非要爱你一辈子，在一棵树

上吊死？你现在说什么占据很重要的位置，本质上是因为你得不到。所以，活该痛苦。

给你的建议，有这么好的初恋，就嫁了吧。律师既然有所选择，就离开吧，别再折腾他了。相亲男你连提都没提，可见你只是觉得他条件还不错，仅此而已。

6 有一种渣男打着爱情的幌子来猎艳

问：幸知姐你好！相亲认识一男生，很优秀。答应交往后，第二次见面就强迫性地发生关系。他因为工作忙，我也不是黏人的女生，他可以一个星期不联系甚至更久，三四个月几乎没主动打过电话。因为他，我第一次得了严重的妇科病，他就象征性问了几句，全程都是我自己看病治疗。他能承认恋爱关系，但我觉得自己完全是被玩弄了，被耍得很惨。我们是异地，我根本没感觉到是恋爱，我叫他回来后当面把话讲清楚，他只回一个字"好"。我是不是很傻？明明自己下决心不理他了，还是不甘心，我不古板，但是也不随便啊。他说忙，可给小狗的时间都比给我多。我曾要求他每天只给我一两分钟，他答应过，但是没做到。姐，他是在耍我吗？

答：你确实被耍得很惨，虽然妇科病因他而起，但身体是你的，跟他没关系，自咽苦水吧。他给小狗的时间都比给你多，你又何必屈尊跪下来要他一分钟？把自己弄得连他的狗都不如。自己治疗，和他彻底脱离关系，开始新的生活吧。

7 不要用他的错来要挟爱情，那是跟自己过不去

问： 幸知你好，我跟我男朋友在一起三年多了，感情一直都还算稳定，可是去年年底，他出轨了，他说他看到那个女人的第一眼就像是当初第一次见到我一样，所以，喜欢上她了，并且和她发生了关系。我是个特别要强的女人，我以为我会甩头就走，但是，我对我男朋友的爱或许已经超出了我的想象，我忍气吞声地和他谈了很多次，他自己也心里清楚，对那个女人只不过是一时兴起，所以，最后他还是选择了我，没有再和她联系了。可是，时间过去了两个月，我感觉自己像个疯子一样，每天会查他的手机，会进那个女人的微博看看有没有什么更新，而且，我总觉得回不到以前那种感觉了，我觉得他脏，他一碰我，我脑海里全部都是他们在一起的场景。我该怎么办？要放弃这样的感情吗？我也不清楚，对他是爱还是依赖？感觉自己过得好累好辛苦。

答： 你觉得他玷污了你们纯洁的感情，这是你无法容忍的错误。但是既然你还是选择在一起，就要选择相信他。不过不要以

此要挟爱情，跟他，更多的是跟你自己犟下去。如果一直保持现在这个状况，你们的爱维系不了太久。至少他最终还是为你放弃了她，并对你坦白。过去的事情，就让它过去吧。当然，谁都不是圣人。如果还是无法说服自己，可以分开一段时间，认清自己的内心。

8 你爱的不过是青葱岁月的一个影子

问：不是说女追男隔层纱么？我暗恋一个人七年了，他是我的高中老师，或许因为知道我不是他喜欢的类型，或许在大学里耐不住寂寞，总之大学里被学长的好感动了，最后谈恋爱了，而且一谈便是四年。如今毕业半年，因为工作和距离的问题，我跟他分手了。我所经历的这些他都知道，而且前男友也知道我跟他在一起的四年里心里一直有我们高中老师，总之之前一直都是很纠结的关系。

前段时间跟他表白了，这七年我能感受到他不讨厌我，但表白后他便开始对我冷处理，感觉我能做的努力到此结束了，但又不想失去。如果他明确拒绝我，我会退回朋友的位置，我真心希望他幸福，但他没有；我想争取，又很无力，无计可施。该怎么办才好？

答：女追男隔层纱，是鼓励女孩子去主动追求自己想要的幸福，但并不意味着所有的追求都可以以幸福结果为灿烂收尾。你暗恋老师七年，从懵懂的少女时代，到进入职场工作，这段年华是女孩子成长最快的岁月，也是最易变的岁月。

你以为你还爱他，不过你是真的爱他吗？最易变的莫过于少女心。你跟你的学长谈了四年恋爱，这不是对高中老师的背叛。与其说你是爱他，不如说是情窦初开的暗恋。沧海桑田，每个人都在成长，你爱的不过是青葱岁月的一个影子。这个"很纠结的关系"似乎也不是三角恋，就好像你有男友，心里又同时住着一个影视明星一样。我相信，你和前男友的分手有相互间的原因，与高中老师没有关系。

你以为你还爱他，可他还是他你还是你吗？作为老师，想必都不会讨厌喜欢他的学生。但是在这七年里，他是不是有了自己的家庭呢？你的表白有可能让他觉得你在影响他的生活，所以冷处理也是顺理成章的，这其实就是一种明确拒绝。你所谓的努力，除了表白之外，更多是自己心底的纠结，并非是对他做出的努力。

在内心最柔软的角落，安放他和属于你的青春年少，不要在现实中再做无力的争取。尽快走出来，找到真正属于你的爱人，好吗？

第六节 嫁个有钱人还是把自己变成有钱人？

关于女明星，人们对她们的恋情充满了好奇与想象，不但男人们想要知道"女神"会爱上哪种男人，女人们更想知道。

高颜值、冷艳、霸气、有钱、独立。这些条件是女人们追求和渴望的，而当你成为了这样的一个女人，会有个什么样的男人和你配对呢？所以，在很多女人心中，"女神的男人"某种程度上也代表了一个"完美女人的配偶"的最高水平。

想象无边无际，新的童话故事被构建，可是当女神的新男友出现后，你是否略感失望？不是说他不够完美，长相身材知名度他都还算不错，女王的绝配不一定是国王，配骑士才是真爱。然而，这个骑士男，却是"山寨版"的白马王子。

当年，还是别人男友的他，送给亲密爱人心形石头。女朋友称这颗石头是他偶然在一个地方发现捡回来的，并希望这颗石头能够经受得住考验，不再玻璃心，一语双关。不过很快，疑似他前女友的姑娘同样晒出一颗心形的石头，并怒斥道："你是批发了一堆么？"

在女性心目中，"唯一"是多么肉麻的两个字，因为它代表了用一生去守候的珍贵。而当同款"心形石"在网站批发出售，它就变成了一个笑话。

　　不管这位骑士男用纯爱的招数迷倒过多少个她，女神一定不是那个可以用心形石拴来的女子。时光蹁跹，她成了爷。在她这里，男朋友理应是那个俯首称臣的骑士，而不是见一个爱一个的花暖男。

　　女神出道以来，唯一承认的正牌男友只有一位内地演员。有无聊兼有心的人士，把她在这一路走来所碰到的并传出过绯闻的男人整理了一遍，没想到竟有 17 人之多，其中有老有小，有歌坛新人也有影视大鳄，富商、帅哥、才子一应俱全。当年还是花瓶的女神，借力优质男，加上无与伦比的吃苦耐力，拼了自己的年轻去演戏，才得以多次在鱼龙混杂的娱乐圈转危为安——只要你用心，上帝也会帮你，别说是那些个懂得怜香惜玉的男人。

　　这一路，甚至连谈恋爱的时间都没有。于是，她被千锤百炼成了爷。她可以勇敢驾驭自己，找到骑士。她和他的关系，经得起旁人谈资。她是爷，她有风情，他平庸些，世故依旧。无论如何，在目前的状态下，却是舒适的关系。因为不用端着，不用装腔作势。这一刻，自然便好。

　　就如范冰冰所说："我不嫁豪门，因为我就是豪门。"云淡风轻笑傲江湖，独立而朝气。

① 正确看待金钱在婚姻中的关系，与爱情一样重要

问：幸知你好，我和他认识三个月了，他在网上买东西让我付款，我起初觉得没什么，但是这样的事情又发生过，再后来他向我借钱，当然他有稳定的工作收入，虽不高，但没有太多压力的那种工薪阶层！他从没主动提出上街给我买东西，反而让我给他买，虽然我不认为金钱是衡量爱情的标准，但是他的举止还是让我有些失望！我该如何重新正视这段感情？

答：三个月的时间相处毕竟还短了一点，对方很多信息都还了解得不够全面，但从男方的行为来看，显然属于 PAC 理论里的 C，女孩子暂时扮演了一个 P 的角色，但男女交往毕竟是两个成人之间的交往，在信任并未建立之前长期的 PC 关系显然不利于关系的进展。（注：P 是英文"父母"的第一个字母，A 是英文"成人"的第一个字母，C 是英文"孩子"的第一个字母。）

现在的媒体舆论一味强调女孩子不该太看中金钱，这点虽没错，但搞的女孩子现在一恋爱就不敢提钱，仿佛一提钱爱情就不纯洁了，这也是一种错误的认知。正确地看待金钱在交往中的效用，也是非常重要的因素，建议女孩子停止为男生付钱买东西。综合考量男生的经济状况、对待金钱的态度、购买习惯、金钱的分配比例等，结合男方家庭背景综合考量，正确看待金钱在婚姻中的关系，这与爱情同样重要。

男友没有钱老妈看不上，怎么办？

问： 我的问题应该不是情感困惑，但也许是很多人都会遇到的。我和我男朋友在一起快两年，感情稳定，为了更好的未来，他现在在考研，我在考公务员。对于我们的未来，我从来没有任何的怀疑，我刚毕业，他毕业一年了又回头考研。在我眼里未来是光明的。但是，在我妈眼里却不是这样，我是武汉的，男朋友却不是。在我妈眼里，他现在没房没车没钱。也不知道以后会不会有钱。但是他对我的好我爸妈都知道，都看到过，我爸妈也肯定。现在小矛盾还没有爆发出来，我怕有一天，我跟我妈摊牌了，那一天他考上武大的研了，但是还是没钱，我该怎么说服我妈？我不想直接冲突，怎么能完美地化解掉这个矛盾，让爸妈能相信我们能够过上我们希望的生活呢？

答： 幸福的生活跟房子、车子、钱有必然关系，但不是先决条件。以后的事情，咱自己打拼好吗？幸福的生活是自己过的，相信你选择男人的眼光。当然，如果你是个决心不坚定的人，那除外。

在选择所爱和选择物质之间，好多女人犹豫了，因为总是不能兼得。但是，你所爱的人，会因为你的爱而奋发向上，他未必富有，但能让你幸福。因为富有这个概念，是没有止境的。而且富有这个词，只让男人来承担，也是不公平的。当有一天，你发现对待一个你父母满意、物质又丰满的男人，却没有当初爱情的感觉，你才会知道，什么叫心痛，什么才是幸福。

珍惜你之所爱。

3 请不要替他买单

问：幸知你好。我有个跟我关系很好的男性朋友。我们可以说是暧昧不清，去宾馆开过房但是他紧张，等于也没有完全发生关系。我承认他是我喜欢的那类男人，可是他是个特别会过日子的人，虽然很有钱（身家几千万）但是他有时很小气。给我买过一件衣服还因为身上带的现金不够，他的卡在那家店还不能刷，所以我还付了一半钱。回到车上他要给我钱，我没要他就收回去了。后来我觉得他对我不是真心的，我觉得要是真心的肯定不会不舍得给我花钱，况且只是他财产的九牛一毛。我承认我不能自拔，我有男朋友，但是因为他家穷我们一直没结婚。我现在希望和那个人好好做朋友，做知己，不再发生关系了。我这样是不是很不要脸？可是我也没办法，我真的管不住自己。我该怎么办？

答：好多有钱的男人，尤其是白手起家的企业家都很小气。跟身家没必然关系。但是连一件衣服都舍不得给你买，那一定是不够爱你。什么做朋友做知己，只不过是因为你尚还贪图他的钱财。你也说了，你的男朋友不够富有。可是你认为真有一个男人会跟你做知己、做朋友而无所求吗？一个是富有而不愿意付出的暧昧男人，一个是爱了多年却贫穷的男人，你必须做出选择。要么选择，要么离开。

 # 不要宠坏他，没人要求你为他的尴尬付账

问：亲爱的潘老师，我现在交了一个男朋友，有三个月了。刚开始对他挺有好感。而且他是本地人，对我宠爱，听我的话，但是接触以后，我们出去约会，他身上从来没有超过三百块的现金，而且现金基本上都是信用卡提现，他办了好多张信用卡。有一次他把手机借我，我看到账单提醒加起来有十万多未还款！

平时出去吃饭看电影，只要有付现金的，我就好怕他没钱然后我付，我觉得那样他也会尴尬没面子。第一次出去约会，看电影他刷卡就没刷成功，然后我赶紧付的现金，当时觉得好尴尬，吃饭我还给他配了点钱他才够的。我们俩都是一年毕业，我是名校毕业比他学历高，工资也比他高，个子我168，他大概170多一点，有点胖和弯腰，身材都变形了，所以现在接触多了我有点介意这些。

还有，付钱的事情每次都让我觉得很别扭，觉得他跟我约会为什么不提前准备好？今天我们见面他又忘带钱包了，去超市给他妈妈带东西还是我借给他的钱，有时候付钱我都替他紧张，替他尴尬。

我有时候也会拿他和前任比，会有点失望，觉得他有点娘。

他有两个特别好的朋友，是女的，不知道是不是有影响，他经常问我爱不爱他，愿不愿意嫁给他之类的话，我听到这个话就好心虚因为我也不清楚，我觉得跟他在一起像大姐姐。

我来这个公司两个月了，这两个月也有人追我，也经常有人搭讪，我的性格是比较害羞的类型，性格外向开放的男孩子我也怕 Hold 不住。潘老师你怎么看？谢谢您了。

答： 你愿意成为一个有点娘、需要你照顾、欠了十多万账单男生的大姐姐吗？不要宠坏他，你所做的事情只有一件，如果你喜欢他，可以继续保持约会，但请不要替他买单。把钱放在别处，再掏出钱包，哦我也没带现金，那电影咱们只好不看了？饭咱们只好不吃了？给他妈妈带东西可以不带了？这也没有关系嘛！没人要求你为他的尴尬买单。

5 男女关系如果不想在金钱上纠缠，一开始就做个约定

问： 幸知您好，我现在遇到一个问题，不知道这么做合不合适：我男朋友的哥哥现在做生意，需要资金周转，就问我男朋友借钱，但我男朋友刚来我在的城市发展，没有这么多的存款，所

以他就问我借。我现在在读研，我之前有告诉男朋友我在买基金，所以男朋友就说让我先把基金拿出来借给他哥，年底还我。之前男朋友刚来的时候工资不高，但每个月发了工资都是全部给我，而且之前他是帮他哥管店，但想到我们的以后他就决定出来闯闯，所以他哥多次打电话让他回去他也没回。而他觉得很对不起我，自己出来工作了还要问我借钱，之前我们很拮据的时候也没有说要赎回我的基金，现在我已经赎回基金了。辛知，我不知道在我和男友的关系中这样涉及金钱关系会影响以后吗？以后要是碰到类似的情况我该怎么做？

答：因为是男友，所以借即是送。如果你觉得这次送他这些钱没关系，那可以。不过，如果你以后不想在金钱上有这样的纠缠，就要一开始就做个完美约定，否则男友还有七大姑八大姨还有各色朋友，今天这个结婚明天那个生病，你借还是不借？如果你男友还是那种好面子的男人而你不是，事先说清楚，更有助于日后关系的发展。大家都坦荡荡说清楚，更好。

另外，男友就是男友，还没结婚的时候，不要以婚姻中男女主人的方式，把所有金钱进行混合规划。

Chapter 2

婚姻进行曲:

像看陌生人一样
重新审视他

第一节 **你认为他是个好人，**
也许只是你的认知错误

她崩溃了，因为丈夫在她怀孕后开始出轨。现在看着可怜的孩子，不知道是否该离婚。一个多么相似的桥段，每天都在上演。

她觉得丈夫是个好人。因为他看起来多么善良，帮助同事，热衷于组建公司的羽毛球队，每次给地铁乞讨的乞丐一块钱，始终如一。他说，也许乞丐是装的，但是看着他们残缺的肢体，他总是不忍心。

可是这个看似好人的人，多么伤人。

他是个好人，所以他说"我不爱你，只是因为你把第一次给了我，我觉得我要负责到底才跟你结婚的"。

这个好人当时是不是真的这么想，谁都不清楚了。可能只是在遇到这个新的女孩子之后，他突然找到了某种精神共鸣，所以"反思"了从前的婚姻生活，觉得太没激情了。这才是他想要的爱情，所以才说出了这样的话。

他是个好人，所以他总把"尊重"挂在口头上。跟妻子去店里用餐，看妻子当着营业员的面掏出手机问有没有团购，现场下一个，他看到营业员不屑的神情，说那是她对营业员的不够尊重。他骂她，说不懂得尊重店员的人，不懂得尊重排队中的顾客（他们一直在后面等候）的人，没有资格赢得他人的尊重。可是他恰恰忘了，他骂她，当着那么多人的面，是对妻子如此的不尊重。

他只是在心里厌恶妻子损了他的颜面，仅此而已。

他是个好人，所以他觉得那个柔弱的女孩子，她连一桶水都提不起来，是多么值得怜悯啊，没有他，她未来的生活如何存续？他因为怜悯而爱她，他是个多么好的人！可是恰恰这样的怜悯，以损害妻子的利益为前提。

他是个好人，所以他不离婚，因为妻子是个好媳妇、好妈妈。他一刻不停地提醒自己的妻子，不要对自己抱有希望，我们只是暂时为了孩子没离婚而已。

他是个好人，他人品很好。可是对自己的爱人和家人，如此苛刻。他和他的新女友打得火热，恰恰只是因为他还没有把她当成真正的家人而已。

他知道什么是爱吗？

这个善良的妻子，跟幸知说舍不下他只因他是好人——她真的知道什么是好人吗？

我们经常看到电视剧中有这样的情节：一个大毒枭，是个道德败坏的人吧？但是处在另一个环境中，对自己的妻子而言，他是个十足的好人。这是情感上的好人。情感上的好人和生活中的好人是不能混为一谈的。但是往往我们会误解，把生活中的好人当成了情感上的好人。

他看起来是好人的形象，事实上是对她最深的折磨，是最让她看似"无法舍弃"的理由。而她，只是她的备胎而已。他在婚姻之外的苟且，一定不是他对她的负责任。他不狠，他拖着她的青春，连重新开始的机会都不给她，让她觉得生活还是一直有可能的，她还是可以挽回他的。事实上呢？

到底什么样的男人才是好人？到底要找一个什么样的好人嫁了？亲爱的姑娘，你懂了吗？

1 认清楚自己的感情，不要栽在"相亲"两个字上

问：幸知姐，你好。我在年前相亲，对方见过面后问我对他有什么要求，有什么标准，并且说他欣赏人的内在美（我是胖女生，外貌分不高）。然后不知道是过年期间比较忙碌，还是因为他看不上我，除了带我去见过他父母之外就不再约会。但是平时有发信息，说自己忙还说很渴望一个单纯的拥抱，说自己很普通，问我是否觉得他值得托付云云。我感觉他很喜欢试探我的心意，感觉这人是泡良族，我不知道这样是不是陷人以罪。我对生人很拘谨，第一次和他去唱歌时，看着他和其他女生调情（因为觉得自己不算女朋友，所以没必要吃醋）觉得有些验证了自己的想法，也失了原则陪他到三点，看他像拉皮条一样给他朋友介绍开房女孩。然后也让他牵手了，说好送我回家，却带我到我家附近的旅店。我坚持回家所以他没能如愿。幸知，我觉得我可能做错了一件事，我不该那么没原则，但是，遇见这样的男人，要

怎样才能避免是陷人以罪？我并没有确切的证据。

答：在你面前他做皮条客，还与其他女生调情，还要牵你手去旅店。也许他是在故意试探你，到底你喜欢他、能够容忍他有多深。不过你是个好女孩，这样的男人你未必能够驾驭。再过一段时间看看，他是否真的爱你，还是纯粹的泡良族。还有，媒人对他如何评价？朋友对他如何评价？用心去读你参与的每一场聚会，看看他平常就是这样的人，还是在你面前有意而为？

如果这个男人只是你在街边遇到的，可能你都不会多看一眼，但是一旦成为了相亲的对象，就会特别在意。相亲的好处就是直接拉人来给你挑，方便快捷省事；弊端就在于原本不相干的两个人，面对面坐着把婚姻这件事提上日程，所以不管对方是怎样的歪瓜裂枣都得认真地看上两眼。

其实原本两个人就没什么关系，觉得不合适就算了。可是相亲这一层关系会给人带来一种："我以后可能会和这个人过"的暗示，于是不但对这个人各种猜测试探，而且心里还纠结得很，仿佛已经注定了惨淡的后半生。

姑娘一边说看着他跟别的女生调情自己没必要吃醋，因为不是女友，一边又失了原则陪到三点看他送别的女人开房。话说你这是在干什么？演戏吗？导演说："开始了，你现在演女友。"你就进入角色可以吃醋，导演说："咔"，你就出戏了站在一边陪着观望？你要是喜欢他，无论是不是女友都会吃醋；要是不喜欢，他做什么都跟你没关系。连自己的情绪都还要根据规定的角色来，你也太敬业了吧？

姑娘想避免"陷人以罪"，其实就是对这个男人有期待，希望"泡良族"只是自己瞎猜的。如果想知道究竟是怎么回事，那就在把握好分寸的基础上继续和他相处吧。但是请记住，不管通过什么方式认识，都是可以在下一刻转身离去的，认清楚自己的感情，不要栽在"相亲"两个字上。

② 揭开"好男人"的伪善面目

问：幸知，你好。我是个孤儿，所以特没有安全感，也很缺爱。他追我的时候对我很好，很关心我，能暖进人心的那种，后来我就接受了他，慢慢地爱上他了。可是在我们交往两个月的时候我发现原来他有女朋友，他说他对现在的女朋友没有感情，但是他女朋友对他很好，也很爱他，他不愿意去伤害她，但是对她又腻了，才会出轨。他有一次跟他女朋友提分手，然后她就自杀，后来他也就没提过。我虽然跟他分开了，不在同一个城市，我能感觉到他还喜欢我，我们还保持联系，见面也很亲密。我放不下他，也放不下这段感情，可我不知道自己是否还要坚持下去，最后能否跟他在一起。

答： 这个世界上有一种坏男人，放不下这个，也放不下那个，总想脚踏两条船，但是他在情人眼里总是那么的好。他伪装得很善良，很暖心，他对你多么关心啊，而且对自己不爱的女朋友，也不忍心伤害，怕她自杀，他是多么有责任感的男人！

撕下他的伪装，你会发现他是个恶人。他对你有多爱，他对女友就有多痛。他对他女友有多不离不弃，他对你就有多伤害。他对她腻了出轨了，却还在两个人的圈子里绕不开去。他不爱她，跟她相处下去，只会害了她。他真会因为她的自杀而不离不弃一辈子吗？现实一定没有这样的案例，他最终还会离开她，但这，一定不是你的机会。

一个对爱情没有魄力、优柔寡断的男人，不懂珍惜也不懂放弃，没有任何责任感。他喜欢你，你却不是他的正牌女友，你的地位就是他的暧昧对象。你要么上位，要么做永远的地下情人直到他离弃你，要么选择分开，三种选择别无其他。别被他的花言巧语蒙蔽。

每一个有着女友还和其他姑娘交往的男人都"对女朋友没感情"，但是即便没有感情，他还是为了责任或者道义不忍心抛弃女友，他和一个完全不爱的人在一起，他愿意每天忍受不能和那个他爱得深入骨髓的人在一起的痛苦，他为了不伤害别人宁愿伤害自己，他是多么的伟大，多么的静默和深沉啊！

上面所说的一切纯属扯淡！如果你对这样一个男人动心，为他百般忧愁牵肠挂肚，那绝对是受了天杀的偶像剧的毒害！在现实中这样多吃多占的只可能是自私的渣男，带着伪善的面具满足自己私欲。如果姑娘分辨不出来，那就直接看结果。既然他提分手女友就要自杀，而他不愿意女友自杀，那他们铁定不会分手。既然他们不会分手，那你怎么都是小三，就算他分手了，恐怕也轮不到你，因为你能接受他同时和两个女人在一起？你的底线也太低了吧？

你说不知道是否坚持下去，能否在一起。那么我告诉你，肯定不可能在一起。至于要不要当小三，要当多久，就留给你自己考虑吧。

3 有一种男人，永远只把你当成他路边的猎物

问： 您好，我爱上了一个有家有孩子的男人，和他在一起一年多了。我很爱他，他以前也很爱我很在乎我，但最近他喜欢上了我的一个朋友，和她偷偷地聊天被我发现了，虽然他俩之间没有什么，但是我的心里还是始终放不下这件事，总觉得他喜欢她背叛了我们的感情，最近我也和他提出了好多次分手，但却始终忘不了他，和他藕断丝连，而他却不当回事，我应该怎么办？

答：第一，认识你以后，他早就背叛了他和他妻子的感情。你一定得预料到有一天，他会背叛你和他的感情。他喜欢上了你的朋友，不用管他们之间有没有什么，这个有什么的人，即便不是你朋友，也会是另一个人。他当然不当回事，因为在他的爱情中，他永远在追逐新的猎物并以此为乐。这是他的本性，你只是他感情路上的一头猎物，装在笼子里，随手带了回来，也许过一阵子，他连带都不愿意带了。

以前很爱你很在乎你，这一点我是相信的。但是从他不断更换"爱"的对象来看，这份爱也只能用"激情"和"兴趣"两个词来替代。激情和兴趣都是一时的，过了就是过了。

他喜欢你的朋友，并且现在没有什么，这纯粹是你给自己的安慰。这是一个喜欢狩猎的男人，一旦他有了兴趣总会采取措施，对你朋友发起攻势是迟早的事。他连妻子孩子都能扔在一边和你恋爱，背叛你简直轻而易举。

恋爱的美好之处在于能把每一个平凡的普通人变得特别而耀眼，但这只是自己在恋爱中的感受，并不代表现实中就真的耀眼了。你既要和他分手又藕断丝连，说白了你是想用分手作为要挟换回他的忠诚，但问题是在乎和放不下的人只有你。所以到最后不但没能让他忠诚，你还得倒贴，搞得自己下不来台。

你问该怎么办，其实你心里很清楚唯一的办法就是和他分手，但你又做不到，那么即使我再重复一遍这个答案也是没有意义的。如果我骂不醒你，那么只能等你痛够了放手之后给你一个安慰的拥抱了。

 分清楚"善意的谎言"和"恶意的伪装"

问：我今年 21 岁，跟男友交往了 15 个月，他对我一直很好，很体贴，他开始跟我说他 23 岁，一个月前我发现他有 29 岁了，他跟我说这是善意的谎言，不然我们就不会开始了。我开始有点介意，但还是接受了，他对我真的很好，我都打算跟他结婚，他也说可以，但是前几天他却跟我说他要结婚了，要跟我分手，还说给我两千块钱这事就算了。我不敢相信，我把未来都想好了，突然间却……我说我不相信，他就带了个年龄跟他差不多的女的来见我，那女的说他的房车都是她的，那两千元也是她的，然后拿走了。他就一直在旁边低着头不说话，我对他又恨又爱，放不下，他也没有再理我，我感觉我都不想再恋爱了，怎么可以伪装得这么好，我不敢相信以前的欢声笑语都是假的，他到底是什么样的人？为什么要这么做？

答：交往了 15 个月，他什么学校毕业，做什么工作，工作了多久，每个月收入多少，两个人出去消费谁买单，家庭条件如何，有没有进入他的朋友圈……这些虽然世俗，却是你在结婚以前必须要知道的。很多人在相亲第一面，通过一个小时就全盘掌握，然而傻傻的你，却到第十四个月依然毫无察觉。你没有看过他的身份证吗？没有判断过他的年纪吗？只要一聊高中初中那些事情，六年的差距根本无法掩盖。还是你一直沉浸在两个人的世界，就没有想过与他的世界的人有过任何联系？

这一个月，你的感受可能是从天堂到谷底。也许你爱上了他的物质，比如他的房车，也许你只是爱上了他这个人。但是，任何一个人都与这个时代紧密联系，如果你发现你爱的男人，不带你见他的朋友，不带你见他的家人，就表示他还没有做好足够的准备接纳你。你们两个人的生活，长期"不见天日"，这样的雪藏，一定是因为他有不可告人的秘密。

善意的谎言被证实是恶意的。他是一个连两千块钱都没有的软饭男？还是因为他有一个霸气傲娇的女友？结论不重要，结局已注定，无论他下次再多么可怜地为这次事件圆谎，无论他有多表示说其实是爱你的，都不要再相信。欢声笑语也许是真的，爱与责任却是他无力承担的。走出被欺骗的爱，就当他已经死去，重新开始新的爱情吧。

绝大多数姑娘都有着探测器一般的敏锐直觉，这是上天赋予的技能，但问题是真正会使用的没几个。不管是善意的谎言还是恶意的伪装，所有的假象背后必然有些见不得光的东西。我相信你们相处的过程中一定有你觉得"不对劲"的地方，但你却任由自己沉浸在幻想中不去探究。

的确，我们需要轻松简单的生活，不能像个侦探一样盯着蛛丝马迹去分析调查，但是盲目的信任就是对自己不负责任。不管是对人还是对事，没有经过思考、调查和检验就相信，等于是把决定权交给别人，跟傻瓜没什么两样。

他的欢声笑语未必是假的，他有个愿意养着他的女友，又能在你面前轻松自在的玩耍，他一定是很快乐的，只有对你来说这一切才显得"假"。你们的未来，只是你一个人幻想的未来。你不能既"允许"别人欺骗你，又怪人家欺骗你，好人角色都被你演完了。

先不假思索地"相信"，又眼看着幻想被他"毁灭"，这样一来，不但自己显得单纯美好善良还成了被害者，又一次完美地站到了道德的制高点。以上才是感觉到"不对劲"又不去探究的真实动机。

"婚前要睁大眼睛"，麻烦姑娘们以此为鉴好好运用一下自己的天赋，否则会让我误以为你只是个很喜欢沉浸在自己内心的戏里，扮演无辜的被害者的蹩脚演员。

⑤ 用创业公司合伙人心态去看待婚姻

问："我刚毕业，即将面对婚姻，等等。很多事并非想象而已。我想问一下，究竟什么样的人可以嫁？"

　　我一直喜欢七十年代男人那种品行，上进、隐忍、有克制、有担当，可是八零后甚至是九零后很少有。比如我姐姐，她很早因为爱情嫁人，目前结婚五六年了，丈夫也不怎么赚钱，一直是姐姐赚钱养家。房子是我家的，而且姐夫有病不能生育，最近由于其他方面的原因在生病休养，而且也不能够心疼照顾姐姐。我感觉快三十的姐姐白头发多了，真是心疼也觉得警戒，害怕自己也走上那条路。

　　我的男朋友是从小娇生惯养的那种，我现在找工作忙碌又焦躁，常因为我不能陪伴，他跟我吵架。我真觉得幼稚，内心抱怨，如果他有能力养我我就不用这么要强，这么各种碰壁，他不但不能帮助我还为难我，还美其名曰带我玩让我放松。他送我东西也是办了什么业务赠送的手机，或者给老板送礼积分送的化妆品，或者是淘宝大减价的商品，还说是给我买了那么多衣服我为什么不穿，我根本不喜欢那些破烂。我过生日，他在网上买了条两百多的项链，非说是一千多，我也不爱拆穿他。还说结婚要给我买高仿钻戒，因为看着个大。虽然我不是白富美，但是我还是追求质感的人，好吧？

　　他没自己的房子和车。这样的男朋友，让我对婚姻几乎没什么向往，也许还是晚婚会比较快乐吧。

　　我也不知道自己是怎么了，或许当局者迷，幸知，你对可以结婚的对象有什么看法。

答：第一，上进、隐忍、有克制、有担当的男人，并非七零后才有。你身边与之对话的男人中，可能缺乏这样的成熟，但是不意味着八零、九零后里就没有。对于九零后男人，你要给予他们成长的时间。很多男人，在十几年的成长史中，才逐步明白什么是担当。这些七零后们处于二十多岁年纪时，可能还没有这样的优良美德呢！

你姐姐的案例，值得警戒，但是要用长远的目光去看男生。在婚前就要找一个能相互照顾、有责任感的人。如果纯粹只因为爱情，就像养儿子一样接手一个男人，不可以。赚钱呢，也是两个人的事，静下心来看看他是不是潜力股，有没有上进心，还有你到底想过什么样的生活，能不能务实地过日子，这都是判断标准。

你的男朋友，心智上没有你成熟，在金钱上可能也有限，也有一些虚荣在，所以他认为对你好的事情，你未必看得上。你希望过有品质的生活，享有有品质的爱情，没什么错，但是要记得，靠自己的双手去得到，会更美。

结婚需要一个合适的时间，如果你觉得现在不是，就要遵从自己内心的选择。另外，有房有车能给你大钻戒的男人，未必就是高品质婚姻的前提。即使有这样一个男人，他为何要找你？你也要想想，他是否只图你的青春？他为什么还没结婚？你身上吸引他的地方到底在哪里？他的房子车子是"送"你吗，还是他自身标配而已？他比你大，比你成长得快，交际圈与你不同，你是否做好足够的准备去融入？是否能够很好地融入？你觉得现任男友幼稚，那么那个理想中的睿智男，会否同样认为你幼稚？没有人会无偿给出自己的所有，越是你认为睿智安宁的男人，越理性。婚姻是一种价值交换。唯用一个创业公司的两个合伙人心态，婚姻才会久远。否则即使是看起来诱人的甜饼，不属于你的，即使婚后，也依然不属于你。千万不要把让人养你变成一种追求，碰壁后在原地爬起，要强是一种美德。会发光的女人，自会吸引优秀男人的追逐。

6　有些人已经成为无情的过去式，无须纠结无须留恋

问：幸知，我今年26岁，与现任男友相恋三年，感情稳定准备结婚。前两天我的初恋在QQ上找我借两千块钱，说他女友开的店急需要周转，我毫不犹豫地就借了。这里交代下他与我的过去吧，我18岁开始喜欢他并追求他，后来与他发生过一次关系后被他甩了，也就是我的初夜。之后我一直对他苦苦纠缠希望能挽回，经过差不多5年的时间才算彻底淡忘。这期间我做过的傻事就不赘述了，总之我与他的关系就是我总是主动联系他，关心他，但是他几乎没有主动找过我一次。唯一的这一次就是借钱。我询问了身边朋友，他们都是同样的口吻"你是不是脑子有病？不该借。"其实我在答应的那一瞬间就后悔了，

理智告诉我不该借，但是总觉得他既然开了口，一定是遇到了困难，谁还没个缺钱的时候。然而我不知道这事究竟做得对不对？这样的男人到底是什么心理？这钱我是否收得回来？当然我从这件事上已经开始打心眼地看不起他了。

答：首先你要明确一点，你借钱给他，基本等于送给他，借出去就别存他会还回来的指望。还回来是惊喜，没还回来是本能，你如果愿意给，愿意为自己过去的青春埋一次单，可以。

第二，他开口一定是利用你的喜欢，觉得你有可能借给他，他可以编出各种理由，但是以女友开的店急需周转资金作为理由，无论是不是真的，他都根本没有对你存任何情面。当然事实上你们也不可能了，你也快结婚了，你跟他之间，也不可能成为朋友，这是无情的过去式。结婚之后没必要有任何瓜葛。

第三，既然已经答应了对方，如果没借可以再考虑一下，如果已经借出去了，就没必要再纠结自己做得对不对，就当为五年的青春岁月彻底画了个句号。希望你早点放下，保持好心情，不要因为这件事影响了你和现男友的感情。

7 经济实用男非经济适用男

问： 幸知，感觉你说的经济实用男好恐怖啊。我跟男友是大学同学，他就是那种条件不太好的，对我特别体贴，照顾我，包容我，不过他自己也挺能奋斗的。但是，我不知道他会不会也是这种心态呢？我怕自己受骗怎么办？

答： 关于经济适用男和经济实用男，这两个词要区分开来。没有理解清楚，可能会把现实中的优秀男青年一棍子打死，那我可罪过大了！

经济适用男是相当懂得疼老婆、很忠诚、踏实稳重的男人类型。他也许是凤凰男，但是懂得吃苦，对人体贴，他也许没有很好的出身，但是不需要自卑亦不自负，是踏实稳重的男人。并且在社会的历练中，不偏激，又很大气。这样的男人，一定要好好珍惜。

而经济实用男，是典型的目的性男人，做事以目的为准绳、不达目的不罢休、达到目的就罢手，你可以观察他在对待朋友和对待工作时的举动，同时判断他对你的爱是否真诚。他是否有大男子主义，希望得到你的仰视？他是否虚伪，随便许诺，或者言而不实？这都需要你擦亮眼睛看清楚。

第二节 恐婚：我们到底在恐惧什么

结婚的先决要素是：一、彼此吸引，愿意在一起；二、谈得来，价值观契合；在社会阶层上两个人最好处在一个圈层，或者上下圈层，伴随着潜力激发，圈层也会上下流动，但两人不能错峰太多；三、消费观契合；四、性和谐。五、在这些基础上，需要设想到两个人的未来，包括家庭生活和工作的分配，包括是否有家庭负担，包括自己想要的生活品质如何实现——至少不能比现在更差。

这是通常意义上的五点结婚理由，但是一方如果对某方面的意愿特别强烈，它会消解掉一些其他方面的期待。比如，如果物质需求带来的快乐足够大，是可以抵消掉对其他方面的一部分需求。所以，这只是相对而言的。

很多父母辈考量婚姻的标准是考验一个人的品德，比如是否老实可靠、是否健康、物质条件是否优秀，这几点具备了，婚后至少不让自己闺女吃亏。而这个传统的评判标准，却是很多婚姻问题的由来——看着老实的男人未必可靠，物质条件优秀的，如果不给你花费，如果物质条件不是他自己带来的，是由他父母带来的，而他又有一个因此强势的妈，则为日后婚姻埋下很多家庭矛盾的伏笔。

没有任何婚姻是十全十美的，关键是你最想要什么。结婚后，维持最想要的，培养或者降低在婚姻关系中其他方面的需求，同时维持自己独立的人格，婚姻才能完美。

　　另外说一点结婚前的误区，好多女孩子把"他对我好"当成了至高无上的理由。我常常问来访的姑娘，你为什么跟他在一起，姑娘脱口而出，因为他对我好啊！

　　这听起来没有错，但是，如果"他对我好"成了"唯一"结婚的理由，那么这个婚结了，姑娘们一定会失望的。因为婚后，男人对你可能不那么好了。现实中，很多女孩子觉得，我不爱他没关系，只要他对我好就行，我感情少付出一点，伤害也因此少一些。这是大错特错的想法，因为你不爱他，你就会挑剔他。他呢，不会无原则地对你好下去，最后伤害了自己，也伤害了对方。

　　姑娘们常常会发现，为何婚前男人对自己好，婚后反而不好了呢？有两方面的原因，一是恋爱期男人对女人的好更多基于荷尔蒙，是不需要女人回报的，因为多巴胺分泌带来的快感，已经成了很好的回报。这份让男人快乐的回报，维持了激情。婚后男人变得"理性"，当激情淡去、多巴胺分泌减少时，男人对女人的好，则希望得到女人对他的好作为回报，只有这样才能刺激他，成为他再次付出的动力。而女人在婚前享受了男人对她的好，则希望男人去维持那份好——因为婚前也是他付出多啊，结果会大失所望。因为，即使男人维持着那份好，女人的感受也会下降，这也是基于经济学上的边际效应递减原理。除非他加倍地对女人好，女方的感受才能维持原状。如何"加倍"？只有女方也同样加倍地回应。

1 浪漫是爱情的本能，婚姻却是务实和浪漫的结合体

问： 老师您好！我有一个谈了两年多的男朋友。他对我挺好，无数次提及结婚。但是我们存在的问题包括：一、我害怕婚姻，害怕孩子，说白了不想承担责任。而且无数次跟亲朋好友讲过以后不婚不育。因为我发现自己个性偏激，悲观，又自我。我不敢把以后数十年的爱系在某个人身上。而他却恋家，希望固定的生活，希望有孩子。二、我喜欢看小说，总是有不太现实的幻想，希望有人和我心心相印，但他却务实，没有那么感性，很多时候不能理解我。三、我们都刚毕业，经济比较拮据。好吧。其实，也许最大的问题就是我更爱我自己，不敢相信爱情，又没有信心一直维持我们的关系。也许我们该分手吧？因为始终他要结婚的。不知道该怎么办。

答： 害怕婚姻，有可能是因为成长期遇到的挫折，包括也许不太和谐的家庭，在你脑海里留下根深蒂固的印象。不婚不育是你年轻时候的想法，或者有一天，你的态度会改变，当然有可能不会改变。不过大部分调查显示，结婚的女孩子会更幸福。

既然你觉得个性偏激悲观不是个好事情，可以慢慢改变，不要抱着固执的态度。浪漫是爱情的本能，但是婚姻确实是务实和浪漫的结合体。心心相印不是幻想，但能够时时刻刻感应到你、

把你捧在手心当成公主的帅气王子，是只有电视剧才会有的完美演绎。一个人生活挺好，而两个人一起，把信任和爱交付给对方，你会收获双倍的幸福！从此不管贫困疾苦，都共同面对。只要你相信爱，感知爱，信任爱，它就会永远存在。

你现在不适合结婚，也许分手会让你感到痛苦，会让你想维系感情……随着长大，也许你的世界观会改变。无论如何，祝你幸福。

你无数次跟亲朋好友讲过以后不婚不育，你自己觉得你个性偏激，悲观，自我等等，我不知道小时候的你经历了什么，或许是你的父母的婚姻并不幸福，或许是爸爸妈妈长期忽视了你的感受等等，给你造成了心理的伤害，或许是他们重男轻女等等，在每个人形成一个根深蒂固的观念背后，肯定都有自己家庭的影子，同时也会有你自己的责任。

比如你说的你自己的个性，这就是为什么有的家庭中有兄弟姐妹，他们的生长环境很相似，但长大后性格截然不同，我觉得过去的家庭对你的影响已经无法改变，未来需要改变的是学会调整你的个性，学习自己对自己的人生与情感负起责任的方式。

相爱容易相处难，经营情感与婚姻是需要学习的，不只学习怎么享受和表达你的爱，同时还得学习怎样面对和化解你们情感中遇到的难题，只有这样情感才会越来越甜蜜。从你的描述来看，你是很幸运的，你应该是遇到了一个让你很有安全感，爱的能力很足的男孩，他的家庭我想应该也是很幸福的，所以他渴望进入婚姻家庭。相识应该是一种缘分，每段缘分都应该好好珍惜，我想你的内心应该也是一直对情感充满渴望的，希望有个人能爱你、关心你、尊重你、照顾你，你的恋人做到了，但成熟理性的爱应该是在享受爱的同时也得学会付出爱，不然时间长了，爱的天平就会失衡。

你内心的犹豫应该来源你自身的不安全感和对情感既渴望又恐惧的矛盾心理。其实结婚和恋爱是两码事，恋爱需要激情和浪漫，而婚姻需要感性和理性的东西兼有，需要实实在在过日子。你说你更爱你自己，不相信爱情，这是一种安全感缺失，难以对别人产生信任，不会与人处理和保持长久关系的表现。至于经济等问题，都是你为自己不敢面对真实情感找的借口，所以学习勇敢去爱吧，只有经历过了，你的爱才会慢慢成熟和理性起来。

② 没恋爱过却恐婚，其实只是自己的消极幻想

问： 老师，你好！我是个去年毕业、现在刚参加工作没多久的女生。我有些困惑想向幸知老师请教和倾诉。

第一件事：自从毕业后，找对象这个事情就被提上日程。我不排斥相亲，也不排斥男生。但是我特别抗拒结婚生子这件事情。我觉得女性无论嫁给一个多疼她、多有钱、多优秀的男人都是受罪。一个家庭都得靠你，有婆媳关系要处理，小孩的教育

问题也头疼。感觉一辈子就被框死了。我感觉在别人看来的那些幸福的快乐的家庭，我都觉得是假象，我觉得现在的男生都不靠谱，以后都会出轨，我不想结婚。可是，我是独生子女，我得考虑我爸妈的心情。很多人都说我这种心态以后会后悔，他们说没有朋友会陪你一辈子，朋友都会有自己的家庭，爸妈也会老去，以后就只会是你一个人了。想到这里，我又怕以后我会后悔。我这种排斥婚姻的心态是不是很自私？我很迷茫，我从来没谈过恋爱，对于爱情的态度是宁缺毋滥，但是我又还是期待爱情，幸知老师，我这是怎么了呢？是不是三观不对了？

答："从来没谈过恋爱"，为什么不开始呢？第一，因为你没能遇上你喜欢的他；第二，你害怕在恋爱中受伤，就像你害怕在婚姻中受伤一样。你说婚姻之后怎样怎样，但你并没有实际体验过，甚至连恋爱都没有过，要想进入婚姻这所大学，你还没有足够的准入证呢。对婚姻诸多的忧虑和畏惧，实际上是你自己的消极幻想。

我们开始一段婚姻，一定不是为了父母而结婚，或者说到了年龄一定必须结婚。否则婚后出了很多问题，责任一定是你自己承担，并且会"恰到好处"地走到你的担心里去。为什么？因为你预想的婚姻，是有婆媳问题的、是受罪的、是令人头疼的。都说想什么来什么，所以如果草率地走入一段你抵触的婚姻，一定会"如你所愿"地出问题。

确实很多人的婚姻看起来并不幸福，身边人的婚姻，给了你这样的担心。但是为什么那么多人还要争先恐后地进入婚姻？它一定有它独到的魅力。婆媳相处也可以很美好，夫妻也可以很和谐，关键是在婚姻中设置一个界限，并且明确自己的责任。你之所以设想到那么多即将需要承担的责任，就是因为你心中充满对责任的抵触。

作为一个成年人，我们需要慢慢确立自己的责任感。不着急，在合适的时间，先把恋爱这门课程补上。等到时机成熟的时候，再去考虑婚姻不迟。你越催逼着自己，你潜意识里会越抵触它。学会顺其自然。

3 如何在过去的"爱"和现在的"嫌弃"中做决断？

问： 感情上有一个问题困扰我多年，如果你能帮我，我万分感激！

我跟我男朋友高中开始谈恋爱，到现在已经八年，我们的感情从来不被人看好。

尤其高三那年，我俩都没能考上本科，我妈了解情况后，以他很笨、耽误了我学习以及他是单亲家庭的孩子为由，极力反对我们交往，我知道妈妈肯定是为了我将来能幸福，因此我很痛苦的跟他分手了。不过过了不久我俩又在一起了，第二年我在母亲的督促下顺利地考上了外省的一个 211 重点大学，而他则在本地的一个专科读书，我们开始了地下恋加异地恋。

那时他也没什么钱，却经常跑过来看我，有时候一整晚都是在火车上站着……后来我们又经历了两年没见面的异地恋，他去西藏当兵了，通常一通电话都没有。其中我一直就在犹豫要不要就此分手，但都没有狠下心。后来在他的鼓励下我考上了本校研究生，其实那时候早就知道跟他的差距会变大，但是还是考上了。

研究生的第一年他在我的催促下来到了我这个城市打工，因为没有学历没有背景，他赚的每一分钱都等于血汗钱，因此他很舍不得，而我的纠结从未停止，并且折磨着我们。

我内心矛盾有这些：

1. 女人随着年龄增长青春渐渐消逝，担心还没有享受过一个光彩夺目的青春就陪着一个自己觉得什么都没有的人变老了。

2. 我父母完全不知我这段 8 年的恋爱对象就是当年我母亲极力反对的那个，我不知道怎么开口。

3. 我们学历的差距，给我带来了巨大的压力，无法面对我的老师、同学、亲戚、朋友。

4. 我担心我们将来的生活圈相差太大没有共同语言。

5. 我是被富养大的，他是被穷养大的，我俩金钱观念很不一样，还为了这事吵得很凶。

6. 我的家庭其实很普通，可是我虚荣心很大，我不知道怎么面对很多真实的东西，比如我在他父母面前说我们家怎么有钱，不让人家父母知道我家实际上也就是一个普通家庭，我真的很害怕。

虽然我表面上没说，但是他能从我的表现感受到我内心的纠结与冰冷，我痛苦不堪，矛盾有很多很多，说到底可能是虚荣心作怪吧？我该怎么办？请求你的帮助！这就是真实的我，一个虚荣心很大的傻瓜，请问我还有救吗？

答： 这一段原本美好的爱情，经过时间、地域的洗礼在消退。你们曾相互勉励、相互扶持，你考上了研究生，他也到了你所在的城市。这就是爱情的价值啊！虽然它在逝去，但是曾经美好。

因为学历和成长的关系，你们逐渐产生了"差距"，你已经在"嫌弃"他。你的痛苦就在于，无法在现在的"嫌弃"和过去的"珍爱"中下决断，只是你不自知。

这也许跟虚荣有关，更重要的是你们的价值观、家庭观等等，都在岁月的变迁中不断发生变化，变得不合拍。如今，在你眼里，他是一个"什么都没有的人"，一个你不愿意"陪着变老的人"，一个"你不愿意因此游说父母甚至坚定我们未来一定能够爱给所有人看的人"。

美好婚姻的前提，一是真实；二是你愿意展示给所有同事和亲人们看，大大方方地告诉他们这就是我的爱人，愿意努力为了未来而爱；三是合拍的价值观，如果这三点都没有，你甚至连和他相爱下去的坚持都已经失去了，那就勇敢的放手吧！给他也给自己一个重新幸福的理由。不要因为习惯而彼此纠结折磨。

 不高不帅不富的男人能嫁吗？

问：老师您好！还有十来天的时间我就要结婚了，心里面很烦恼也很迷茫。我的准老公是个农村的，他很老实、很孝顺对我也很好，但是有个很穷的家庭还有三个文化程度不高但一样老实孝顺的，在外打工的兄弟；我本人因为从小家庭不和睦等诸多原因有些自卑，也特别向往那些白头偕老，依然恩爱如初的爱情，所以选择了不高不富不帅但品行好、对我好的他，我对他的感觉说不上爱，但是很习惯了他在身边的日子；我的家人嫌弃他穷、嫌弃他不帅，但也尊重我的选择。但是现在我有些迷茫，以后的我会后悔吗？选择这样的对象结婚，以后的日子会很苦，我能始终不介意吗？

答：跟着不高不富不帅但老实孝顺的男人，就一定能白头偕老吗？白头偕老的第一要素是爱情。

很多人因为习惯而结婚，习惯一个男人在身边多年，觉得习惯了就结婚吧，问题是这个习惯往往是三年的习惯、六年的习惯，却未必成为一辈子的习惯。真正的习惯，是两个人相互爱慕的习惯，而不仅是对方单方面的示好，因为再多的爱，都不是无条件的，如果得不到回报，总有一天爱也会收回。记得，没有任何一份爱是理所当然。

他穷，你怕日子苦；他被家人嫌弃，你怕自己后悔。幸知告诉你，其实优质的生活是两个人共同奋斗的结果，有潜力的一对终会修得苦尽甘来，赚钱不是一个人的事。至于是否后悔，还是我一贯强调的三要素，有没有爱情，价值观是否契合，经济上能否满足自己过日子的需求。要对自己的选择负责，能负责，有目标，有共同携手的勇气，就不会介意未来。因为面对每个挫败，你们都会保持对对方的信任，还有始终如一的爱与之面对。

结婚意味着变化，同时也是新的开始，我们在结婚前多多少少都会有些迷茫和慌乱，无论婚姻中的另一半是谁。

我不知道你们认识相处了多久，也不了解你们的故事。我相信你能够选择他，除了他品行好、对你好以外，一定还有其他值得你欣赏的地方。农村也好，城市也罢，这不是一条严格的分水岭，倘若嫁入那些大家族，也会面临与很多亲戚相处、解决家长里短的事情。只能说你选择的这个人，跟他结婚要面临一些复杂的情况，而这是需要你们今后一起处理的。

未来会怎么样，取决于你现在拥有的每一刻，你现在所做的每一个决定。不过，他对你再好也是一种外来的力量，我们无法彻底的依靠别人去过这一生。希望你能一边借助他给你的温暖一边不断成长，战胜自卑和恐惧，只有这样，迎接你的才是一个光明的未来。

5 找老公学历高长相帅就不会差?

问：老师，我们相亲两个月就订婚，一是家里急，二是难得碰到个外表正常的，而且还很帅，加上学历，应该不会差到哪里去，虽然他家穷。之后没想到我们性格完全相反，他还特别抠门，买房子还跟我提出让我家多出钱，说他工资低等等。他说："没有爱情也能结婚，爱谁都不如爱自己，但对我得有感情的啊（不是爱情），不就结个婚嘛。"还说我，"你不结婚没关系，早说别拖。"他对我很冷，包括身体上，他尽力在做他应该做的，他说我长得不好、穿衣不好、性格不好、工作不好等。

我好累他也累，婚期将近，面对不爱我的、性格什么的完全不同的他，只是为了结婚，并且我家又能给他买房买车。我该怎么办？

答：学历高长得帅就不会差？你起码也得考虑一下对方人品、性格之类的吧？这个人说出的话既冷酷又自私，如果他婚前就不爱你，那么你不用指望他婚后爱你，因为婚后要面临比婚前更琐碎平淡的生活。除非你只是想借个相貌的种。

你跟一个对你丝毫不上心，甚至还贬低你、只求你家钱的男人在一起，结婚的意义何在？你以为你是博物馆啊，看到花瓶就往里藏，要知道这花瓶自己会长脚往外跑，而且浑身带着刺，在家到处伤人哪。而且你收了他，他若心不属于你，没用。学历高长得帅，你以为带出去就能给你长脸？鞋子合不合脚，自己知道。不合脚的鞋，再好看，你能一直穿着一直爽？除非你是美人鱼啊。

6 与其催婚让他表态，不如先好好做个调查

问：我和男朋友恋爱三年，陪他读博三年，今年他工作了，春节催婚，他说结婚不是他一个人的事情，我都不想跟他再交往了，但是他又不提分手，现在还给我订去他家的票，我心里还是很不爽，想扭转局面，老师们可否给点建议呢？

答：你陪……你催……他又不，亲爱的，你发现没有，在你们的恋爱状态中，你把爱情的主动权全让给他。你觉得"陪"是一种付出，你觉得这个付出，一定需要得到回报。比如说结婚。能感觉到你没有得到相应的爱情回报，而感觉到情绪上的波动，而心生对爱情的怀疑，因为他只有恰当的回报，才是对你爱情的肯定。

你在意的是陪伴他三年，付出了你的青春，也许还有经济上的支持，但是到了你觉得该有结果的时候，你男朋友却没有明确表态，而是希望与家人商议。女孩子付出时间成本后迫切需要得到肯定答复的心情无可厚非，但男朋友希望考虑周全后再决定，

也是人之常情。

　　他真的不爱你吗？如果他不爱你，就可以草率地跟你提分手，如果他不爱你，就不会给你订回家的机票。那么，他可能有他的顾虑，这个顾虑也许可能是：没有足够的金钱、没有很好的家境、工作不够稳定、或者父母不同意等等。

　　他对婚姻的慎重，也是对你们爱情的尊重。中国式婚姻确实在很大层面上是家庭社会关系总和。既然他已经给你定了去他家的票，你就欣然前往，一方面可以观察他是如何处理你与他父母的关系，是否可以做好"双面胶"；另一方面，你也可以看看他的父母对你们交往以及对你的态度。你不必急在这一时半刻做决定，何不婚前做个全面尽职调查，尽可能考虑周全呢？并且一定要记得，不要带着"不爽"的态度跟他回家，而且还要客气礼貌地对待长辈们。

　　从你的描述中，可以看出男朋友有很强的家族观念，尊重父母的意见，这是无可厚非的，但要看男朋友对度的把握是否正确。你应该趁此机会，观察一下男朋友跟他的原生家庭之间是一个怎样的互动模式，如果男朋友以尊重家长意见为前提又能有自己独立的观点，并且有能力协调小夫妻和长辈之间的分歧和矛盾，这样的男朋友就非常可取。如果男朋友这方面能力很弱，你可以帮助他、影响他。时机成熟的时候，对你们的未来做一些适度的探讨。如果帮助影响无效，男朋友一味不加分析地盲目愚从父母，这个时候你可以考虑重新选择。

第三节 很多人结婚，走了两种极端

前两天在朋友圈看到一句戏言：人们都说感情世界的两大悲剧，一则是在对的时间遇上错的人；另一则是在错的时间遇上对的人。我只想说"你要是自己没成为对的人，时间怎么可能对呢？！"

看完不禁莞尔，让我想起一位资深心理咨询师曾提出过的"克林顿钟摆理论"，据说是他在做编辑的时候，整理克林顿的情人们资料时发现，十几个情人里面只有两类，一类看上去像希拉里，一类看上去像莱温斯基。

希拉里毫无疑问是"女强人"，聪明能干，能够给他出谋划策、陪他冲锋陷阵；而莱温斯基则是个美丽的"傻女孩"，依赖他、爱慕他、崇拜他，愿意成为他身边美好的陪伴。克林顿对感情的需求以及对伴侣的审美就徘徊在"希拉里"和"莱温斯基"之间，克林顿的母亲就是一位女强人，在他的人生中留下了深刻的烙印，于是他的感情世界就是在"重温母亲的温暖以及对母亲的背叛和逃离"之间摇摆。

这和叔本华提出的"钟摆理论"其实是一个意思，人生就像钟摆，总是在两极之间摆动，当一个人处在"痛苦"状态下，他需要用尽一切努力来获得安定的生活以便达到心理上的安全；但是当他处在舒适的状态并保持一段时间之后，又会感到无聊，所以一定要采取一些方式来获得刺激，脱离安全领域。叔本华认为人生的最后两种成分就是"痛苦"和"无聊"。

在克林顿的例子中，类似于母亲的希拉里代表安全，婚外情莱温斯基代表刺激，当然也可以反过来说，希拉里代表刺激，因为她的能力和野心总使他的心理处于不舒适的状态，而没有攻击性的莱温斯基能让他自我感觉良好，获得"心理安全"。不管谁担任哪个角色，摇摆的状态是人性中很正常的部分。

看到这里有的人就头疼了，不用说希拉里是向美国总统位置迈进的女人，哪怕莱温斯基只是个实习生，不是佼佼者也进不了白宫吧。这样两个牛叉的女人都 Hold 不住克林顿，难道出轨是必然的结局吗？

暂不说克林顿出轨的问题，换作是女人也一样。原生家庭里父亲大男子主义、脾气暴躁，姑娘觉得没能得到情感抚慰，暗暗发誓以后找个温和细腻的人，但是真的找到这个人以后，又觉得他优柔寡断没有担当，莫名的又被有些父亲特质的男子吸引了。

这样的情况大家都不陌生，那说来说去，到底啥才叫对的人？

我想告诉你：这世界上根本没有"对"的人。

不管是理性也好，幻想也罢，一旦将某种符合条件的人设置为"对"的，那么相应的"错"就产生了，但其实没有什么是真正的错，认为"错"的那部分往往是我们不能接纳的另一个自己。

如果你是一个依赖性极强的女人，你认为的"对的人"就是可以让你依赖、照顾你的男人的话，那么"错"指的就是他不能照顾你、不能让你依赖的时候。在你打电话他没有接、当你哭泣他却没能贴心安慰、当你无助他却没有及时支援的时候，他就不能满足你的要求了。

他让你失望、让你没有安全感，他是"错"的。但不要忽略了，这个"错"就来源于你本身。因为你缺乏自信、没有安全感，你讨厌自己的这一面，所以才不断地要从外界来弥补。

可是没有什么是能从外界来弥补的，即使你身边站着一个浪漫英俊、专一又多金的男神，他也代替不了你的自信，只会越发衬托出你的卑微。爱情之所以让人着迷，因为它在美丽的同时还隐含着危险，这种危险就是：它会放大你内心所有的缺失。

只要心中还抱有"找到对的人"的信念，就很难避免成为不断晃动的钟摆。我们想快乐，不想烦恼；想恋爱，不想伤害，我们总是想极力追求某种对我们有利的方向，而忽略生命的完整性。钟摆的两极就是这样被我们自己构建出来的，唯一的办法就是对自己全然接纳。

不管觉得有多么糟糕，都要成为最接纳自己的人，然后拿出全部的力量，在自己身上找寻想要的东西。如果你想要金钱，就努力积累财富，如果你想要安全感，就得通过自我成长来获取。

当我们花时间精力去寻找"对"的人时，"错"就在暗中潜伏着蓄势待发。忘记"对"的人吧，先成为"对"的自己。

1 只要你足够好，生活就会给你更好

问：姐姐好，我现在是一名大三学生，高考后的暑假聊 qq 谈了个男朋友，这是我第一次谈恋爱。大一第一个寒假见面，他就已经工作了，见面后正式在一起。后来他家里也知道了，由于我家庭困难，大二学费的贷款没有成功，当时他寄钱给我交的学费，此后就是一切费用都是他给的，大二寒假，在他父母的要求下，我们订婚。

他在南方城市上班，我在北方念书，每到寒暑假就去他那里。我们一直矛盾不断，以前总因为他在朋友那玩游戏、打牌不理我而吵架，他总是没个正经，喜欢开玩笑，开玩笑不管语境，而我不喜欢，特别是我在认真对待时。

我们有些思想也不同，同时我对他的外在也感到很遗憾。我吵架时总想跟他分手，但是想到他好的时候也算对我不错，也算对我有恩，而且我害怕自己找到的下任男友更不好。再加上我跟他同居了，感觉最美好的青春已经被消耗，包括对待爱情的心情。我也不像以前那么纯真了！

我现在打算考研，他催我领结婚证，他家人催我生孩子，我本科出来没有足够本事找个好工作，我也很想提高自己，我还想过高品质的生活！对于跟他分手与否的问题真的好纠结！希望姐姐能给我指点迷津。

答：我们不因报恩而结婚。如果你们没有共同的世界观和价值观，这样的婚姻只会给你带来更多烦恼。

很多人结婚，走了两种极端，极端一，过分挑剔，所以成了剩女。我既然挑了那么久，所以更不能草率地把自己嫁了，标准一定要比上一任更高。错误就在"比上一任"，而忽视了重新评估自我，评估自我的成长，评估目前的能力，包括优势和劣势。极端二，过分的不自信，从而产生的习惯依赖。我跟这个男人五年了，谁知道下一个怎么样呢？这个是不太好，但是下一个会更差怎么办呢？而且我已经跟他同居了，是他的人了，结婚算了吧！

我常常说，工作问题解决不好的，情感问题也会同步出现。反过来倒未必成立。不过再看你，"我本科出来没有足够本事找个好工作，我也很想提高自己"，亲爱的，你目前要做的一件事——人生规划。读研不是逃离的方式。如果你本科出来没足够本事找到好工作，研究生毕业后也会面临同样的窘境。趁年轻，这是你必须要解决的一个问题。了解自己的职业规划，然后想想怎么脚踏实地一步一步去做。只有这样，你才能通过自己的努力，过上高品质的生活。这绝对不只是平时上上学、用用男友的钱、寒暑假就去过过二人世界那么简单。不过，从现在开始思考，也不会太晚。

你们是否分手，你自己思考。思考你们的价值观是否合拍，你们共同的成长，能否满足你对未来生活的期待。而且在结婚前，一定要记得相处一段时间，看看你是否适应两个人的生活。

异地，往往会给爱情打上朦胧罩，让你看得不是那么清楚。如果觉得不适合，也不要有负罪感，你可以通过边工作边读书的方式努力赚钱，慢慢还清你的人情债，绝对不要因为他的付费而形成依赖感，丧失了自己的独立性。

在你年龄恰当又最需要帮助的时候，一个人对你付出了感情并伸出援手，帮你度过了人生的一个转折点。当你的生活扶摇直上的时候，却发现和那个人之间的问题越来越大。

也许一开始，他的"不正经"是种幽默，他的"跟朋友打牌不理你"是种男人味，他的"相貌不过关"是种踏实可靠。那个时候你需要并接受，但当你已经超越了他、已经不需要他帮助的时候，这个人在你眼里就变得面目可憎了。因为潜意识中，他是个"累赘"，甚至你可能会因为初恋的男友这么不完美而感到遗憾。

在你很弱小天真的时候，你只能选择生活安排给你的，但当你因努力变得强大，你就拥有了选择的权利。对他来说，他爱你并给你帮助，也得到了你的相伴，但是由于安于现状，最终可能会失掉你。你可以感激他对你的付出和帮助，但却不能将自己当作礼物送给对方当回礼，这样的婚姻无法真的幸福。

你的"不再纯真"才是真的财富，它能使你在以后的生活和挫折中更加宁静。假如这个人已经跟不上你，也不愿意改变，那么这段相伴的路也是时候说再见了。不要担心以后，只要你够好，生活总会给你更好的。

② 学会自己带动自己

问： 幸知你好。我老公和我结婚五年了，可一点积蓄也没有。前三年身体不好发生意外没挣钱，现在孩子三岁了，我手里的零花没超过一千过。有时他挣的都供不上我们。我穿得很老土，连随份子的钱都拿不出来，他让我理解他，工作不好找、工资低、别人家都有父母管等客观原因。我包容他，不想给他压力，可是我自己带孩子会面临没钱花的情况。我又想自己有份技能可以糊口，又要担心他对自己的感情，我觉得自己对他没有想要亲密的感觉，可有可无，却又不舍我们的婚姻。我每天胡思乱想自己这样坚持值吗？他不会关心我的内心感受；在他眼里我有点傻，什么也不想，幼稚。有时自己幻想如果我遇到和自己谈得来的人，活泼爱说的我，心会是多么的豁然开朗！我可以不用这么闷，可以带动我，一起努力做想做的事多么美好。他总是一副可怜样，深沉。他羡慕他二哥有个那么能干的媳妇，又疼人又会办事，还干得了苦力。二哥好吃懒做，他跟我说做女人多好，在家不用出去挣钱被养着。我现在很纠结。真的很犹豫我们的婚姻。你能帮我分析一下吗？

答： 姑娘，遇到和自己谈得来的男人，应该是你婚前首先要做的功课。如果婚前谈得来，婚后出问题了，也有一方面原因是夫妻一方修炼不够：比如丈夫一直在事业上进步，眼界越来越开阔；妻子只是周旋于家庭而放弃了自我修炼，就会越来越有芥蒂。如果你们是婚前就谈不来，经济条件又不行，那是属于婚姻选择的问题。

第二，两个人都没钱花，那就要一起来挣钱。有份可以糊口的技能，跟"担心他对自己的感情"两者之间没有必然的联系吧？

第三，谁都希望遇到一个白马王子，又帅又有钱又温柔又可以"带动你"快乐，但是姑娘，"带动你"当然是好事，不能带动你的时候，要学会自己带动自己，快乐是自己带给自己的。

③ 真正的爱是同甘共苦，绝不是短暂的利益权衡

问：潘老师你好，我33岁，她24岁，我们是在学校认识的。当时我是研究生，她大专自考，我毕业后回到本省工作，我们才真正开始恋爱，到现在已四年多。本计划好今年"十一"结婚，但现在面临分手。

两家相隔千里，这四年她也来这边跟我一起生活，当然开始家人是极力反对的，原因有两个，一是远；二是我腿有些许残疾。后来经过多次努力父母也算是同意了，但我们自己却出了问题。

1.她对我期望非常高，让我承诺在她30岁前完成资本积累三千万，以证明她选择特殊的我是没错的，我目前工作收入年薪在十二万左右，已在省会买房，自己生活。

2.她极度厌恶我父亲，没有什么具体原因，就是觉得没办法在一起生活。父母他们其实是在老家城市生活。

我母亲前段时期遭遇一场交通意外，现已基本康复。住院期间，她担心我母亲以后成为负担，而且不能替我带孩子。那期间我压力非常大，加之她已反复闹腾多次分分合合，我彻底失望了，大吵了一架。我忍无可忍，让她滚。她带着所有衣服回家去了。随后也未剪断，又分合两次。目前的状态是我们两人有心在一起，但双方家里都不看好，今年初已订婚。

我们也都心有余悸，不再那么勇敢，感情在慢慢变淡，甚至都考虑重新找。我们困惑了一个多月，希望能得到老师的解惑。

答：理想婚姻的关键词是什么？一、价值观相似，也就是你们两个人说得来，也许这一点你们能做到；二、对现在的收入，双方都能接受，也愿意一起成长，而不是将六年内"完成资本积累三千万"这样虚无的目标当成目标，并将这作为借口"以证明她选择特殊的我是没错的"。她若爱你，也要接纳你的特殊，而不是将特殊作为一种把柄来成为要到三千万的理由，这会为日后的吵架埋下诱因；三、家庭和睦，任何"极度厌恶""成为负担"的想法，都要在婚前解决。逃避或者不切实际的"理想"，都是不可取的。你们和父母可以不一起住，但是见面的时候媳妇和婆婆依然是要互相尊重的，哪怕只是表面上客气。你真能做到不往来吗？选择媳妇还是选择父母的两难，你真能一碗水端平吗？

真正的爱，是共同负担，是爱屋及乌，是对未来充满希望，而不是短暂的利益权衡。只有把这些都解决好了，婚姻才可以幸福。祝福你！

4 婚姻中谁对谁错并不重要，重要的是该如何维系平衡

问：老师你好，我老公说我们一定要离婚。可是我们女儿才将近一周岁，我是家庭主妇，不能跟我女儿分开，现在要怎么办？

我们总为一些小事争吵，吵的时候他就会冒出一句"我们真的不适合"或者想离婚之类的话，结婚一年多，这种话已经说了很多次了。我们在生活习惯上有差异，我有点洁癖，所以洗完澡去散步回来我会让他去洗脚；有时是到楼下买东西，我也会叫他去洗脚，因为穿外面的鞋子脏，不洗上床睡觉床就会脏了。

我们是租房结婚，他租的房子总体还是不错的，就是马桶脏到不行，已经没法洗干净了，而且还没马桶圈。我说要买个马桶圈，他就跟我争说买不到就那样用吧，我就急了，最后不欢而散，还差点就结不成婚了。那时我们正准备订婚，就四五天之后的事，请帖都发了，而且我当时已经怀孕一个多月，我家的人都急死了，总之就是小事引起的问题，最后都变成很大的问题。

最近一次是，我向他要钱，惹出来的结果却是要离婚。我知道他有钱进账了却没见他给我钱，我就问了句怎么过了这么多天还没给我钱啊，他就回了句"钱钱你就知道钱"。是用很大的声音说的。唉！我们家的钱是由我管的，所以我才会找他要钱。其实我会问他还有一个原因是我几天前就发现他有一笔钱没给我，我没问他。因为我怕他会说我。我是查他的口袋查得很厉害的人，他自己都知道，所以结婚前他主动说以后家里的钱由我管。我的毛病是干活很慢，又不温柔，可能说话有时能一句就刺到他人的痛处，这是我的家人说的，我自己是不知道我说的话有那么狠。

我们都是火爆脾气，对了，还有一件事让我被气得半死，那是我女儿出生后发生的。去年冬天天气最冷的那几天，不过没到下雪的地步，因为我们这儿是南方。一天夜里十二点多了，我女儿就是不睡觉也不肯让我躺床上，硬是要我抱着在地下走，不然就哭，我都快冷死了，就把她扔在床上哭一阵子，想这样也许就能更好哄一点，惩罚一下嘛。结果我老公大骂说孩子都哭得那么凶了也不抱她。那时我女儿快四个月，我说我都快冷死了，他居然回了句这个天气冷什么冷？当下我就气炸了，要知道我女儿都是晚睡觉，一到晚上十点过后就闹，而那时是他准备睡觉的时间，我就必须想法子不让我女儿哭，我总是在十一点过后才有得睡，他每天都包在被窝里却说冬天不冷我能不气？那一次也差点要离婚了，后来因为已经快过年了，他家的人要他带我回去过年，说是结婚第一年，这才又和好的。他是外地人是要去他老家过年，我呢因为才结婚又有了孩子也不甘心就这么散伙，就跟他回去了，你说我的这种婚姻还有救吗？

答： 要维持家庭关系，需要做到一种平衡，比如说典型的男主外女主内，这也能成为一种平衡。男人要挣钱，并且把挣来的钱提供给家里的女性，希望她来做好分配、安排妥当各项开支。女性做到在家庭中维稳的作用，不仅要维系经济的稳定，还要承担照顾家庭的责任。但是在现代社会的变迁下，我们发现传统的男外女内不再是一个稳定的基石，一方面，男性在获得财权的同时，觉得我自己的钱凭什么不能自己支配？会出现不愿意把自己的钱交给妻子支配的情况。作为妻子，如果只是在经济上等、靠、要，甚至丈夫是因为妻子查得严而被动地说"把钱袋交给妻子管"，那一定不会长久。因为他也会烦妻子的查口袋。如果结婚前只是为了讨好未婚妻，那结婚后，逐渐的，心不甘情不愿的事情，他也会选择不做，不屈服于妻子的威权。所以，如何让丈夫心甘情愿的把钱交给妻子，关键是能够给他相对的金钱自由，并且以更加合理的方式去规划金钱。最重要的，信任彼此，这在婚姻里尤其重要。另一方面，主内的女性，如果丧失了与社会保持联系和交往的能力，丧失了自己养活自己的能力，那么就会在家庭中处于相对弱势的地位，逐渐沦为家庭式保姆。试想一下，一个总要钱想管钱、不温柔说话刺刺儿的保姆型妻子，如何去赢得丈夫的爱？

维系一个家庭，小事上不要太过计较。马桶圈是不是可以自己上网购买？不洗脚有时候帮他拿湿巾擦一擦是否可以？相互体谅，一个人的架吵不成功。而且我更希望，男主外的同时也可以承担一部分照顾家庭的责任，比如照顾女儿，让他也体会到照顾女儿的辛苦，而不是在被窝里躺着耍嘴皮子。对妻子来说，想生气的时候，可以有比生气更好的方式来解决问题。另外，女主内的同时，要培养自己养活自己的能力，并且对自己的人生有个清晰的规划，只有这样，就算一个人生活也至少可以独立自主。

当然，从心理学的角度，我们也可以试着分析一下，你们问题的形成过程。

在传统习惯里，我们很容易把具体行为与情绪、情感链接在一起。我们常常说，这都是小事啊，不是婚姻中的大问题。但恰恰是这些小事的日积月累，让婚姻全盘崩溃。

马桶圈的问题、老公不洗脚，这些让你难受的小事，来自你对"清洁"的要求。你们对"清洁"需求的差异，最终成为你们争吵的一个焦点，一看到他与你的要求有所冲突，你很有可能马上指责对方，会觉得他不可理喻，说多少遍了都不知悔改，是不是不够爱我？你的内心会很受伤，觉得他没有责任心，最后实在没有办法了，就以离婚互相要挟，离婚只是你们无法面对问题的一个借口。

在婚姻中你并不知道怎么维护你们的婚姻，遇到问题也没有有效的方式解决。所以如果你们不反思，即使离婚了再遇到另外的人，同样的矛盾也会重演。

不要天真地认为，你们的价值观和习惯会因为彼此相爱而变得一致。如果你不能及时回到现实又不懂得沟通，生气不满等负面情绪就会涌出来。沟通往往变成了互相攻击，而对方在你的攻击下，也会本能地产生了不满乃至反感，然后开始反驳，结果你希望对方改的那些行为，在吵架中不仅变得无效，还恶化了两个人之间的关系。

改变沟通模式，求同存异，其实婚姻中和谐的关系最重要，谁对谁错并不重要，现在去做，应该还不晚。

关于这段婚姻，我的建议是，收敛一下自己的性子，哪怕是为了女儿，说话做事都要柔软一些。丈夫没有怀胎十月，体会不到做母亲的辛苦。学会改变你们的相处沟通模式。第二，找一份自己的工作，成为一个自信自强的自己。在家管钱是好事，但是管钱不是通过要钱得来的，是对方心甘情愿地交付，让你来支配一家的生活。否则在他眼里，一个不温柔还老管着自己的老婆，自己赚钱还不能花的憋屈，最后只会导致你们关系的恶性循环。

5 如果多金别苛求他忠心，如果老实别苛求他风趣

问：男朋友比我小一岁，表哥介绍的，他在国内排上名的房地产做项目管理，优点：老实、收入稳定、喜欢我。缺点：不风趣、形象不好。我是在金融行业做市场的，职业女性。我对他最大的感觉是不在一个拍上。我觉得他像个小孩一样，不知道怎么关心人，如何做。他家人和他都想尽快跟我订婚，我却在犹豫。我们分处两地。请教：我还有必要跟他继续交往下去吗？

答：类似的问题我此前回答过，你觉得结婚，最重要的是什么？如果是稳定，就不要苛求风趣；如果是多金，就不要苛求他忠心。老实人必定难以幽默风趣，形象好的人未必对你全心全意。当然这并非绝对。如果兼而有之，你就感谢上苍吧。另外，我看得出来你不是足够爱他，何况异地？那么，放弃也许是比较好的选择。

⑥ 想过平淡的生活，不意味着非要找个平庸的男人

问：老师，我跟男朋友交往一年多，本是谈婚论嫁的时候了。跟他待在一起的时候我没觉出他哪里不好，但是只要他一不在身边，我就会觉得他哪里哪里都不好，嫌弃他。从开始交往到现在，我都没有主动向别人介绍他是XXX。他性格很弱，社交能力也不被我看好，事业一般般，感觉不到他的拼搏劲，没有勇猛的感觉，他安于现状……我其实也需求平凡的生活啊，可始终觉得这真不是我想要的。

老师，你觉得我们合适么？一直留恋就仅因为他对我好，迁就我，还有就是不忍心伤害他……现在，又因为他爸爸不是很欢迎我的样子，闹得双方家长很不愉快。其实，他家很穷，物质条件不好也就算了，但他家人的思想也很穷，跟我们家格格不入。唯一就是我男朋友还好点，但依然有上述缺点（我不满意的）……请老师帮帮我。

答：真的建议女孩子可以先跟男生分开了。从她所有的表述中"男生性格很弱，事业心不强，家庭格格不入"等措词中，其实她已经非常清楚内心的选择了，只不过因为也许目前她并未有更合适的其他人选，男孩子性格也还算体贴，故而有点犹豫、有点矛盾，但在内心中她已经瞧不起他，已经不想继续选择他了。"想过平淡的生活"并不意味着要选择一个在自己心目中各方面都平庸的男人在一起，婚姻要想走得长久，一定是离不开对对方人格品行的仰慕，显然这个女生已经不再仰慕这个男生，反而觉得他方方面面配不上自己。

第四节　我们选择爱人还是选择父母？

　　世上确实有很多不称职的父母，那他们的孩子无疑就是"被害者"了。

　　然而抱怨原生家庭是没有任何用处的。我们无法选择自己的出身，无法选择自己的父母。我们无法改变自己的过去，只能勇敢面对将来。理解父母，你越是能与自己的源头和睦相处，就越能爱他们，人生就越顺遂。

　　你现在已经不是那个必须在父母呵护下成长的孩子，而是个成熟的大人，但你内心深处还住着一个缺乏关爱、非常不满足、不快乐的内在小孩。请你在每次觉察到他的时候，安抚他——你可以成为自己想要的那种父母，关爱、接纳并包容你的内在小孩。

　　面对父母，你要知道，他们怎么对待你是他们的事，但你如何对待他们则取决于你。孝顺父母天经地义，因为是他们把你带到这个世界，仅因为这一点，你就该感激他们。追本溯源，尊重自己的源头，会为你的生命带来意想不到的收获。

　　一个高二学生问我："幸知老师，我发现母亲总想控制我的人生，不让我自己选择，我该怎么办？只要观点跟她不同，她就特别暴躁。难道我要一直忍下去吗？"

　　我告诉他："你能自立吗？如果不能自立你就顺从。尊重她的情绪，因为她是你的母亲。同时，找志同道合的朋友一起分享你的观点。"

父母虽是生你的人，却没有控制你人生的权利。与其通过吵架试图生硬地说服他们，不如曲径通幽地取得胜利——前提是，你真正知道自己需要什么样的人生。

打个比方，在你没有真正独立之前，父母就是投资人，而不是合伙人。一个优秀的投资人，应该懂得适度指导而不是控制一个公司的运转，但"父母"这对投资人，有时候是你不得不做出的选择。你需要他们的投资，"说服"是一种技巧，而不应直面冲突。

"我们生你养你容易吗？大了，翅膀硬了，不听我们的话了？"在我接到的咨询中，太多父母与孩子冲突的案例，尤其反映在结婚这个问题上。孩子结婚对象若不受父母喜爱，最简单的是言语冲突，更有甚者以"断绝母女关系"、"你敢跟他结婚，我就死在你的婚礼上"这样的言词逼迫孩子就范。很多父母（其中母亲比例较高）在潜意识里认为：我生她／他下来，我就决定她／他的人生，她／他必须按照我的模式生活，她／他最好实现我没能实现的理想和愿望。尤其是年轻时受过丈夫背叛等情感创伤的女性，在漫长的抚养子女的岁月里，更希望能够以掌控孩子人生的方式，来实现自我人生的价值。

仍以结婚冲突为例，因为这样的例子比较常见。对孩子而言，他们非常痛苦，因为这是自己喜欢的爱人，同时，他们又不想忤逆父母。有些父母的"精神恐吓"（也许他们没有意识到），还有一些古老的价值观比如"所有离婚的人都是不好的"等等，让年轻孩子颇有压力。选择爱人还是选择父母？常常成了其实不必要的"终极冲突"。孩子一方面不想受父母的思维禁锢，一方面因为成长那么多年所形成的依赖思维，往往无法坦然摆脱，尤其是父母的"赌咒"常常萦绕于耳畔，比如说"你看张三找个二婚男人，现在是个什么样的下场？你以后下场很惨可别来找我"，孩子不敢承担选择所带来的最终"结果"，也害怕父母的"赌咒"应验，这其实也跟我们教育中缺失"婚前第一课"很有关系，不敢为自己的结果负责。

这其实是一种心理暗示，若年轻人真在摇摆不定中狠心选择了自己想要的结果——那么，这真的是他渴望的结果吗？他犹豫，他承受了巨大的心理压力，他得不到亲人支持，这种表现又同时作用于他选择的婚姻里，造成了他对婚姻的不够信任，若婚姻中的另一方因为对方家长反对而变得消极，结果只会反作用于婚姻，如此这般，婚姻的不幸得以"应验"。

如何避免年轻人"选择爱人还是选择父母"？每对父母都不希望有这样的一天。所以，在孩子小时候要去引导他自己做选择，自己为自己的结果负责，因为人生是他的，不要总觉得自己什么都比孩子懂，从而指挥他的生活，按照自己的价值观去要求他行事。在这个世界上，生活方式是多元的，不只是父母的生活方式才叫成功的生活方式。或者说因为自己不成功，而拼命想去灌输给孩子自以为是可以成功的方法方式，逼迫他成为自己想要的那个他。

只有学会选择和对结果负责，成年之后的孩子，才会在工作和生活上真正懂得自己想要什么，从而成为一个身心健全的人。这才是父母把孩子带到这个世界上的意义所在。

对年轻人来说，要学会尊重父母，但是也要知道，尊重的方式不是全部服从。尊重，一定要建立在有独立世界观的前提下。思维独立，懂得与人相处，是我们生活在这个世界所要具备的能力。而与父母相处的能力，也是其中之一。不要因为他们是至亲，反而以很不见外的方式对他们残忍。

在我们漫长的一生中，首先可能要处理好与父母的关系，然后处理好与上司的关系，与合伙人的关系，与朋友的关系，情侣的关系等等。我们永远都处于相对独立状态。如果有一天你在经济上脱离父母，但很有可能陷入另一种非独立，比如成为公司职员，给你发薪水的上司就是你另一个衣食父母。你觉得你的价值观，跟每个上司都契合吗？不一定。这个时候怎么办？第一，走人，换个更好的工作；第二，站在他的立场上，忍让他，尊敬他，与他磨合，同时不湮没自己的价值观体系，学到想学的东西，努力成长。工作如是，婚姻又何尝不是如此？相处的逻辑都是相通的。

谁都不能以爱的名义绑架别人

问: 我被我爸妈以爱的名义绑架了。我和我老公是经我舅妈介绍认识的,去年六月份领了结婚证。但是后来我老公的生意没做好,亏本了,导致欠债八万元。然后我爸妈就开始逼我离婚,把我软禁在家里,又说如果我老公过来,就打断我们一双腿。甚至开始说要杀了我老公。我老公虽然外表不帅也不高又很穷,但是对我真情实意。他今年花了一个多月的时间,已经存了四万元。

我知道他在变好,可是我爸妈对他左右看不顺眼,一不顺眼就从头数落到尾。我觉得爸妈无论如何都不会满意的。今天我爸妈说只给我半个月的时间,再不离婚,就要采取非常手段了。我已经和他们无法说得清楚了!

答: 我其实不想再提"父母皆祸害"这样的词汇。暂时离开你爸妈的唠叨,不要给他们机会去数落你的丈夫。自己的爱情自己把控。谁都不能以爱的名义绑架谁,两个人的婚姻自己做主。不仅是一个成年人,而且还是一个已婚的成年人,何必非要说清楚?这一生的幸福你自己负责,未来无论你如何,听或者不听爸妈的话,无论他们是否满意,是否选择他们更满意的靠谱青年,他们都无法承担起你想要的幸福。

不要试图去说服他们,想办法离开即可。不知道他们还会采取什么非常手段(有些极端的父母甚至会采取自残的方式),但是作为一个经济和情感都独立的人，离开与避让就是最好的手段。不试图说服，不产生纠纷，不推波助澜，保持并且坚守自己，遵从内心的自我。软禁和断腿，只是一种威胁，法律是基准底线。

另外，不要把这个纠纷带到你和你丈夫的情感当中，千万不要去絮叨这件事情，否则会影响到你们的夫妻感情，甚至会激化以后丈母娘和女婿的矛盾。适度避开，不仅仅包括你和你父母，更包括你丈夫。自己也要放平心态，生气一定不是解决问题的办法，只会让问题变得更加复杂。

如果你一直把自己放在一个被害者的角度，每天重温这些伤害，从而博取大家的同情，除了让你更加没有力量改变现状外，还能有什么用？不要觉得别人对你不公平，一定程度上是你教会了别人怎么对待你。

当你开始试着用一种新的、建设性的方式去践行自己的想法，父母对待你的方式也会跟着发生变化。你们的交往模式，会因为一方的变化而带动另一方的变化。所以请你自己为自己的人生负起责任来，勇敢地去追求你的幸福吧！要想得到从来没得到的，就要做从来没做过的事，除了自己没有人能一直帮你。

另外说说你的父母，他们这样对你，肯定也是从你的祖父母、外祖父母那里学习继承而来的固定模式。他们的理念应该是"爱你，就要这么对你"，所以让他们改变很难，除非让他们看到了好的结果。而这一切，都需要你开始培养你强大的心理力量，需要你真正长大。到了那时候，你也许会从更高的角度看待你和父母的关系，并改变对待他们的方式，从而影响到他们，有机会修复你和父母的关系。

② 先维护好自己的小家庭，大家庭才能维护好

问：您好，最近遇到点烦心事。我和男朋友筹划着要结婚了，可是关于彩礼事宜产生了分歧。一方面，男友家境不是很好，他很在乎彩礼，反复就这一问题和我讨论。我想，也足见他是认真考虑和我的婚事的，不管能给多少。另一方面，我父母这边，他们的要求比男朋友所提供的要高，当然，似乎也高不了多少，两三万块钱的事。说多不多，说少不少。我的父母苦口婆心，说是一心为我好。很多女人离婚，再婚就成二婚了，而男人无论是几婚，也都能娶个大姑娘。要我拿这些钱有个保障。我夹在男朋友和父母之间，不知道该怎么办。

对于未来的变数，不是我能把握的，可又心疼男友。父母说，养了我二十多年，没想到最后却成了仇人，尽为别人着想。昨晚，双方在一起吃了饭，都不太敢提敏感话题。可下了饭局后，似乎全都朝着我来了。一边是父母，一边是男朋友，唉。

答：结婚前这些事情一定要处理好。否则留了心事，日后就

会成为夫妻矛盾的导火线。在彩礼上，你也觉得不过是两三万元的事，足以证明你对这个家庭、对你男友的未来是有信心的。我相信你的父母是一心为你好，为你着想。但是，两个人都要结婚了，就不要先去考虑未来的变数，再说，未来的变数就值两三万吗？

你心里要有一杆秤，你越是计较，男友这边就会越在意：我家里确实拿不出那多余的两三万了，你是不是对我们之间的关系没有信心？我不知道这份彩礼最后是给你父母，还是给到你那边。如果是父母在意，你可以跟男友协商好，通过未来两个人努力奋斗"分期付款"给过去。如果父母觉得只是为了保障你的生活，那你可以告诉他们这笔钱已经收到了。婚姻真正开始的时候，首先要去维护好你们夫妻之间的小家庭，凡事一致对外、夫妻齐心，即使是父母公婆也不例外。维护好了小家庭，整个大家庭也会顺理成章地被维护好。

这件事本身并不重要，而你对于这件事的处理方式和态度很重要。你怎么通过沟通协调让双方感觉都很舒服，是需要用一些心思的。你在他们之间，起到一个桥梁和纽带的作用。

有时候双方争论的不一定是事情本身，而是非常在意当事人的态度，心情与态度理顺了，问题自然就好解决了。不能因为这两三万就影响到你们的感情。总之让你的父母觉得你是个懂事的女儿，你的男友也是可以让你托付终身的。而在男友和你未来的公婆面前，你要表现出对你男友的认可，和对他父母的体谅，即使他们出钱了，也让他们能感受到，你是一个孝顺懂事的儿媳妇。相信以你的聪明智慧，事在人为，这不会是一个棘手的问题。

③ 学会理解父母，与过去的自己握手言和

问：小时候因为父母的望女成凤心态，对我期望值非常高，所以我童年和少年时期都过得非常辛苦。小时候一切和学习无关的事情都不能做，没有娱乐没有爱好，也不能有朋友，只有永远做不完的习题，成绩就是一切。我也很叛逆，所以经常被责骂，甚至被体罚。父母经常拿我的缺点和别人的优点做比较，拿我跟妹妹比，在他们口中我一无是处。因为从小不能有朋友，所以我不善于和别人交往，从小学到高中都没有朋友。妹妹因为性格乖巧，成绩也还好，所以父母相对宽容很多。小时候我不敢和父母单独相处，因为他们的话题永远是学习、成绩。我在他们面前充满挫败感，很少看到他们的笑脸，做什么事情都得不到认可。直到我走入社会，父母才稍微对我放松管理。我选择结婚了，孩子已经两岁多，但是我还是经常梦见父母责骂我，梦见和妹妹吵架，在梦里我委屈又愤怒，经常哭醒。

我给人的印象是很浮躁，做事不踏实，很多时候我选择工作，都是觉得这样做，可以得到别人的认可，可以证明自己不是一无是处。可是往往这件事情并不是我喜欢并且擅长的，所以坚

持不了多久，下一次选择又是这样。我太想证明自己，太想得到身边的人的认可，所以就形成恶性循环，让人觉得我很不踏实。和同事及身边的人交往也是，常常给人不真诚的感觉，所以基本上没有朋友。在外面经常装得乐观开朗，宽容豁达，可是面对陌生人的时候心里恐惧无措，我知道自己的问题，可是就是无法解救自己。请帮帮我。

答： 父母对你寄托希望的小时候，也许跟他们当时的生活状态有关，他们也希望借你可以满足他们的虚荣心。过去那么辛苦的环境你都过来了，现在进入了相对舒适的状态，你反而不适应了，你还纠结在过去的状态中没能走出。

我们不可能有完美的父母，但是成年后要学会理解他们那么做的原因。去跟他们和解，也跟过去的自己握手言和。你性格中有缺点，但是优点的那一部分，也是父母的赐予。学会接纳过去他们对你的所作所为。

对于现在，你既然非常清楚自己的缺点，比如浮躁、不够踏实，就要学会脚踏实地，我们谁都想满足虚荣，但是首先我们要证明给自己看。你能不能证明一个强大、脚踏实地的自我，给自己看呢？

出生时是一次新生命，现在，你自己也要像破壳而出那样，敲碎过去和家庭给你带来的不良影响，进行新生。我知道这很难，但其实你已经在路上。想要改变，先要接纳最真实的自己。

不要总把自己的短板和别人的长板比较。我们不是圣人。

　　我能够理解原生家庭的不和谐给一个人带来的伤害，有时哪怕是生活上已经脱离了，在身体里依然会有一种"烙印"，并且这是很难消解的。但是，几乎没有谁的原生家庭是完美的，每个人都会面临这样那样的问题。所以，能否按照你希望的样子生活，能否让你真正地成为自己，这是需要我们用一生来努力和学习的课题。

　　父母养育我们，家庭环境造就我们，因此，我们对原生家庭有种权威的崇拜，潜意识里会认为这是不可改变的。但实际上，没有人天生懂得如何做父母，在他们拥有一个小生命的时候，也会有许多的不确定、犹豫和迷茫，他们是在摸索中前进。

　　随着孩子长大，拥有自己的思想，那么教育不仅仅是父母对孩子单方面的，而是父母与孩子相互教导的过程。父母教会孩子如何生存，孩子教会父母如何做称职的父母，这是一个相互影响和磨合的过程。小的时候，也许只能被动接受，但当你逐渐长大，那么应当主动负担起"教导"父母的责任，你有义务让他们明白该如何跟已经成熟的子女和谐相处，而不是让一个成年的自己在父母过去给你带来的阴影之下抱怨指责。

　　"原生家庭"这四个字，太容易被我们拿来当作一切不如意的借口，但无论它在表面上能让我们显得多么委屈无辜，都对改变现状无济于事。我们的生活不可能通过"一切都是父母的错"而变得好起来，它只可能因为回避而变得更加软弱。所以，把原生家庭放在一边吧，好好地看看你自己，你需要什么，想让自己成为什么人，那就从头开始做。

 不被父母祝福的婚姻，能结吗？

　　问：我和他相差七岁，相处两年多，感情没有问题，彼此相爱，问题是他父母不同意我们结婚，觉得我是外地人，没有稳定的工作和保障。他父亲也对我有偏见，对东北女人有偏见，我也曾试着努力与他们沟通，他家就是不接纳我，因为这个，他和家里处得也不开心，而且和家里人也避而不谈我。

　　他比较孝顺，逢年过节还要陪父母，也不会因为我跟家里闹。我和他经常为了这些吵架，他总说我不会放弃你，他们老了，慢慢就同意了，他们过他们的，我们过我们的。可是我觉得结婚不是两个人的事情，婚后还要面临很多问题，他脾气不太好，但是对我很贴心，很好，让我感觉有个依靠。

　　我和他都有过短暂的婚史，但都没有孩子，所以我们还是很希望一起走下去，但就是他父亲坚决不同意。我很苦恼，中途也分开了很多次，可就是没分开，心里都很挂念彼此。

　　因为他和他父亲本来就性格不合，所以以他的脾气也不会主动示好去好好和他爸沟通，他父亲还曾经给我打电话骂我，给我妈妈打电话让我妈妈劝我和他儿子分开，所以我对他父亲心理也是有阴影的。我感觉我和他即使结婚，也是不被父母祝福的婚姻，登记估计也是得他回家偷户口本，我不知道我是不是在乎的太多，还是只要和他开心，在一起就好！我不知道该怎么办？请帮帮我吧！我很苦恼！

答：从你的叙说当中，我看到的是一个女人，拉着男人的手逼问："说吧，选择老婆还是选择父母？"

男人有些含糊地回答："他们老了，慢慢就同意了。我是爱你的。"

女人："你看你前几天，又陪父母去了，留我一个人在家，空落落的。你心里面到底最在意谁啊？你知不知道我那几天是怎么过的？给你打电话你就挂，还说不了几句话。你也知道的，我不想再经历上一段婚姻了，那就是我的噩梦。好不容易遇到彼此，我们为什么就不能好好的呢？"

男人："嗯。那也没办法啊，我在家啊。我总不能一边跟父母待着，一边跟你煲电话粥吧？那样也太不礼貌了！再说了，又没啥事儿，等我回来说不行啊？"

女人："你不是说你在家不开心么？跟你爸沟通不畅么？为啥一过节就回去啊？家里有那么好吗？动不动就回去。你就不能在家陪陪我啊？你看我们楼上的晓红，一过节是婆婆来，忙东忙西，我呢？你爸妈不同意，结婚还要偷个户口本出来，咱俩就不能光明正大地在一起么？我就是有气。我不想有个好婆婆，我不想孝敬他们？我想啊。可我能吗？如果再这样，我真想分开了，我太受不了了！"

男人不吭声。

女人："我真的不想要一段不被祝福的婚姻，我受够了！"

我们试着分析一下：

（一）你与男友在"情感"上走入婚姻的可能性

爱情三角理论认为，所有的爱情体验都是由激情、亲密和承诺三大要素所构成的：激情指情绪上的着迷，个人外表的和内在的魅力是影响激情的重要因素；亲密是两个人心理上互相喜欢的感觉，包括对对方的赞赏、照顾对方的愿望、自我的展露和内心的沟通；承诺主要指内心或口头对爱的预期，是爱情中最理性的成分。

从你的描述来看，似乎你与男友的激情，亲密的成分还挺多，现在是走入婚姻的承诺部分受到了阻碍。婚姻的基础要素是性以及性的繁衍、物质基础、情感关系和精神交流。你和男友在性的方面、亲密性、精神交流方面也许没有问题，但在物质条件、家庭关系方面有阻碍。而物质条件、家庭关系都与婚姻承诺有关。这影响到你们能否进入婚姻。

（二）男友父母不同意的根本原因

男友父母与一般父母差不多，对于儿子的婚姻关心的是：

1. 儿媳妇脾气秉性如何，是否贤惠，是否对儿子好、对家人好。其父母会从你是离婚状况、工作稳定状态抑或是他们了解到的其他方面来判断你是否达到他们的期望，特别是自己的儿子也离过婚，更希望找一个贤惠的儿媳妇。

2. 能否绵延子嗣。一般父母都希望儿子有后人，你说相差七岁，不知你比男友是大还是小，也不知你年龄多大。如果年龄大，父母也会有这方面的担心。

3. 结婚后能否经济独立，足以养儿育女，生活安定。你工作不稳定、无保障，户口是外地的。如果男友收入很高，不仅不让父母担心，还能在物质上孝敬父母，父母在这方面的担心会小一些。如果相反，男友自己工作收入不高甚至还依赖父母，那毫无疑问父母希望儿媳妇能挣钱养家。

至于你和男友的两性亲密和情感，男友父母不会过多考虑。

（三）你想要什么，你有什么，准备做什么？

1. 你想要什么样的丈夫、想要什么样的婚姻？现在的男友满足你的期待吗？为什么？

2. 你是怎样一个女性，你有什么特质，你满足男友对妻子的期待吗？为什么？

3. 无人不在关系中，婚姻必然牵扯到双方父母，既然男友父母反对，就需要你考虑：你满足男友父母对儿媳妇的期待吗？哪些满足，哪些不满足，如果你想与男友结婚，你愿意改变什么？

4.在做了以上分析后，你还愿意与男友步入婚姻吗？如果是，你准备如何做？

其他的细节就暂不讨论了，你可以选择专家咨询师，找到以前婚姻和现在恋爱中的问题与自己的相关性，加以觉察成长，这才是婚姻幸福的根本。

5 会挑剔你家庭出身的男人，不值得你流泪

问：我家境一般，有个智力残疾的哥哥，妈妈生我就是希望我能照顾哥哥。随着年龄增长，哥哥越来越好，已经算是很独立的一个人，唯一的遗憾就是他没有文化，思想简单点。而我从小被父母寄予希望，虽是女孩但一直要独立，考的大学也算不错，毕业后一直在北京打工，赚的不多也够养活自己，唯一的遗憾是——我的感情！大学毕业我喜欢一个系的男同学，然后联络交往，不过他即使爱我还是嫌弃我的平凡和普通，选择了富家女！

事后我和所有分手的女孩一样，空窗寂寞。其实我长得并不差，妈妈又要强，一直希望我嫁得好。就在今年突然遇到一个发小的远亲哥哥，联络相处，后来得知他离异很是痛苦，不过父母知道他家境很好也就没有反对，同学们也现实得很，劝我说二婚更好，我在大街上哭，发泄我内心的委屈后，继续与他交往。因为他的关心和体贴我有点感动，一天去他住处吃他烧的菜，夜晚

便留了下来，自那以后便开始讨论结婚的事情。可是"十一"假期后，他父母得知我的家庭情况，他便不声不响的不再与我联络，我承认我特别想结婚，我甚至可以和一个我不爱的人结婚，但是一个和我都计划结婚的人突然消失离我而去对我的伤害真的好大，一个女孩子的家庭到底有多重要，我父母为了我和哥哥已经付出那么多，因为害怕哥哥影响我，他们努力赚钱为他打算，我还要被男人挑剔这个那个，我以后还怎么相信男人呢？

答：不是每个男人都会挑剔你的家庭，但确实这会成为一种影响，他会害怕这影响你们的下一代，抑或是，害怕他需要替你照顾哥哥，成为一辈子的负担。

这并不是你的错，但你却要为此承担更多的痛。爱情是两个人的事情，结婚却是两个家庭的事。再次爱，理性地告诉对方你的家庭状况。相信你一定会找到一个理解并认可你的丈夫。选择继续相信爱情，也许下一次，你会收获完满的爱情，完美的只属于你的优秀好男人。相信我。

6 请用父母认可的方式去说服他们

问：亲情和爱情之间我该如何选择？幸知，我是河南的，男朋友是河北的，我和男朋友交往一年多了，也去过他家，他家人现在也催着我们结婚，可是我家人死活不同意，觉得远！

哥哥的婚姻是自己做主的，但是他们过的不怎么好，今年嫂子因病去世，留下了一个四岁的孩子我妈在带着！所以，对于我的事，我妈就是不同意。

她去给我算卦，算卦的人说我男朋友家是东北方向的，东北方向是个坑，所以我妈就更加坚定了！我现在在家几乎不跟我妈说话，而且一说到我的感情，我们俩就是吵。心里很疼，不想跟她吵，可我也不想放弃我男朋友。她很坚定地说我的婚姻她必须做主。即使是以后的生活是我在过，她也一定要做主。现在我不知道该怎么办了。她说我要是离开这个家，她就觉得活不成了。好话跟她说，不行；哭着跟她说，不行；给她闹更不行。我到底该怎么办？

心疼她，又不想憋屈着自己。她现在处于顽固不化的状态，什么话都听不进去。这周我想跟我爸和我哥谈谈，其实他们也帮不了我，因为我妈太要强，他们也拿她没办法！我妈太信算命的，动不动都要去算卦，算卦那里说的都是我跟我男朋友的不好，所以，我真的不知道该怎么办了。我们的事情拖了很久了，今年春节男朋友要我去他家过年，可是，我这边如果还是没有任何进展，我怎么有脸去他家？怎么跟他家人交代？

答：如果两家的距离远是不能结婚的理由，这个理由一定是站不住脚的——当然我不太看好异地恋，前提条件是你们在一个城市。

婚姻自己做主但过得不好，这不是借口。不是自己做主的婚姻都过得不好，也不是父母做主的婚姻都过得很好。任何一次选择，对一个成年人来说，都需要自己负责。假设听从父母结果有了一段很不理想的婚姻，就可以怪父母吗？也不能。因为，这最终是你自己的决定。

天下很多父母，都把孩子置于"私人物品"的境地。口口声声为孩子好，去左右他们的婚姻。可是把孩子逼到自杀、逼到无从抉择最终听从你的话，在选择喜欢的男人还是选择父母当中，必须服从你的意愿，你们就顺心如意了吗？有些做母亲的，对待孩子，就像遇到"小三"一样，站在女儿喜欢的男人面前说："你必须跟她一刀两断，否则我从楼上跳下去！"

为人父母，请尊重孩子的意愿和选择。他们都是成年人，相信他们会为自己的未来负责。不要觉得，自己吃了更多的苦，或者走过更多的路，就可以看得更远，就想替他们做出选择，因为你不是他们。更不要因为自己没能得到，而通过干涉孩子的婚姻来实现自己的意图。

我想跟你说的是，既然你妈那么相信算卦，也许你可以找到另一个算卦的人，他的卦象是你俩和美恩爱，并想办法让你母亲相信。或者，找到你妈信任的算命先生，用一些方式，让他去说服你的母亲。

7 很多母亲会期望在女儿的婚姻里移植她曾经未完成的心愿

问： 我的妈妈从我结婚前就不喜欢我老公及他家，根源是因为嫌他们家穷而且农村人作风不懂礼，觉得配不上我。到现在我们有了孩子，她还是没变，已经发展到臆想一些事情来证明对方家里是做错的，我夹在中间很苦恼，怎么能让她改变观念呢？

答： 你的婚姻，破坏了母亲对理想婚姻的想象。首先我们分析一下，为什么你母亲会嫌弃你丈夫家穷，作风不懂礼？

有几个方面的可能性：

第一，你的母亲可能是知识分子，而且是"被农村人伤害过"的知识分子，曾经想过以自己的方式去改造"农村人"，但是有了挫败感，于是不再愿意自己的亲人跟他们扯上具体关系。

我的一个来访者，是一个特别爱干净的知识分子，开了家很小资的酸奶店，也提供一些配餐。后来她的酸奶店找到一个合伙人，是她同学，是农村出身。她看上了他人很实在肯吃苦，但是相处后发现他不爱干净，后来他又从老家带来低成本的服务员，把店当成自家的餐厅，做什么吃什么都很随意。于是这个来访者特别受不了，产生了"以后绝对不和农村人合作"的念头。这就是"被伤害过"的知识分子的一例。

第二，你的母亲曾经吃苦吃怕了，曾经有过不富有的日子？

或者你的父亲不如你母亲所愿？她把对美好生活的期望寄托在你的身上？结果你的婚姻破坏了她对理想婚姻的想象。很多母亲，都会在自己女儿身上移植她曾经未完成的心愿，包括婚姻。

你需要知道的是，一个人是很难轻易改变观念的。她不喜欢，就总会不断地找到理由佐证，对方是错的。你越阻挠或者越想说服她，她越会不断重复给自己佐证这个观点的准确性。她觉得你丈夫配不上你，是因为不愿意承认自己的美好幻觉已经破灭。你要做的，其实不是说服她，而是顺从她无意的口舌之欢，无论如何她同意了你的婚姻，你也给她一些发牢骚的发泄口。只要不是在你丈夫面前说，只要你和你丈夫是一个紧密的结合体，那么你们婚姻就可以是幸福的。

你们都足够爱你的母亲，你培养你的孩子也足够爱她，她会慢慢地接纳，觉得在这个家庭里她是受到足够重视的。她的牢骚自然会逐渐褪去，或者你也不会再那么在意。

Chapter 3

婚姻与性：
谁说只有男人才会
"用下半身思考"

第一节 因性而爱，也会有真爱吗？

当我们说爱的时候，我们到底在说什么？

但丁说：爱是美德的种子。

泰戈尔说：爱是理解的别名。

雨果说：人间如果没有爱，太阳也会灭。

莎士比亚说：人生如花，而爱便是花的蜜。

割掉了自己耳朵的梵高说：爱之花开放的地方，生命便能欣欣向荣。

人人都在说爱。爱，为亘古不变之本能，是穿越传奇之种子，是生息天地之基石。

爱之维度多样纷繁，世界草木初生，混元伊始，便诞生爱。150亿年前，宇宙生于基点，万物初生；亿万万年前，地球有机分子合成，生成生物单体；渺小微观世界的生物聚合物又形成蛋白质，携带着螺旋状DNA的生命开始形成，由此走向繁华之路。结合是生命之初衷，爱是亿万年生命结合演化的最高智慧。

离妻为丈夫写下望夫之词，父母为子女写下殷切之望，朋友为挚友写下欣欣寄语，诗人为天地写出旷古绝作……父母之爱、夫妻之爱、朋友之爱、子女之爱、生人之爱、草木之爱，爱是自然赐予人类最好的礼物，也是亿万年生命传承的珍宝。

爱是我们不应该辜负的本能。

1 留男人过夜，即使没有床第之欢，也带着潜台词

问： 我和他认识一共一个多礼拜，刚认识第一天就表白。因为我是一个人住的，第二天他看我害怕就来陪我，想和我发生关系，没有成功。然后我们一天都没有联系，第四天去吃饭，晚上回来说要住我这里，我不让，他就回去了。隔天又说住这儿，留下来了，但是没有发生关系。他每天除了晚上和我聊天以外，白天很少找我，我一直在考虑他到底是不是喜欢我。他和他的前任女朋友分手一个月左右，这几天他去外地了，就是会多发一些信息给我，关心我一下，但是他到底是不是真的喜欢我？他在这住过两次都没有成功发生关系，他其实很想，第一次是被我阻止的，第二次我跟他说我来大姨妈了。我对他是有感觉的，可是他这样子让我更怀疑他是不是喜欢我？还是只想找个床伴？

答： 你留一个男人过夜，他就默许了这样的潜台词：我可以上你的床，你的门是为我打开的。你为他留了门，却不让他偷欢，就像在一只猫面前摆一条鱼晃悠半天却不给他吃一个道理。如果你不想找个床伴，就不要留他过夜，止步于家之外的交往即可，他若爱你，就会等你。相反，他总是得不到，也会逐渐丧失兴趣。记得，有时男人是性欲大于爱欲的动物。

从头到尾你描述的都是这个男人不靠谱的一面，但是却在问别人他到底喜不喜欢你。这就相当于你在说："我知道，这个男

人表现出来的根本就是把我当作床伴的意思，但是因为我喜欢他了，所以麻烦你们帮我证明他也是喜欢我的。"简直就是自欺欺人。

第一，他和女友分手一个多月，这叫作"刚刚"分手，他的床上，前女友的余温恐怕都没有消，这就开始积极寻找下一个目标了，他能有多喜欢你？

第二，认识第一天就表白，马上就想和你发生关系，请问你是女神还是埃及艳后？除了他表现出来的赤裸裸的性需求以外，你有哪一点可以让一个男人第一眼看到你就爱得惊天动地呢？

第三，他看你怕就来陪你，他怎么看出来的？分明就是你自己邀请和暗示的！如果你完全不喜欢他也不想让他知道住处，除非他跟踪你，不然他怎么能这么急急忙忙爬上你的床？

你根本不用怀疑他不是真的喜欢你，人家明摆着就不是真的喜欢你。如果你喜欢他，想和他发生什么是你自己的选择，只要你能对自己负得起责任就没关系，但是不要为自己把持不住的感情找借口，如果给自己造成一种"他也很喜欢你"的假象，那么之后你会在这段感情里受到更大的伤害。

 对爱情游离不定，是因为你还不够沉稳

问： 幸知您好！初恋是大叔，曾撕心裂肺全心全意地爱他，却不想自己太天真终究被甩了，他电话不接短信不回，我知道这是他要结束了，又想或许他有苦衷？心里一直放不下。

一年多后我参加实习，和带教老师互有好感，但因为他已婚，我也放不下初恋，就断了这份好感，仓促接受了暗恋自己多年的师兄，他对我很好，我很感动却意兴阑珊。后来出现高中学霸对我表白，我说我有男友了，他又吃醋又坚持，后来莫名其妙的和学霸滚了床单（男友都只是亲亲脸颊什么的，都没发展成那样）。然后就成我脚踩两条船了。可能是因为有身体接触，会有点依赖当年的学霸（大家现在都毕业了）。

潜意识里，我还是放不下大叔，对实习带教老师有好感，可能只把师兄和学霸当备胎。我很残忍，很抱歉，但我就是放不下大叔。我该怎么办？

答：你对爱情还处在幼稚阶段，或者说，还没有找到真正的爱情。初恋大叔，已经结束了吧？和带教老师有好感，因为他已婚断了感情，是对的选择。接受师兄，但你不爱他，所以意兴阑珊乃人之本性。高中学霸只是触动了你情欲的机关。对爱情游离不定，是因为你还不够沉稳。放不下大叔，其实只是因为你还没有找到真爱的那一个，因为得不到，所以大叔成了你心中的标杆和神往。随着年纪的增长，阅历的增加，自然会淡去。就把大叔安放在心中最温暖的那个角落吧。

3 拖延症是害怕改变的根源之一

A 问：幸知你好！最近我一直很苦恼，可能患了性瘾症，以前是跟不认识的人一夜情，发展到现在跟同学。尽管我心里很清楚，他们拿我都当玩物，没有感情，可是我还是去了，事后又非常后悔。

为此老公跟我闹过离婚，最后由于孩子的原因，才勉强答应不离，尽管如此，我还是改不了！怎么办？

老公长期不在家，公婆对我又不好，加上两个孩子需要我照顾，还要上班，压抑的时候就会情不自禁地想找人约炮，来发泄。我想收手，可是我停不下来，这样下去，对孩子、对老公，带来的，可以说是灭顶之灾。我真的很苦恼，我该怎么办？其实一开始，我是想找个固定的长期的情人，可是后来发现，没有一个人真心对我，可我还是忍不住想试试。现如今，我已从一个良家妇女沦落成一个没有自尊的放荡女人了。我该怎么办？

B 问：幸知老师，您好。听了您的建议，我想改变，可是我什么也不愿意做，感觉做什么都没心思。不瞒您说，我的社交圈非常小，我不喜欢和别人交流。不如自己的人我觉得看不上，比自己强的人又觉得人家看不上我。我最近在看佛教的东西，知道这一切其实都是因为我自己本身是这样的人，所以才会把别人也想成这样。我今天把自己的经历写出来，也是希望可以给和我有类似经历的女孩一个警示，我知道那种撕心裂肺、生不如死的感觉，不愿她们再重蹈我的覆辙，20 岁的女孩是最美的，怎么能沉浸在悲痛中呢？

答：对咨询者 A 来说，性成了逃避痛苦生活的工具。除了沦陷在性生活当中，她没有动力去解决一件又一件的事情。老公不在、公婆不好、孩子需要照顾、工作还有烦恼，事事纠结，拖沓着没有意愿去改变。她想改变，却心甘情愿的在"灭顶之灾"中沦陷。为什么？

对咨询者 B 来说，"每天都行尸走肉、什么也不愿意做"的她，一直心甘情愿的在拖延"陷入失恋"的时间。生活中只有一个男人，而这个男人已然和她分手，但她却沉浸在痛苦中不愿意出来。这种"享受痛苦"的状态，如果只持续短暂的时间，对生活并没有太多影响，但如果一直保持孤独、不愿意进入新的社交圈，这才是 20 岁女孩面临的真正灾难。

心理学用语中，有个词叫"拖延症"。相信很多人都有这种毛病：明明隔天就要考试，今天却还在整理书桌而不想念书；截止日就在眼前，却还在逛网站消耗时间。这样的拖延行为很寻常，往往出现在对于做出某项决定或某件事感到焦虑或有压力时。

有拖延症的人，害怕失败，不容许自己出任何差错，以致许多想法仅止于空想，必须花费很长时间才能将想法付诸行动。生怕最终结果无法完美呈现的恐惧与担忧，让他们常会放大眼前的课题或任务。人类原本就有回避或忽略压力的本能，有拖延症的人每次只要接到任务，就会不断做其他事或以拖延甚至睡觉来逃避现实。

其实在爱情中，我们很多人，又何尝不是拖延症患者？明明知道丈夫家暴有"小三"，明明知道自己在婚姻中过得并不幸福，却拖延着，让步再让步，容忍再容忍，不愿意做出离婚的选择。因为害怕自己离婚后一样找不到好男人，害怕离婚后没有条件养孩子。于是，向周围人倾诉，向我咨询，一次次不满，一次次发泄，却拖延着不愿意改变习惯，下决心重新开始。其实本质上，是她们习惯拖延，恐惧失败，害怕冒险，不愿意换个环境重新开始。问题很多，一边焦虑，一边集中堆砌搁置，放任自己深陷其中不可自拔。即使被迫做出选择，却再次跟我咨询，反悔、害怕，问我怎么办？

作为情感咨询师，有时我也颇感无奈，我能给你正确而又积极的建议，给你改变的方法，给你安排疗程，但是作为咨询者的你，在听爽了浑身充满劲头准备积极改变以后，一定要有延续配合的意愿。而不是发泄一次，明天醒来，又回到初始状态。至少，要比初始状态好那么一点点，那就开始成功了。

4 偷欢是一种毒药

问：我是一个35岁的已婚女人，暂时没孩子。老公踏实本分但很木讷不爱说话，不懂浪漫从来不会说好听的。现在我爱上了同办公室的一个小我十岁的男孩，他很会哄女人，会说甜言蜜语，会浪漫。我很爱他但他不能跟我结婚，他现在没女朋友只想和我做情人，自从发生关系后他越来越不在乎我了，想忘了他却忘不了，我很痛苦。没认识他之前我和老公感情也不好，也是凑合过。但现在更不好了，总是烦，总想那男孩的好，觉得我老公不好，感觉老公不男人，别人都说我老公人不错，劝我要个孩子就稳定了，我怕离婚不敢要。其实老公很有责任感，就是不太爱在外面表现，没男人味。我不知道怎么处理和那男孩的关系，和老公该不该继续过，心里很矛盾很痛苦。

答：你和那个男孩就是情人关系，他对你的在乎就局限于情人或者炮友关系，不可能有超出这方面的在乎。已婚的你内心应该特别明白。因为他的出现，所以觉得老公不好。婚姻终究是务实而有责任感在先的。你没有把握好自己的角色定位，那个男孩不可能给你婚姻，不可能给你稳定的爱情，既然爱也爱了，选择忘记吧。即使你单身，结局也是一样的。先忘记他，再来想跟老公是否要过下去的事，一件一件地解决。

相信曾经爱你的丈夫，他的性格始终如一，没有改变。浪漫是一种毒药，刹那芳华，你也得不到永恒不是？至少这个男孩没有表示。

想忘了他却忘不了是很正常的，因为根本没有什么契机使你"放下"，一面是你觉得无趣又踏实可靠的老公，一面是浪漫多情的情人，而且两个人相安无事，你根本没有现实层面的烦恼。像你现在这样既有着安稳的家庭又有浪漫的爱情，怎么可能无缘无故放下？

主要是你看着老公嫌他不浪漫，不甘心自己要跟这样的人生活一辈子；看着情人又嫌他不够爱你，不甘心他睡了你又不给你承诺，但是对于这两者你又毫无办法，所以才会这么痛苦，想逼自己做一个了断。说到底，都是心底的欲望和不满足在作祟。

戒掉感情的毒，让自己奔波忙碌起来，过一段时间回头，自然会有新的想法和清晰的选择。否则，你只有"作"到心力耗尽，才会放下。

第二节 男人是"用下半身思考的动物"？

因为我爱你，所以想跟你上床。但是，我想跟你上床，并不代表我爱你。不过为了跟你上床，我可以说无数关于爱你的情话，包括"我对你负责"。爱你，所以想要你，是充分不必要条件。

因为我爱你，所以想跟你上床。但是，我一直一直都上不了你的床，慢慢的就失去了爱你的兴趣。如果你也一样爱我，为什么就不愿意跟我上床？说明你——不够爱我。

以上，是男人的潜台词。

多少男女隐晦的分手，源于对性期望的不对等。女人心里想着：既然你爱我，你就要等我，你就要暂时放下你的欲望，让我们发乎情止乎礼；或者我给你那么一点点甜头，咱们来点儿边缘性关系。一旦合适的时间出现，性的发生就是必然的，为什么你就是不愿意等等我？如果你那么迫不及待，是不是意味着你上过床了、尝过鲜了，对我就没有那么好了？

对很多女性而言，发生性关系，是一道爱情的分水岭：穿越阴道的男人，会抵达自己的内心深处。既然如此，女人自然会在清晨醒来有着更深层的要求和期待。可是，男人却还是那个男人，甚至是一个在情感上更加怠慢、把性爱变成日常生活、对你丧失探索欲望的男人。于是，她失望了，怪罪于自己的"奉献"，没有得到应有的尊重和宠爱。

　　对性期待的不对等，恰恰是男权社会的表征，女人把破了那层膜当成一种奉献，而对一些男人而言，得到更多的"献礼"，似乎可以彰显自我的魅力价值，因为"我占有了"，而这种占有，带上了男权时代深刻的烙印。

　　太多父母在教导女儿时，把第一次性看得很重，以及重点放在灌输"不要被男人欺骗"的"警示"上。所谓欺骗，多数时候指的是身体上的。他们害怕"失身"的女儿在婚姻中降低价值。

　　双重价值观夹击下的女性，一方面接受古老的礼仪教诲，一方面觉得这个时代理应顺其自然，两种观念的矛盾冲突下，导致女性朋友们因此无所适从。处女的性欲望如何解决？什么时候交出自己的第一次才是值得的？如何面对男人与自己发生性关系后的离开？把初夜给自己的丈夫，却被怪罪在床上的表现令人失望和无趣怎么办？或者两个人一起等啊等，努力等到双方都觉得合适、可以发生性关系的那一天，却发现没有等来情欲的如期而至，这一刻，是如此尴尬！

　　记住，对于有着男权时代价值取向深刻烙印的男人们来说，谈恋爱第一天就想把女人推倒在床，那是一种本能。而"我会对你负责"其实是一句类似"狼来了"的情话。你想啊，说我爱你，对你负责，那不是情话是什么？是的，我会对你负责，负责一夜的温存。难道男人还会说，我不爱你，我不愿意对你负责，那荷尔蒙氛围还能制造得出吗？

　　如果你还没做好准备，就不要欲擒故纵地为这个男人在午夜留门，给他偷腥的机会又让他百爪挠心。留了门，上了床，男人怎不猴急？连门都留了，床都上了，不发生关系两人不欢而散你怪谁？情到深处你还不自备安全套，怀孕了你怪谁？这个责任你自己负担，不要期望男人会因为你身体受的伤害而承担所有，因为伤害的是你自己的身体！另外，上了床，还扮演纯情少女的戏码，除非是两两相悦的勾引游戏，否则那不是无知是无礼。

 婚前去找他人体验性的男友，是否值得原谅？

问：我和我前男友去年底分手了，原因是他想体验和别的人在一起的感觉。我是他的初恋，我们谈了两年半，本来该结婚了，可是因为那个原因，我们分手了。他说他爱我，只是还想体验，现在他去体验过了，但和别的女孩在一起不久，他就怀念和我一起的时光，他觉得我最适合他。现在他和那个女孩短暂在一起后就分手了，回来挽回我。我心里也还没彻底放下他，可是我身边也有对我特别好的男生，我不知道该怎么办，好纠结。朋友都说，他人品有问题，犯了原则性的错误，不能原谅，可是我居然还有想原谅他的想法，我该怎么办呢？

答：有时候需要野餐一次，才会更加懂得珍惜。他既然选择在结婚前而不是结婚后去体验，并且回来了，挽留你，这也许算不上什么原则性错误。他发现他放不下你，回来后的他也许会更爱你。

很少有人一辈子不精神出轨或者肉体出轨，如果你还爱他，既然他知晓错误，就原谅他，但不允许他犯第二次第三次。对于已成过去的事实，淡然对待。再说身边对你特别好的男生，和他想比，你更爱谁呢？遵从心底的愿望，大胆选择，别让未来的自己后悔。

② 允许男人适当的意淫

问： 幸知老师你好，我有个问题我很困扰，男人为什么看黄片？我老公结婚前就爱看，但我很反感。有段时间他说没啥意思就没再看了。现在孩子快一岁了，那天我突然在他手机里发现有黄片，我觉得很恶心，觉得他很肮脏，不想让他碰我，任何部位都不行。我觉得这是对我的不尊重。

我问过好多人他们都说正常，可我就是不理解也接受不了，看黄片是种什么心理啊？老师，是我不正常吗？

答： 一部分男人和一部分女人喜欢看黄片，不仅是男人。"黄片市场"之所以流行，是有原因的。如果在找小姐和看黄片之间做个选择，你更希望你丈夫选择哪一个？当然你希望是他两个都不选而选择你。

允许男人适当意淫吧，你管得了他的手机，管不了他的思想在飘。没有找第三者而选择"五姑娘"，是他对你尊重的方式。

3 婚姻里适度的容忍精神出轨，让自己不至于陷入臆想的烦恼

问：结婚了，找不回自我。一直苦恼。最近也烦恼多多。新婚一年多他就精神出轨。闹了两三个月后我带着多疑、受伤、低落，依然待他如初。再一年后发现他们居然没断！虽然只是精神出轨，但深爱他的我如何能平静？继续闹，最后放狠话，再发现我直接找她老公。日子继续在多疑中过，现在已经是两年又十个月。最近发现他似乎又跟第二个新目标有些暧昧（都是精神方面的），我已经崩溃多日。无奈啊，我真想问问，我让他如此不堪吗？至于接二连三这样？而且还都是同事。

答：精神出轨你如何鉴定呢？精神出轨你就闹，就放狠话，你老公精神出轨你就找对方老公，苍蝇不叮无缝的蛋，还得先管好自己的老公在先。而且找了对方老公有用吗？你丈夫还会有第二个目标、第三个目标。姑娘，根子在你老公不在别人身上。你把眼光只盯着不知道是否是臆想中的精神出轨不放，或者通过查通话记录、微信聊天得来的捕风捉影，都会让自己身心俱疲。好

老公虽是管起来的，但要适度管，否则又狠又闹，只会把他从精神出轨逼到肉体出轨。我给你的建议是：只要他守好界线，懂得分寸，对你对家庭担得起责任，就一笑置之吧！不要把自己弄得紧张兮兮的，从而把他逼得起了叛逆之心，否则，那才是让自己后悔莫及的。

 ## "处"也许是幸福的起源，但不是幸福的标配

问：我喜欢上了我的姑姑，她跟我家没有亲戚关系，只不过是我的邻居都是她舅舅，姥姥。她也喜欢我，想跟我在一起，她害怕面对这层关系。她知道了我以前的事，她是处女，也没有谈过恋爱，我的以前对她来说有阴影。在我出现之前她联系着一个家里介绍的，都见过双方父母的男的，她经常背着那个男的跟我在一起，我这算是个小三么？她说过，只要我需要她，结了婚，也会经常跟我在一起，这是不是偷情？

她这是什么心理，她说她喜欢我，胜过喜欢那个男的。她之所以愿意跟那个男的结婚，因为那个男的是处男，没有以前。不跟我在一起，因为这层关系，还有我的以前。我该怎么做，她到底想怎么样？她很单纯，害怕别人说她，但是她跟我这种行为，可以用喜欢解释么？她是真心喜欢我，我也是，求帮助。

答：我觉得，你们没有血缘关系就可以。处男处女，不是一个衡量标准。谁没有以前？未来幸福就好。遵从内心的意愿。"处"也许是幸福的起源，但不是幸福的标配。不过，她若跟那个男人结婚，却愿意跟你在一起，这一定是一个幼稚的想法，并且对你们或者她和他之间的爱情也不利。建议在结婚前，解决好你们彼此的关系，来决定你是否应该退出，还是继续好下去，给她"斩立决"的勇气，否则纠结的爱情在婚后会成为家庭灾难。

第三节 没有性的爱，值不值得结婚？

在中国传统观念里，性是一件让人难以启齿的事。一对情侣，在性爱上恰恰能双方合意，仿佛不是一件那么容易的事。绝大部分人，不是因性而爱，而是因爱而性。

在为了性而性的"约炮"中，也涵盖了夫妻性爱关系的一种，夫妻之间把"约"当成了一种常态和例行公事，到了不用交换眼神，更不用交换体位的地步——这既代表着摒弃了夫妻之间的心领神会，又代表着对对方身体再也没有了探索的欲望，到最后，只剩下感官刺激的性，没有了爱。

没有性的爱，其实不是说在两性关系中没有任何性爱的成分，而是指，性爱不够满足双方共同的需求。

夫妻之间为满足需求而妥协，这包括对前戏的探索，一方也许需要，另一方不需要，如何达成和谐？一方需借助性爱用品，另一方视借助性爱用品为夫妻之间的大不敬；一方需求看声色电影，另一方觉得无法接受；一方想要尝试各种招式，另一方觉得是没事找事；一方只顾自己发泄欲望就好，不顾另一方想不想要、是否此时此刻需要，如何达成和谐？

都说夫妻之间沟通很重要，这其中包括性爱。一对夫妻若有良好的性商，一定也是有着良好的彼此尊重和妥协。如果两个人都不需要性，都没有性，这也是一种彼此尊重。如果一方在性上的需要长期得不到满足，那么婚姻也会随之亮起红灯。

性爱不够满足双方共同的需求，但是两个人在其他方面都非常合拍，这时候性的沟通反而更重要。不要害怕沟通，不要羞于表达需求，没有沟通、或者沟通不好可以改善沟通方式，但不能不沟通。只要能沟通，而且可以在需求上协商一致，婚姻就会是幸福的。否则，进入婚姻仍需谨慎。不过对于很多夫妻来说，可能从结婚之后才开始沟通性爱，如果是这样，更要重视它的"地位"。

1 性爱和谐与否，有时候正是夫妻关系的问题所在

问：幸知姐姐您好。我今年25岁了，男朋友28岁，我们相恋三年，同居一年。我不知道现在为什么，跟他 ML 一点感觉也没有，每次都是应付了事。我们还没结婚，因为他家孩子多条件不好，给不了我家要的彩礼钱，所以现在还在同居中。我现在最害怕的就是我们这么不和谐，以后还有一辈子呢，该怎么办才好？他工作很努力很积极，对我也不错，几乎是对我百依百顺。最近一年偶尔我们吵架他会跟我喊几句，我不怪他，因为前段时间我在日记里写了我怀念跟我前男友 ML 的感觉。他就以为我出轨了，但是他没骂我，还异常冷静地问我愿意好好过吗？如果愿意就当什么都没发生，好好过。可是有时候我真的很迷茫，我觉得我们的问题很多，我不知道我能不能跟他结婚，他是否值得我

托付终身？也许有些乱，请您尽量给我点建议，让我别再继续不知所措了。

答： 性爱不和谐，关系难以持续。要么选择出轨，要么选择自慰。这是婚姻中人人都避讳的现实，但它就是夫妻问题的症结所在。

要么两个都是性冷淡，要么干柴碰烈火，如果不和谐，那就选择自己解决。还是受不了，那就分手吧！还是那句话，婚姻中你把什么看得最重要，是钱，是外貌，还是性爱？还是对等的价值观？如果对方能满足你心中的前三要求，那其他的，尽可以退而求其次地磨合。记住，这个世界上没有完美的爱人。

 别拿性来对他提出更多的要求

问： 潘，您好！每次都想向你倾诉我心中的苦恼，却又不知道从何说起……我与我异地恋的男友相恋于高考结束，如今已快四年了。而今年却大吵小吵不断，每次两个人都说尽了狠话，同时也闹过分手，而且不止一次还都是我提出来的。其实我也明白不能总说分手来伤害对方，我不明白我是伤心难过时想让他过来陪我（因为基本上每次吵架过后他都会来我所在的城市看我），还是真的想结束这份感情？因为在每次吵架过程中我怀疑，怀疑他对我的感情。总感觉他说一套做一套，说会让着我，可是做的就是另一套，还是会跟我吵架，吵时说话比我还狠。

而且我心中还有一个疙瘩，就是他每次都说不会勉强我，可是还是会情不自禁，我有告诉他我对于婚前性行为的恐惧，他也能及时刹车。可是这次我才发现，不知道何时我已经成为了他的女人，我就更加的感觉他在欺骗我，我放不下心中每次吵架的疙瘩！现在感觉怀疑胜过了一切，虽然我们也有过甜蜜和感动，在这份感情中感觉我好像处于强势地位，其实我比他更珍惜对方，更想他好，现在感觉心中充满了矛盾与困惑，有时真的感觉我心理是不是有疾病啊，哎！不知道从我絮絮叨叨、毫无章法的叙述中，你是否能了解我的问题，期待与你的对话。

答：你的意思，可能是你们有过性关系，你感受到了恐惧和欺骗？对他的要求也愈多起来，希望对方负责，又害怕他不肯负责。

你已经是成年人了，所以，要懂得男女相处的关系是有的放矢。第一，别把性关系当成让他负责的资本，从而要求他更多。第二，减少对他的要求。其实他看你，是因为他还爱你。你们吵架，说明你们依然相爱。

女人因男人而成熟，男人因女人而长大。相信你们，风雨过后一定是晴天。

③ 不断追求性的刺激，是因为缺乏安全感

问：大学期间爱上了一个同班同学。在一起两年，第一次给了他。分手后抽烟喝酒泡吧，但是除此之外没有堕落。对待学习工作还是一样的态度。不过，感情方面很混乱。再也做不到专心对一个男人了。

男朋友加上一夜情。这些加起来的数字让我觉得好笑。就是不想一个人待着，就是需要一个男的，但是找不到合适的。所以这方面还是一直这样，没有收敛。其实也盼望安定。我该怎么办？

答：你有很大的不安全感，第一次之后就自甘堕落。觉得反正第一次都给了，就有了第二次，有了第二次就有了第三次。渐渐的，就跟吸毒一般，需要不同男人的刺激。

渴望安定，首先是收心、禁欲。对肉欲进行禁闭，同时复苏身体其他的欲望，比如运动和健身的欲望，对美食的欲望，等等。让情感积极向上，工作上亦如是。

吃肉太多的人，需要吃一段时间的素食，来调节生理机能。清心寡欲的生活，有助于你回归正常的生活节奏。然后，再考虑安定。

4 女人因爱而性，男人却要你用性来证明爱

问：幸知您好。我和男朋友谈了两个月，他屡次想发生性关系，我没同意，说太早了，渐渐的感觉感情淡了。他说我不理解他，感觉彼此不理解，就这样折腾了一段时间后就分手了。

答：两个月就发生性关系，在你不同意的情况下就分手，感觉男方有点操之过急。不过不知道你们的年纪，如果过了 25 岁，我能理解一个男人的心态和感受。他觉得你不给他，是不爱他。你觉得，他只想要你，而不等你，是不够爱你。这就是男女双方的不同之处。但是，如果真的相爱，可以找一个彼此能够接纳的临界点。女孩子往往把这个事情一带而过，另外也害怕自己吃亏，但性的定义有很多种，可以找到彼此可以妥协并且接受的方式和时间。另外，确实要擦亮眼睛，找到那个你爱的真命天子。

5 性和谐，价值观相当，是美满婚姻的前提

问：潘老师你好，我今年 26 岁，她 24 岁。我从 3 月追她，4 月约会，5 月底上床。她情绪化严重，控制不住自己的情绪，经常性的突然陷入不高兴，然后不说话，不理我，一不高兴就说分手，这弄得我很郁闷，这样次数多了，让我慢慢地对她感觉淡了。

一方面我看不到希望，一方面是每当我热情地付出时，总得不到回应，或者是得到很冷淡的回应。我和她在一起，有快乐的时候，但似乎烦恼的时候也很多，甚至比快乐更多。

我希望找个互相温暖对方的人，她基本上不会去考虑对方的情绪和感受，只顾自己的，所以我几乎从没有从她那里得到温暖的感觉，有时候会觉得有她没她一个样。她很少主动关心我，是那种让人心暖的关心。可我要是不关心她，那她就不得了了。不知道是她不爱我的原因，还是她本身性格原因，她谈过两次恋爱，但我感觉她跟没谈过一样，没有任何长进。当然她也有很多优点。

我现在在考虑要不要分手，因为我感觉我们最后结婚的可能性不大，一是她对性欲要求高，而我有些早泄，她也说要能满足她；二是我几乎没有感受到过有她这个女朋友而觉得非常温暖、非常美好的时候。我一直想找个能够互相关心的人，而不是我一味的单方面付出却得不到回应。我不知道该怎么做。

答：你这个女朋友还在"公主病"阶段，而你却处于渴望婚姻的时期。她还稚嫩，你却成熟得比较快。性和谐，价值观相当，是美满婚姻的前提。没有谁，能够永远单方面付出。这句话，也送给所有正享受着并天然地认为对方要无条件对自己好的女孩子们。欠下的好，终究是要还的。

Chapter 4

婚姻与忠诚：

能控制欲望的人，
才能让欢愉大于愁苦

第一节 欲望的引诱——
往前一步是出轨，往后一步是花心

　　她有个屡屡出轨的丈夫，她于是一刻不停地"监视"他，弄得自己身心疲惫。丈夫回心转意了，保证了，结果没好三个月，又出轨了，于是她崩溃，不知道是否该离婚，可是又放不下孩子。

　　这样的案例其实屡见不鲜，这样的场景甚是熟悉，却时常重演。

　　对于一个屡屡出轨的男人，出轨已经成了他生活中的一部分，这就像吸食毒品一样，要戒掉，谈何容易。出轨背后，有很多很复杂的成因。但是一纸保证，日日监督，承诺依然靠不住。

　　所以，他出轨其实不是"难以置信"，而是"命中注定"。因为他需要常常找到这种新鲜感，而这样的新鲜感，是他维持、稳定家庭的理由，也许你觉得难以置信，但事实即是如此。在两人的婚姻关系中，他只有用出轨来释放情绪，寻找到偷欢的快乐。

　　这就像我们吃白米饭，然后常常要吃点重口味的食物，比如辣子鸡，你每天吃辣子鸡，不吃白米饭受得了吗？不能，但是偶尔吃，就有新鲜感，然后这白米饭也吃得很开心，出轨对这个男人而言，是一种生活的佐料。

　　那怎么办？出轨的"坏习惯"就无法得到"改正"了吗？还是说女人要睁一只眼闭一只眼，当作没看见呢？还是说离婚就好呢？

　　女人倾向于离婚，因为在这场婚姻中她受到了很大的伤害。

但离婚真的是解决一切问题的关键吗？她试图以离婚为契机，重新开始。她把离婚证书当成是开启新生活的救命稻草，但是并没有想过，真的离婚之后自己要如何生活。她自以为理智地判断了形势，事实上，她根本没有进行过离婚预习。而如何对待这个男人，却是她不管离不离婚都存在的问题。我让她进入预演模式，离婚后的她，依然是孩子的妈妈，而他依然是孩子的爸爸。她爱他，她不可能与他老死不相往来，她甚至还会关心他的生活，关心他未来的女人和家庭。而这，对离婚后的她，依然造成困扰。

遭遇痛苦的我们，都要学会追求新生，但是新生活的临界标准，一定不是一张离婚证书那么简单。离婚了，两个人的关系可能还是需要面对的，离婚了，这场婚姻里没有解决好的问题，极有可能会被带入下一场婚姻当中。

我们不要形式上的新生，而要考虑内心的新生。

对这个妈妈来讲，最好的办法，是改变白米饭的口味，也就是说，重新改变夫妻关系，双方各自以新的角色进入这段婚姻。因为她还是爱他的，而他也并不希望离婚。

她监视着丈夫的手机和QQ，她也不希望"监视"，这不是一件乐事。而不监视，又让她觉得不放心。

她把大量的精力花在"不信任"上，其实她应该明白，他若想出轨，用监视这样的方式，根本阻止不了。他若不想，查也没有意义。每天提心吊胆，是多么辛苦的一件事情啊。可是我们往往在心里明白这个道理，现实中却做不到。

花大量的时间、把人生的支柱都放在他身上，一旦这个支柱失去，只能是感到崩溃。她应该学着给自己的人生树立更多的支柱，而不仅仅是他一个。而目前，她把所有"兴趣"都放在了管理丈夫身上，而忽视了其他能得到快乐的人生支柱。这样的管理，如果没有得到长久可观的回报，一定会受到很大的伤害，因为她没有在这个管理的过程中得到成就感。

怎么办呢？找到其他兴趣源。在其他事情上找到乐趣与成就感，每天都很欢欣鼓舞地回家跟丈夫分享成就与进步，他就不会觉得这个婚姻像一个被守住的牢笼，他看到的是一个积极乐观、不断进步的她，而不是一个消极每天监视着他的她。他在家中会不断感受到新鲜感，而这些新鲜感，抵消了他出轨带来的新鲜感。

另外，在一段好的夫妻关系中，一定不是一个人查另一个人。查他，让他有紧张感，他聊完总想着第一时间删除，这样反而刺激了他聊天的愿望，因为这就像偷欢。

每对朋友，夫妻，都要互相留有一定的空间和隐私，无条件无保留的夫妻，也丧失着对对方的新鲜感。无论他是个什么样的男人，如果你还希望这段婚姻存续，就要选择相信他，这比不信任他要来的好。如果不信任他，他还是会出轨，你信任他，他出轨之心不会比你不信任时来得更强烈。

常常谈心，彼此信任，分享快乐，在双方都有意愿交流的前提下，婚姻的质量也会不断提高。

① 有钱男人更花心，没钱男人才靠谱？

问：你好，从今年的"五一"开始，我偶然间发现老公先后和两个女人发短信，搞暧昧，我接受不了，带着三岁的孩子回家，等着他回来离婚。结果他带着他爸妈，到我家，当着两家家长的面，给我爸妈下跪求我爸妈原谅。

我以为他会改，我选择给他最后一次机会，可是没有想到就在今天，我又发现他和另一个女人偷偷联系，我不知道是谁，通话记录和短信都被他删了，在我的逼问下，他说是前段时间吃饭认识的。

我真的不明白他为什么要一直这样，为什么有老婆有孩子还要这样不安分，他家那么穷我都不在乎，房子什么都没有我都不在乎，我只希望他能一心一意对待我，为什么就那么难呢？我好伤心，我不知道该怎么办。我想到了离婚，我想解脱。爱他爱得太累了，没有一点安全感！

答：很多女人跟你一样，犯了一个逻辑错误，觉得有钱的男人更容易花心，没钱的男人看着更靠谱。或者换个方式想：他那么穷，房子都没有，家庭条件又不咋地，我那么爱他，他居然还出轨！太不能容忍了！他凭什么出轨？

花心不是有钱人的专利。穷人未必就比有钱人专一。他不会因为你对她足够好而变得不花心。偷腥是一种惯性病，有人有这种病根在，他就总得治！你对他足够好，也许可以减少他治疗的次数，却不能放弃对他的治疗。另外，治疗也不能太过，你越逼迫他，他就越往外跑，男人不能不管，但也不能管得太紧。

我能理解你的伤心，但是你得考虑好，离婚是不是真的是一种解脱，离婚之后的生活是否比现在要好，还是一时情绪发泄？如果是后者，坐下来把问题解决掉，而不是动不动就带着三岁孩子回娘家。

你要调节好自己对他的期望，这个毛病，他也许还会再犯。你得学会改变自己，不要为他那么伤心，同时管好家里的钱袋子，让他想偷腥也没那么容易。

我能理解你看到他跟别人暧昧时心里的愤怒和不平衡，但这只跟他的做法有关，不要拿他有什么没什么来做比较。

你不在乎他穷，不在乎他没有房子，但是希望他一心一意地对你，这其实是两码事。你是否愿意和这个"什么都没有"的男人过下去是你自己的选择，而他是否花心是他自己的特质。他的"一心一意"并不能靠你忍受"穷"换来，有些东西不能拿来"交换"。

他安不安分和有没有老婆孩子没关系，也跟这人本身的条件没有关系。每个人的情况要具体分析，不要想当然的就给对方贴上标签。这么说也许很现实，但却是事实。所以，如果你真的想解决这个问题，那么必须面对现实，现实就是他在跟别人暧昧，而且可能难以改变。

所以你要慎重考虑一下，如果他一直是这样，但只是暧昧并不出轨，你是否能够允许？如果他发展到更加恶劣的地步时，你是否有决心（有条件）离婚？先搞清楚自己的底线在哪儿，然后再来采取相应的措施。

 思想出轨是福，身体出轨是祸

问：幸知你好，我今年 27 岁，有个帅气的老公和一个两岁大的可爱女宝，目前在我们本地一家事业单位上班。按理说这样的家庭我应该觉得幸福和满足了，可是一直以来在我身上最大的问题，是连我老公也不知道的，我很花心！我喜欢上我单位一个长得很帅的已婚男人，并且他也似乎对我有好感，我们就这样暧昧着，并没越轨，我心里有愧疚感，但是又忍不住想和他暧昧！

其实这已经不是第一次了，从最早我谈第一个男朋友开始，我就在和他谈的同时，前后爱上了两个帅哥，并且在当时有过不顾男朋友的感受立马飞奔到那两个帅哥身边的情形。虽然最后没和他们之中的任何一个在一起，而且当时的男朋友是我这辈子对我最好的男人，也是我认为长得最不好看的男人！我承认我是爱帅哥，可是我老公长得够帅了，为什么我还是会老毛病又犯了？有时候我真觉得自己很贱，根本就没有专一这个词在我身体里，难道是遗传吗？忘了说我是单亲家庭，爸妈在我八岁的时候就离婚了，原因是我爸外遇了，结果那女人做了我后妈一直到现在！是否我的花心遗传自我老爸的？

真的很讨厌这样的自己，现在最担心的是怕我控制不住自己的感情，会越陷越深，做出错误的事来，因为我发现我每天最开心的事就是看见单位里的帅哥，和他说话！辛知，求你一定要帮帮我，有没什么办法根治我？

答：你以为你爱男人的美貌，所以你拒绝了男人的专一。你以为你找到了一个专一又美貌的男人，结果发现，面对不同美貌的男子，你内心深处依然涌动着出轨的欲望。

"我爸外遇了，结果那女人做了我后妈一直到现在！"不知道亲生母亲有没有对你有足够的关怀，只言片语中，我看到，即使过了19年，你内心依然想跟"后妈"抗争：作为"小三"，她凭什么上位，而且一上位就是19年？

你多情而"出轨"，反映了你内心世界的挣扎。也许，你内心的潜台词是：爱很多男人，就不会只为一个男人神伤。你会因为"博爱"而获得足够的安全感。

你用无所顾忌的爱人方式，来完成抵抗，成就一个胜者的姿态，至少不像你亲生母亲那样弱小，被男人摆布。而事实上，内心深处的价值观又教育你，不应该这样，这不是一个好女人所应该应对的方式，所以你停留在思想出轨而非身体出轨阶段。你想掐灭爱意的火花，可能吗？你越想掐灭，越让自己不去想，越陷入疯狂去想的境地。

女人也喜欢美好的事物，喜欢跟帅哥说话、想跟他们在一起，不是什么非要根治的病。没人规定结婚以后就得唯男人和孩子马首是瞻，但请责任自负。婚内责任和婚外责任，想平衡不是一件容易的事情。要出轨，自度量，这就是一次山顶之间踩高跷的游戏。所以，你懂的。放平心态，你今天对他爱意泛滥，明天又会换了一个值得幻想的男子。这叫白日梦。

思想出轨是福，身体出轨是祸，尤其要注意的是小城市的职场性关系，一时欢爱是错，纠缠不清是错上加错。把握不准，爱情事业双失。能掌控欲望的人，才能让欢愉大于愁苦。有尺度的掌控爱，才能游刃有余地成为人生赢家。金钱是这样，爱情更是这样。一旦不懂得驾驭，让身体感官迷失其中，沉醉于片刻欢愉，最后的你一定会一败涂地。

③ 别用知己这样冠冕堂皇的借口，来成全自己的小三行为

问：幸知，我今年27岁了，老公今年26。我们有两个小孩。老公比我小一点，不成熟很孩子气，没有为人父和当老公的责任感，但他对我是很好、特别好的那种。

可是我背叛他了，迷上了一个40岁的老板。我们说好当情

人，偶尔相聚一起。面对老公我很难过，可我很难自拔。

老公动不动就发小孩脾气，吵架了就摔东西，我们之间性也不和谐。一起七年了，从来不知道什么叫高潮。其实我也很爱老公的，但是呢，总觉得自己像个姐姐，照顾他跟照顾孩子一样。

我知道老板他不会为了我离婚，我也不会为了他离婚。他是一个特别有钱、有责任的男人。我们之间是属于情人的知己，只是逾越了知己的界限。我该怎么办？

答：很多傻女孩都跟你一样。你以为 40 岁的老板跟一个 27 岁的女人之间，是知己吗？他是会向你倾诉，向你倾诉家庭的无助，朋友的不良，看起来你会替他分忧。你只要浅浅地笑一笑，在那一刻，就是他的整个世界。他因你而放松。你爱他，爱他的有钱、有责任，你以为你成了他的知己，其实他不过是俘虏了你的阴道而已。他顺理成章地通向了你心灵的大门，让你体会到从未有过的性爱激情。事实上，知己？不过是片刻樱花，销魂刹那而已。

别傻了，你们只是情人，只是性伴侣，根本不可能成为知己。你用知己这样冠冕堂皇的借口，来成全自己的小三行为。看，我是爱他的，他是懂我的，这就够了。

这个时候家里的那个男人，即使千好万好，也会被你挑出各种毛病，比如，不像个父亲，不像个老公，不成熟孩子气。可是你呢，像个成熟的母亲吗？

让你难以自拔的，是他的身份，他的金钱，一刻偷欢带来的身体欢愉，还有释放的多巴胺。你以为他真的成熟吗？也许在家里，他比你丈夫还不管家庭，还不善待他自己的妻子。你以为他有责任是吗？他有责任就不会常常偷腥。

所有小三都会给出自以为是的傻理由，帮自己开脱罪名。你能掌控好一石两鸟的爱情吗？你能保证，哪一天你不会有僭越之想，希望他升你为正室？你能保证，他不会有下一个情人，然后爽快地离开你吗？

最后老板厌倦你，老公离开你，孩子远离你。这个最坏的结局，不是没有可能。趁它到来之前，赶紧收手。高潮也有过了，出轨也足够了，趁现在还是最好的年景，记得离开。否则一夜风雨，醒来花落，你的世界翻天覆地。到时候，欲哭无泪。

4 面对婚姻中的搅局者，你回应了、对峙了、痛苦了，你就入套了

问：幸知，我和老公结婚快两年了，最近从他前前女友的微博上得知老公刚结婚那段时间跟我吵架后会打电话给她，她的原话是"你都不知道人家打了多少次电话诉说你们婚姻的不幸"，她还未婚，我后来跟老公对质，他说她和他都打过给对方。既然如此，那个女人为什么还在我面前说让我管好自己的人别去影响

她的生活呢？但是刚结婚那时我也收到过好几次她主动发信息和打电话给我老公的。为什么她要说出这么矛盾的话？

还有，我问了别的异性，他说是因为我老公觉得我没那个女人好所以才联系人家，我觉得不尽然。我是个好女人，好妈妈，除了脾气不太好，还有平时用钱也节俭。可是我始终不明白为什么我老公那时候跟她说我们婚后的事情，之前说过很多次不准联系，他也保证了，那段时间还是偷偷摸摸联系。那女的在我们婚前一个月还约我老公见了面！我觉得她就是故意的！老公说有五六次。

好困惑好痛苦，这一直是我的心结。实在搞不懂了，很累。虽然事情过去了，但是我心里想起来还是浑身冒火。怎么破？她到底怎么想的？我老公那时候又是怎么想的？那么催着我结婚，说爱我、求我给他生孩子的人，怎么还能继续跟前任联系呢？虽然他觉得他们可以做朋友，但我一直觉得那女的居心不良：她说过她过不好也不会让我老公过好的，因为当时老公甩了她，因为她跟别的男人关系说不清。虽然事后老公很后悔也求她回头，毕竟是第一次真正谈恋爱的人，最终两个人在对方有意的时候都无意，还是错过了。那女的说他们是5年前的事了，那女的还叫我远离她的生活，因为我在微博上骂她了，那两年前她还跟他联系不是犯贱吗？

答： 这个姑娘无论说什么，做什么，她唯一的理由是：不想让婚姻中的你幸福。面对这样的搅局者，你回应了，对峙了，痛苦了，就被她下套了。

你丈夫跟那个女孩子联系，是过去式，你想琢磨出个究竟，是身为女人的好胜心，打破砂锅想问为什么。可是答案并不重要不是吗？自己试着给出答案：第一，就是郎情妾意，你的丈夫一直没有放下她，但是无论如何，他选择了你，你打败了她！第二，女孩子苦苦挽留过你的丈夫，他也曾经在结婚初期迷茫过，毕竟他爱过她，所以确实还会有一些情愫。也许这对初婚的你不公平，但那时候的你并不知情，并且依然甜蜜地走过了那段日子不是吗？相信你的丈夫会对自己的作为怀有内疚。

你的丈夫选择了跟你坦白，就说明他有好好过日子的心。你是一个好女人，是一个好妈妈，要想给你们的婚姻保鲜，就不要把过去他犯下的错误带到现在相爱的情境里。否则，带着困惑痛苦、浑身冒火的你，纠结于一探究竟的你，也许会成为口舌与道德上的胜利者，却成了婚姻与家庭的出局者。

这种情况，并非你所愿，不是吗？

第二节 做了情人就要有接受不幸的觉悟

有一位咨询者问我："老师，他出轨（精神出轨）了，我还能信任他吗？他昨天有个妹妹，今天有个妹妹，明天再有个妹妹呢？"他出过轨，是不是证明本质是坏的？如果一个人本质就是坏的，那他未来还会出轨，那么我现在的忍耐有意义吗？是不是早点离开比较好呢？

她不断地给他施压，逼他，因为是他犯错误了，理所当然应该低下头颅道歉，她再来裁定，那么我原谅你一次。只有这样，在他面前扮演有自尊的王，她才舒坦。可他偏不，他不说话，也不承认错误，甚至不跟她沟通。他说，我不愿意跟你交流，有负担，我不如跟那个妹妹交流。我跟她没什么，但是你一步一步把我逼到她身边。在她那里，我才有安全感。

他和她，都是极其没有安全感的两个人。她也曾经是他的一个妹妹，当他感情出问题时，外面的妹妹就成了一把寄托安全感的尚方宝剑，他留着她，逃避已有情感中的痛苦。然后外面的妹妹，成了自己的妻子。而今跟妻子再出问题，那么再找一个妹妹吧。

她的不安全感，来自她情感的全部寄托。如果他的本质就是坏的，那我为什么要压抑自己来挽回感情？这就像两国谈判，如果求和只是短暂的，最终还要你死我活地打一仗，那何必委曲求全地求和？可是，未来我们无法预料。求和的当下，你能预料到未来的兵刃相见？我们所有人最终都逃离不了死亡，所以这辈子不如不过？

她把当下放大成了永恒，所以陷入了恶性循环的圈套。她非常非常恐惧，"微小"的事情都可以放大到一辈子那么恒久远。她不断地思考，恐惧感就会填满她的空间。比如，如果我跟他继续在一起，他的本质就是坏的，那我为什么委屈自己？于是她不断地去追问他的本质，而本质本身就是一个无解的命题。就像是陷入对宇宙的思考，越思考越恐慌，越想碰到一个边界，却给自己设了限。最后还是没有答案。

她也试图做一些修正，比如减少期待感，比如迫使自己去想，离婚不离婚也是没有关系的。当她开始这么想、这么做的时候，她发现两个人的关系竟然出现了微妙的调和。于是她重新又有了期待，有了希望，又开始逼迫丈夫，关系又变得糟糕。而事实上，这个时候的夫妻关系，恰恰应该是"无为而治"啊。无为而治，才不会陷入夫妻关系的恶性循环。

把"微小"的事情放大到无穷尽——当然这里说的"微小"是相对的。也许我们都经历过这样的少女时代。很小的时候，母亲就是天，没有她，生活不知道如何继续，她就是我们生活下去的理由。长大了，也许对很多人来说，高考就是天，如果没有考过，意味着命运的急剧扭转。当然现在早已不是这样的时代。工作了，失去这份体制内的工作，就意味着人生完结吗？相信很多人都会坦然说不是。

成长就是这样，不是非此即彼唯一选择，还有很多曲径通幽的可能。成年也是，人生有着很多丰富多彩的支柱，而不是把所有的宝押在离婚或者不离婚上，离婚了，迎接你的不是全新的桃花源，不离婚也不代表非要"忍耐"一辈子。

丈夫不是我们的天。我们的天空，是由很多颜色组成的。女性真正的成年，意味着足以去承担很多重要的社会角色，也许是母亲，也许是好职员，也许是图书爱好协会的成员……虽然有些角色很重要，但失去任何一个角色，不意味着人生幻灭。很多角色，也可以失而复得。专家可以带给你的是让你不断追问你的内心，引领你跳出婚姻去看婚姻本身，引领你跳出职业去看职业本身。当你的魂魄在更高一层向你的肉身招手的时候，你和自己又一次在新的阶层灵肉相遇；当你去俯视现在这个阶段的时候，你会发现，你曾经遇到的终极困惑，不过是被你放大的困惑。当然，你有可能会遇到新的问题，然后再一次去俯视它，解决它。这是再一次战胜自我、完善生命的过程。

我跟她说，你就像是种一棵树的小孩。你怀着美好的期望种下了树苗，然后发现遭遇了虫害。虽然买了防虫剂，但是发生了第二次虫害。这时候，你拼命地想，如果我再买杀虫剂，杀了这次虫害，会不会还有第三次第四次虫害？如果遇到风暴刮跑树苗呢？如果三年后，果树就要结果，但是来了一场洪水冲走了它呢？如果我预计到三年后的洪水，是不是应该从现在开始就放弃种这棵树更好呢？找一棵没有虫害的爱情树，重新经营。可是重新经营，难道就不会遇到其他的可能？比如三年后，果实被人偷走了？

在恐惧中，这棵爱情树会不断地饱经创伤，因为你已经不信任它，不那么呵护它了。而其实，你在生命里看到的应该是一个果园，除了爱情树，还有亲情树，友情树，其他很多很多的树。几年后，你看到的应该是一座山坡，再过几年，你看到的是一个王国。那么即使真的有一片被洪水刮跑了又如何？你的王国里还有很多不断成长着的资源。这就是你的眼界，它是那么大，那么美。而且，不断地被拓宽。

1 过度解读对方的暧昧，
只会让自己陷入不幸的深渊

问：幸知，你好。我和老公联合开了一家公司，现在是富裕了，但之前穷的时候，因为个性价值观不同，也时有摩擦争吵，甚至打骂，每次都是他占上风才行。这么多年也忍了，去年这个时候遇到了三十年未见的老同学，并与之在微信上沟通，越聊越感觉相见恨晚，有共同语言、共同价值观，后来约了见面，从此陷入了不可自拔的境地。正好又与老公发生公司管理和性格方面的争执，我们就不依不饶地吵架了，这次没有像以前那样忍受，他个性很强就提出离婚，我就同意了，并且作出很大让步，财产现金方面分三年给，这三年我必须忍着，低调做事才行，所以就造成对我同学的迁就。

他找他妈妈谈了，她妈妈 70 多岁了，思想保守不同意。他怕他妈妈出什么事。其二他儿子高三了，等儿子上大学了他也解脱了，我离婚前他也劝我冷静，但是他说，过了今年年底会处理好的，只是承诺赶不上变化。

我发微信给他，他手机放在家里，被他老婆发现了，把我骂了一通，并且发了一些他以前玩的年轻女生的图片，把我看得火冒三丈。他在菩萨前发誓，他绝对没有和小丫头来往，只是她自己发的，后来也没了来往。他说不要相信他老婆瞎说。

我纠结得很，想放弃又舍不得，也想这几年要不就这样处处再说，我顺便也再找找合适的那个他。

但是我还是很痛苦，觉得为了他的出现而离婚，真不值得。可是真很爱他，就这样纠结着。我和我老公多年没同房，他说我不是小姑娘，跟我没有感觉了，就是左手摸右手了，我很生气这也是离婚的主要因素，直至遇到他，以为他与前夫不一样，谁知天下乌鸦一般黑，伤心！

答：两个人的婚姻，个性未必一致，价值观必须趋同。我能理解你的忍让，其实这么多年，你和他，也不是真的忍让，也吵架，只是让他占了上风，心理却是极不平衡。这一次，因为有个相见恨晚的老同学，你相爱恨晚，这成了你们俩分崩离析的导火素：你觉得，你和他，终于过够了！老同学成了你们分手的催化剂，你只想着速度分手，而忘记了争取婚姻中最大的权益。其实这一段感情和下一段感情，原本是两回事，不能撕扯在一起。

承诺，只是一种道德约束，何况他只说"今年年底会处理好"，也并没有对你有先离婚后结婚的承诺。只是你过度地解读了这份暧昧，才有"为他出现而离婚"的错觉。事实上，任何感情的开始与终结，都是你自己的选择，没有为谁，只有你自己才能为自己的选择承担责任。

另外，任何一份爱情，都要建立在信任的基础上。你的爱情经不起他妻子"挑拨"，几张图片就把你们杀得片瓦不留。这反过来看，你的爱情是多么脆弱！他也未必是值得信任的那个男人。感情里的各种问题，都是有问题马上解决，而不是集合到不可收拾的地步。更不是用争吵去解决的。

好好爱自己，提高情商，你终会等到值得爱的男人。真正的爱情里，没有不依不饶，只有相互妥协，才能达成一段关系的双赢。

② 陷入第三者的局成了渣男的备胎，怎么破？

问：我是单亲妈妈，离婚两年，5岁的女儿由我带，住在娘家。我爱上了有妇之夫，我们在一起来往半年，她老婆知道我，经常发短信骂我，骂一些难听的话。就在昨天，她老婆在我娘家门口、墙上泼了很多油漆，我和我爸擦了，她还给我发短信说，爷俩擦得挺快的。我快气疯了，我把他叫出来，想让他老婆也过来，有什么我们说清楚，别在我娘家门口惹事。但他没叫他老婆出来，其实，我也不知道叫他老婆来说什么，只是一肚子火。最后我打他了，嘴角都流血了，他没还手，一直在给我道歉。说对不起，让我们都冷静一下，说实话，放不下他。他老婆很任性，他们感情不是很好，他告诉过我。语言表达不是很好，见谅。他老婆的所作所为，我真咽不下这口气。

答：第一，他老婆的所作所为一定是有问题的，无论如何，她不能在你娘家门口闹事。三个人的问题局限在三个人中解决。下次遇到这样的问题，留着证据调解。你打那男人自然也是不对的。我能理解你的窝火，也能理解他妻子的难过，这种事情，男人是中间人，他必须得协调。

另外，他们感情那么不好，这个男人也没离婚选择你啊。你们能在一起半年，他也没说让你上位，正儿八经对你负责任。咽不下这口气，也是你自己非要陷入这个局。如果他一没提离婚，二没想对你负责任，只是天天跟你诉苦寻求慰藉，这样的备胎不做也罢，还做得窝囊，顺带让家人都不舒坦。

③ 一位聪明的妻子把小三当成了干女儿，化解了三个人的危机

问：幸知你好。我爱上实验室的导师，并与他保持了一年多的关系。我不满现状，经常和他吵架，他妻子从手机里发现了我们的故事。她也是我们学校的老师，跟我长聊之后，觉得我可怜，一个人离家千里的，跟我做起了朋友。

她经常陪我吃饭、逛街、看电影、旅游，甚至陪我去外地考博，当然，自从跟她接触后，我就再没和他见过面。

另外，换位思考一下，她的老公不再纯洁，还要和抢自己丈夫的我处处容忍，对我特别好，几乎百依百顺，总以干妈自居，

还让我以她为鉴，以后要看准人。我一直想不明白，为什么她会对我、对他，如此宽容。

可我偏偏放不下他，一想到我心心念念的人，竟然睡在这个没学历、没品味、身材严重走样的主妇身边，我就百爪挠心！博士考试还没出结果，但年前我就找好了工作，总有人给我介绍男朋友，可我心里爱着他，觉得看谁都不顺眼。幸知，她就不觉得老公被别人睡了很恶心吗？她天天拉着我的时候就不心烦？我怎么才能放下他呢？

答： 她是一个聪明的妻子。在她的内心，一方面希望挽回家庭，一方面想把你从小三的边缘拉回来。你看，无论你多么放不下他，后来你也没见过他不是？

你放不下他，你百爪挠心，你不能理解她，那是因为你年轻。永远不可能有"纯洁"的老公——你能保证你以后的男朋友或者老公是个处子，并且一辈子不精神出轨、肉体出轨，只对你一人好吗？就算有，反过来，用你所谓的想法，他会不会认为现在的你不够纯洁呢？再换个角度，你揣度"她就不觉得老公被别人睡了很恶心吗"，你为什么不想想，一个成天跟一个"没学历、没品味、身材严重走样的主妇"睡觉只是偶尔偷偷出轨，甚至没有勇气为了你离婚跟你在一起的男人，是不是也很恶心？

每个女人天生都是有人爱的，无论她有没有学历，身材如何，她有她独到的魅力，也许她顾家对孩子好，体谅人等等，才会让他如此地放不下她。你不该再爱他了，放下他吧！否则只会对你自己造成严重的干扰。

你会找到一个人，在你面容衰老、身材走样的年纪，他依然非常爱你，守着你直到天荒地老。

维系婚姻的如是激情，激情总有一天会消退

问：你好，潘姐姐。我和妻子结婚两年，生有一儿子，现在十个半月。今年年初因为媳妇生孩子坐月子，媳妇儿与母亲闹矛盾，加之我们结婚时间短，感情基础薄，一度产生很大的分歧。渐渐疏远。

期间我认识了一个老家的女同学，她研究生毕业，现在也在北京工作，她人品好、生活积极乐观、思想开明、兴趣爱好广泛，极度吸引我。逐渐我们坠入了爱河。但是她不知道我有家庭，我是真心爱她。期间几次想分手，怕伤害她，终究没能下定决心。

今年十月，事情败落，与媳妇那边一直闹着离婚，但是还没离。这边女友虽然知道，伤心欲绝，但还想跟我过日子。我很困惑，不知道该怎么办了。是坚守婚姻还是坚持爱情，想请您帮忙。

答：时光回到两年前，这个老家的女同学可能就是你妻子那时的模样。生活积极、思想开明、兴趣广泛，否则你也不会爱她

不是？更不会结婚生子。也许跟老家的女同学相比，妻子学历、相貌看起来都比不上人家，但毕竟一同经历风雨，爱够了，但孩子在，亲情在，一家人融洽地在一起是不是更好？

维系婚姻的，不是激情，因为激情总有一天会消退。我相信此刻你的妻子悲痛欲绝。离婚以后，你觉得你真能快乐吗？一边是需要负责的孩子，一边是无法全心全意给予爱和家庭的女友。你和新女友的激情，也会有一天从巅峰回落，最后回归的还是柴米油盐，站在你女友的立场想想，她愿意你和现在这个家庭藕断丝连吗？可你放得下心爱的孩子吗？你们还是会进入婚姻？会有孩子？几年以后爱情还是会回归平淡。

在你们柏拉图式相爱的时候，什么都是美好的，女友也不顾忌你有家有孩子，还要和你过日子。但是现实不会如愿，爱情可以穿越时空，但婚姻就是要准确的时间、准确的地点、准确的抵达。时间不对，地点不对，只能一时快乐，无法恒久远。

放弃她，追回你的妻子，就让这成为一个插曲吧。这对两个她，对你，都是好的。

5 依附男人而活的第三者，只会越活越丧失人的尊严

问：幸知，你好，我现在痛不欲生，很困惑。我爱上了一个

已婚男，生了一个孩子，现在孩子和我都是他养。我以前也是白领，收入不错，工作体面，我是他的客户，相爱的滋味很快乐，原本我只是想享受一下恋爱的感觉，却丢了自己的心。

他很敬他老婆，他外面怎么玩他老婆都当作不知道。原本我想就这样过下去吧，为了孩子，可现在他和他的员工竟然发生了关系，跟我解释说只是利用她。我和那个女孩子打电话，她嚣张地说："我就是和他一起了，她老婆都不管，你凭什么管？"

我现在看着孩子的睡脸，真的不知道该怎么办？幸知求你告诉我，我真的快死了。

答："原本我只是想享受一下恋爱的感觉，却丢了自己的心"，这是一错。"她嚣张地说我就是和他一起了，她老婆都不管，你凭什么管"，这是二错。恋爱甜蜜，可他会永远爱你吗？你为你的冲动付出了代价。他能爱上你，他就能爱上别人。他员工说的没错，身为情人就要守住情人的分寸。因为他只当你是情人，他给你的角色就是短暂的情人。他跟你解释说只是利用她，他当初同样也只是在利用你。认清处境，才能知晓命运。角色跨越，只会带来无尽的痛苦。

情人的命运就是，他可以在一段时间内黏上你，然后抛弃你。这几乎是万变不离其宗的命运，虽然，他是你孩子的爹。这是你们之间的纽带，舍不得、扔不下、爱不能、痛不得，成为一生的羁绊。很多女孩子明知如此，还是义无反顾、飞蛾扑火般为了所谓爱情奔向已婚男的怀抱。犯下的错误必须自己承担。你享受过了，爱情就是过去式，挽回即徒劳。

　　你现在要做的，第一，他怎么做你管不了，也别成为你忧心的来源；第二，孩子的经济由他负责，适当减少你的负担；第三，重新建立自己的人际脉络，不要因为生活，围着他和孩子转，而丧失了自己。想办法独立，一个人过得精彩。依附他而存在，只会让你的未来越来越没有尊严。

⑥ 不用给钱的保姆兼性伴侣，不叫独立叫倒贴

　　问：幸知，我今年26岁，三年前我爱上了一个比我大13岁的已婚男人，我们在一起了。我是一个开朗活泼，经济、思想都非常独立的人，也有一份非常不错的工作，属于当今社会白富美的一种。我说这些是想表达和他在一起只是因为爱，这三年多我没花过他一分钱，也很支持他的工作，而且他老婆忙的时候我还帮他照顾家庭和孩子。我从没想过破坏他的家庭，只要他心里有我就够了。

　　随着年龄的增长，来自家人及朋友对我个人的婚姻，越来越关注、越来越频繁地催促我时，我明白我这样下去不是长久之计，所以在近一年的时间里，在他支持的情况下，我陆续去接触一些异性，试着交往，但存在一个问题——我无法全心投入，总

是心不在焉无所谓，慢慢的我就觉得这个人不合适、那个人不行，坚持一段时间就结束了。我现在很苦恼，我想过正常的恋爱生活，但我无法从现在的感情中抽离，幸知，能帮帮我吗？

答：姑娘，我真的好心疼，一个社会白富美居然心甘情愿沦为已婚男的囚徒。姑娘你知道啥叫爱吗？你这不叫独立，叫倒贴！我如果是个男人也愿意养个"老婆忙的时候也可以帮忙照顾家庭和孩子"的美妞！不用给钱的保姆兼性伴侣啊！连出去谈个恋爱都要他恩准和支持啊！你没缺胳膊断腿，但你思想缺了胳膊断了腿啊！

教你一个好办法抽离现在的感情。你暂时无法检测出"你不再貌美如花他是否依然爱你"，那问他要钱看他是否会爽快给。我知道你不在乎他的钱，但是用钱却能检测一个男人的真心。他若肯将家庭财富的 50% 拿出来拱手送给你，那才叫爱你（我知道有个前提是他有老婆啊）。要不然，你凭什么检测他爱不爱你？别告诉我你爱他就足够。爱一定是双方的，不是单方的。

❼ 情人只消费现在的彼此，
别奢求他会为你改变或负责

问：幸知你好！我有一个情人，对我挺好，我们认识一个月了，在一起两次。我们相距很远，可是在这一个月我们见了三

次，我去他们那个城市出差时，他把我照顾得很好，他来我们这里出差时我也算尽力了。

他什么都没给过我，就像他说的他给不了我什么承诺，但他能办到的已经竭尽全力为我办到。他来我们这里出差，下雨了，他穿得薄，我陪他一起去买衣服，然后他说也要给我买。进店里他老是往椅子上一座，我自己转，我也不知道买什么，总之心都没在衣服上，我也不知道自己在想什么。他在前面坐我在后面试鞋子，他找不到我竟然打电话找我，晕死了。我心里很不是滋味，坚决不再买了，他还说什么过了这个村可没这个店啊。我恼死了，他是不是对我只抱着玩玩的心态呢？我该怎么办？一直觉得我们之间像知己，无话不谈，很快乐，可这件事弄得我心里很不舒服，我该怎么办？

答：既然你说这是情人关系，想必是现实原因左右的。

以结婚为目的的恋爱往往意味着两个人共同改变、磨合；而情人之间的潜台词是：我们只消费现成的彼此，并不为对方改变或负责，因为随时会分开。本来就是玩玩，你要上升到超越情人关系的、不切实际的索求阶段，比如说想百分百拥有他，比如想天天在一起，那只能徒增烦恼。想舒服，要么享受现在，不考虑未来，他有啥做得让你不爽的，直说。当下彼此取悦即可。如果有一方是有家庭的，劝你结束。异地情人，远水解不了近渴。痛苦过后，才能换来新的开始。

第三节 离婚要预演，就像结婚要预习一样

有个姑娘，受不了丈夫出轨，不顾家，决定离婚。去了民政局两次，丈夫下跪，两人又和好如初。丈夫继续出轨，姑娘愤怒，觉得"如果不离婚就永远摆脱不了他消极对待婚姻的态度，如果离婚也许能惊醒他，即使他因此更快地离开我，也算做个了断，不然总是半死不活的吊着。所以我坚持领了离婚证。"

两人虽然离婚了，为了孩子，依然离婚不离家。姑娘继续痛苦，而后迷茫，到底该如何选择。

离婚，一定要预演。就像结婚也要预习一样。它不是一个惩罚措施。"领离婚证"也只是一个法律手段，它能解决财产分割，却不能解决情感等一系列的问题。

这个姑娘，婚是离了，但孩子问题、经济问题、老人问题，这些事情依然千头万绪，依然需要一件件好好处理，还有对未来的规划、子女的教育、自己的事业、未来的情感等等。

离开一桩婚姻，离开一份工作，就真的是桃花源吗？还是等待进入另一个陷阱？里面有着重复的故事与不幸？为什么有这样的面临？就是因为没有在事情发生时有着好好的规划。就是因为逃避，想构筑一个新的桃花源，我们没能"原址重建"。然后又会在同一个陷阱里跌倒。

逃避一定不行，我们要的是直面它的勇气。

另外一点，姑娘一定要告诉并送给自己的男人——关于"精神微小创伤"。

有一种心理创伤叫"精神微小创伤"，是相对于"精神重大创伤"而言的，人们常常觉得唯有"重大创伤"（如地震、火灾、亲人死亡）对人的伤害才是最大的，但实践证明在人遇到重大创伤时，会获得周围所有人的关心和帮助，自己也可以哭闹或做出一些非常态的举动，同时也可以尽情发泄，周围的人很能理解，随着时间的流逝，这种伤害的影响会变得越来越小。"精神微小创伤"指的是那些生活中每天发生的或经常发生的冲突伤害（如亲人间的冷漠、不断抱怨、长时间的看不惯等），这些微小的矛盾一点点累积，一点点升级，这些生活中的小事情说出来又让人觉得不屑一顾或小题大作。长时间的冲突，长时间的伤害，长时间的不被理解，会让人觉得既苦恼又自责，时间长了就会让人受不了，严重的会让人崩溃，往往这些微小的长期的伤害比"重大创伤"的影响还大。如果这些冲突长期得不到解决，冲突就会越积越多，情绪也会不断升级，生气、不满、愤怒、伤心、沮丧、失望，悲观等情绪会伴随出现。

我们谁都不是圣母，丈夫如果不归家，如果沟通不畅，一定要学习沟通的学问，拒绝"精神微小创伤"。

结婚前看清自己的内心，才能收获最好的婚姻

问：幸知您好！关注您很久了，很欣赏您对感情的态度，和剖析问题的视角。说说我吧。我准备和男友结婚了，可是有些事在心里横亘着，又不想结了，29 岁的我已经耗不起，那些事放在心里又很堵，我要怎样说服自己呢？

男友上大学时常被大他九岁的女老师叫去谈心，一来二去，女老师越来越多地告诉他关于她老公有外遇的事，女老师更是在诉苦时流下委屈的泪水，我男友当时很自然地就与她发生了性关系。他们一个月开一次房，这样的关系维持了近三年，直到男友大学毕业。

男友明显爱上了那个生于 70 年代末的女老师，前不久在男友的手机里，我发现了男友思念女老师时写下的文字，他憧憬过能在一起的未来，他深深地爱着她，男友最后在邮件里写道：他等待了这么久，是否还能在一起？

当我发现这封深情的邮件后，我崩溃了，女老师在他们偷情之前已育有一女，他完全知情，为什么还会跟女老师发生关系？最不可思议的是，还动了真感情。

他在我的质问下说了一切，并说他已经忘了过去，但我感觉他根本不可能忘记，偷情的刺激和少妇出轨的那种激情。最近我都在考虑，要不要结婚了，幸知，我深深地了解自己，这件发生在他身上已经算是过去的事，在我这却永远没法过去，我该怎么办？

答：几乎所有的婚外情都是这样的。结婚中的一方对外诉说自己的心酸与泪水，诉说另一半的不理解，去博得第三者的好感，进入他心灵的敏感地带，从而进入他身体的敏感地带。

一个大学女教师与一个年轻男学生，维系了三年开房史。对方一直没离婚吗？他们的浪漫与憧憬，是因为得不到才叫好的心结，如果他们真的愿意或者能够在一起，相信早就"排除万难"在一起了，不是吗？对女教师来说，她明知自己不愿意迈出这一步，却仍要以此维系空虚的心灵。他们是周瑜打黄盖，一个愿打一个愿挨。

我再想纠正你的观念。这个观念很多女孩子都有，就是她那么不堪，为什么我的男友依然会出轨与她在一起？甚至还动了真感情？也许在你心中，她是个70年代的已婚有孩子的"老女人"，你年轻，朝气正好，他却偏偏为她动了真心。

三年了，维系他们的仿佛不只是刹那激情——爱情这种东西，最经不得同类间的比较。别说她是个女教师，有时候洗浴城没文化的小妹，也会让一个男人动好几年真心。如果只是去和她比，来衡量爱情的得失，是贬低了你自己。如果说他依然处于痛苦抉择的阶段，我会劝你离开好好思量再做决定。但是，他已然选择了你。他说他忘记了过去。如果你们之间没别的问题，只有这一个，其他都是你心目中好男人的标准，就原谅他的错误吧。谁没能有过去，也许你提到的刺激和激情已经让他警醒过来，他只是恰好坦白地的告诉了你一切。

在结婚前，一定要用心去确定。他忘不了她，但是已然将她安放在内心深处的角落，就好。试着再相处一段时间再做决定。不要因为你已经 29 岁耗不起的焦躁，让自己做出错误的选择。晚一点结婚，比结婚后难过要好，慎重一些再做抉择，也比焦虑地开始寻找另一个要强。尤其在这个年龄的关头，平心，看清楚自己的内心，才会收获最好的婚姻。

"想离婚"只是逃避现实的借口，用聪明的家庭束缚去挽回他

问：幸知您好，我很痛苦不知道该怎么向你请教。我和他从恋爱到结婚一起走过了 16 年，从一无所有奋斗到买了房和车，其间经历的酸甜苦辣我就不说了，原以为这样的感情会很牢固，所以我一直相信他。可是最近他和一个朋友的朋友（女的）聊微信聊得很暧昧，这个女的我也见过，被我发现后，他苦求我再给他一次机会，我原谅了他。可是他没过几天就又和她联系开了，但不再是聊微信，改为打电话，每天至少三四通电话，打完就从手机上删除记录。直到我在通话记录里查到，他才招认有一次送她回家，她吻了他一下，他说他只是逗着玩没有认真，说以后再也不联系了。

可我却无法再相信他，他外表很老实，一看就不是个花心的

人，可他骗了我，我是一个用情专一的人，所以我接受不了他的背叛，我们有个 4 岁的女儿，我想离婚，可是又觉得孩子可怜，我痛苦极了，该怎么做？

答：夫与妻，能共苦却难同甘。16 年的感情，4 岁的女儿，真的很不容易，我相信你的"想离婚"不是真的想离婚，只是想逃避现实。我相信他亦有挽回的心，否则也不会一再地欺瞒你。

外表老实不是不出轨的关键因素，你要想办法把他拉回来，但千万不要因为接受不了他的背叛而吵闹，那样只会把自己更推向对方。他处在危险的边缘，这一定不是"逗着玩"，你要冷静下来去想策略。人在一生中总会有感情犯错误的时候，没有绝对的圣人，所以不要让唯一的痛苦侵蚀身心。跟他好好谈谈，表示你的理解与礼节，不要冲动，更要想办法"霸占"他的休息时间，以女儿的角度提出要求，比如女儿特别想去亲子活动中心玩啊，比如想爸爸了等等，用家庭把他召唤回来。另外，一定不要低声下气的去"求"爱。你和他是平等的，一个大男人，说不联系就不要再联系，让他立下军令状，如果再联系，就接受一种惩罚方式，用家庭去束缚他。除非他抛弃这个家庭，否则聪明的家庭束缚还是有效的。

③ 设想离婚后最坏的可能，做自己最能坚持的抉择

问： 幸知你好，给你写这些的时候，我心里特别难受，但还是希望你帮帮我。我和我的爱人在一起十一年了，我们的第一个孩子八岁半了，现在我又怀上了第二个宝宝，已经四个月了，我不知道我的婚姻是否要坚持下去。

年前几天，我和我爱人为了点小事吵架，后来他还打了我，我又原谅了他；初一那天我们又吵架了，一直到今天才和好，中途这几天我们分床睡，他有一天半夜三点回来，有两天是直接在外过夜，我今天问他在哪儿过的夜，他说在洗脚城睡的。我也就相信了，但是刚刚我查了一下他的手机，发现他半夜三点回来那天在 KTV，还找了小姐，那小姐的电话他还存在手机上，找小姐那晚他和小姐通了两次电话，不知开房没。

我爱人在这三年内都在 KTV 找小姐陪喝酒好多次了。我每次都原谅了，但是让我查出来，我还是好难过。今天本来我是准备去药流，不要怀这个宝宝，想的是做了手术就离婚，最后又被他哄好了，心太软了，也是爱他太深，我真不知道怎么办？

我想选择一条正确的路走。求求你帮帮我。

答： 他深刻地知道，家里的女人能哄好，外面的女人能玩好。做个抉择，想一个最坏的可能，第二个宝宝生下来，他不管不问，继续在外面找小姐，偶尔哄一下你，如果这样的未来你可

以选择接受的话，那就继续相处下去。另一个抉择，打掉孩子，和第一个孩子一起，一个人过日子。两个极端，你更愿意接受哪个？就代表了你的选择。

 ## 女人的离婚成本一贯被高估，是造成父母子女婚姻观冲突之根源

问： 辛知，你好。我现在很苦恼。我今年 29 岁啦，有个女儿 3 岁了。我现在闹离婚已经闹腾两年多了，跟他不在一起也两年了，可是父母就是不同意离婚。

他是倒插门，在结婚的几年里，我们总打架甚至受伤，我受不了要离婚，而父母认为正常没什么原则问题不用离婚。就一直这样拖着。遇到好的，我父母也不同意，一直在闹。我现在很压抑，自杀过，然后他们继续用孩子来管制我，不许这样不许那样。每次嘴上说不管，让我自己做主，然后背地里，让他回来。我想离家出走又怕孩子没人管。我真不知道怎么办了？

答： 首先你 29 岁了，是一个 3 岁孩子的母亲。但是你们家庭关系有些奇怪的地方，就是父母从始至终是你们的家长。严格意义上说，你和你爱人、还有孩子没有组建一个家庭，你的家庭还包含你的父母。他们是这个家里的权威人物。

　　在老一辈父母的想法中，他们会觉得离婚是一件家丑，宁愿女儿在婚姻中受伤，也要从一而终。或者他们无意中估量了离婚的成本，你离婚后孩子没有爸爸，或者再找一个，未必待孩子好；也许再找一个男人，未必不会出现矛盾，或者邻里亲戚的态度，会让他们难堪。所以在权衡之下，他们不希望你离婚。

　　在他们理解的"原则问题"里，也许男人出轨才叫原则问题。所以，孩子成了他们的管制品，以此来挟制你的幸福。这其实是一种很自私的想法。因为婚姻是自己过的，就像鞋子穿在脚上，舒不舒服自己知道，为何非要以一双华丽的高跟鞋现身、令人艳羡，包裹的却是伤痕累累的脚？而且非你所愿？

　　你们都不在一起两年了，双方也没有了感情，这样的婚姻维系起来对孩子并没有太大的好处。你也知道，但是脱离不了父母的纠葛。这里最大的问题其实是你自己，都 29 岁了，有什么理由不能脱离父母生活？难道你的一辈子非要父母告诉你怎样怎样，就一定要规规矩矩地去履行他们要求你做的么？

　　你应该有个真正意义上的自己的家，而不是什么都由父母干涉。你不能独立生活吗？告诉他们，如果他们继续干涉，不仅会失去女儿还会失去孙女，带孩子离开，他们又如何通过孩子去约束你？

　　自杀的时候没有考虑过孩子失去你后谁来照顾吗？有勇气自杀，没勇气在现实中做出抉择？

　　你的压抑，自杀，都是基于你没能断奶。早点断奶，下定决心，做出自己可以负责任的决定。

5 做一个有追求的独立妈妈，胜过形同陌路的父母对孩子的影响

问：幸知您好，我现在心里很乱，也不知说出来您有没有时间或是兴趣看。我 2005 年大学毕业回老家工作、结婚并有了一个女儿，他做生意。现在日子也越来越好了，可是我的那个他现在非常冷漠，有近两年时间了，原因有很多，也是习惯使然吧。最开始从 2010 年我读研开始，彼此疏远，读研回来后我的工作更上了一层楼。我也知道给他带来了压力，我也努力挽回过，还是无济于事，又回到冷战，也许离婚是板上钉钉了，耗下去也没有什么意思了。

我害怕，并非仅仅是心疼孩子（虽然他对孩子非常好），我怕 31 岁的自己无法面对以后的岁月。在小县城，离婚女人容易成为别人看轻的对象，虽然我有工作、长相好、有房子，可是也正因为如此，更不敢相信男人，总觉得随着年龄的增长，男人会更计较衡量，而我并不需要从男人那里再得到什么。除了感情也就是安全感，可是自己又明白那是虚的、不靠谱的，想再单独领养个孩子吧，又觉得单亲家庭不完整对孩子不公平……唉，我的这种纠结，您在方便时给我指点一下迷津吧。

答：你的问题很典型。第一，学历差异，也许你不在乎，但是他在乎，造成阶级落差，看问题的视角和观点都会有所不同。

也许中间读研的这段时间，你们又分居，更造成了疏离感。第二，心疼孩子的话，每天在家彼此冷漠的父母，不会给孩子留下太好的印象，也许这比单亲家庭对孩子的伤害更大。第三，才是你真正的问题，你的学历和眼界已经超出了目前的状态，也许你也觉得离婚没有关系，有房子、有长相、有工作，对男人也没有太多依赖，完全可以独自生活，但是你同时又局限于小县城环境所带来的困惑。在小县城，没有对多元化生活的接纳，没有大城市那么包容，超龄未婚或者离异都可能让女性被周围人指指点点。

31 岁，轻熟女，一个多么美好的年纪，一个可以靠足够魅力征服男人的年纪。新一段人生才刚刚开始。忘掉过去的不愉快，不要在乎别人的眼光，也不要觉得人生就这样了，勇敢做出自己想要的抉择。如果在小县城难以找到可以"对话"的人，可以离开去大城市。幸知身边很多人，从 30 岁开始，才迈入了真正的自己喜欢的生活。因为她们做回了真正的自己。我认识一个小县城的物理老师，32 岁离开了稳定的饭碗，到大城市做了一名记者，那是她年轻时的梦想，她不希望生活就这样按部就班了，五年后的今天，在某个网站做新闻总监。

当然，我对你的建议，不是说一定要离开。千万不要觉得无法面对以后的岁月，也不要觉得，有了一个孩子，人生就被束缚住。一个很有追求的妈妈，天然就是孩子效仿的榜样，这是一种潜移默化，并非每天围着孩子转，才能真的带好她。

安全感是自己给自己的，也许你走出这样一种生活模式，勇敢开启新的人生，视界会从此海阔天空。

6 不要把你的愤怒当成常态，也别把他的错误当作挟制他的理由

问： 谢谢幸知姐一直以来的微信推送，很多时候让人茅塞顿开。幸知姐，真正步入婚姻后，我却第一次难过和惶恐。我和我老公一直是异地夫妻，他是香港永久居民。因为我是他前女友丈夫的前女友，所以一直没有公开过关系。我怀孕后辞职来到他身边，才发现他有很多暧昧女友，我用计曝光给婆婆知道，并且委屈要求离开后，他主动交给我工资卡求我留下，给他时间让他改变自己。我算是歪打正着掌握了财政大权。但是看他为了他的那些女友低声下气，为他的劈腿道歉我非常愤怒。

我婆婆非常喜欢我，说宝宝有个三长两短他不用好过。他现在对我说得最多的是小心肚子，虽然对我很好，可是能明显感觉到他因为不甘心而敷衍我了……没发现他出轨前，他对我各种呵护，而现在，估计他内心恨着我。幸知姐，我觉得我很崩溃，我是因为他的温柔呵护和认真才嫁给他，如今却觉得他是因为我单纯好骗才娶。因为我破坏他的妻妾满堂计划……我害怕接下来的婚姻是一种悲剧。他弟媳说他那么花心你怎么敢嫁，我是真的从

来不知道。我不想一个没有爱的婚姻，我也不知道现在该不该离婚……这个孩子还能不能要……我看不透他，结婚时兴奋时向他亲友说起我是他妻子的，是他，现在让我觉得他只要宝宝，不爱我，让我害怕也是他。抱歉幸知姐，我说得有点混乱，谢谢你看到这里。抱歉，每天看你的文章还很笨地嫁给无责任感花心男。

答： 我一直劝异地伴侣，一定要真正有过一段时间的同居，才能确定这个是不是自己真正要结婚的对象。你已经结婚了，有孩子了，接下来，婚姻是喜是悲并不由他决定，而取决于你每一个"此刻"的决定。我不知道你宝宝多大，如果它是爱情的结晶，你得考虑清楚，冷静想想，顺其自然。比如最坏的打算，离开他你是否可以生活？一切都可以在这个最坏的前提下进行婚内改善。他跟他的女友们道歉并且劈腿，也说明他下定决心跟她们分开，所以凡事要往好的一面看。既然已经发生，就要好好面对，不要把你的愤怒当成常态。不要把他犯下的错误当成日后挟制他的理由。如果考虑好跟他做夫妻，就要学会信任，并且把自己变得强大一点，好好的解决你的婚内矛盾，面对它，改善它。

另外，一定要记得，婆婆喜欢你是很大的优势，但丈夫毕竟是她儿子，所以婆婆的势一定要慎用，不要以为她会一直向着你。

第四节 暧昧的红颜蓝颜，请守好各自的界线

A：如果我的蓝颜是有老婆的，那自己会不会变成小三？

B：前夫的小三，前期就是所谓的红颜。这个火候真不好把握！

C：我觉得，蓝颜身上是嗅不到那种上床的味道的。可是，怎么定义小三呢，上床就算吗，性伴侣又怎么定义？或者有经济往来的性伴侣就是小三；没有经济往来的，没有性关系的，内心相爱的就是红颜和蓝颜？

D：性伴侣应该是 Sexpartner，而小三就是涉及了婚姻想上位，红颜蓝颜就是没有性关系，但有暧昧关系，比如跟对方分享探讨或者出主意，有的还想要出主意对付自己的老婆。幸知老师，你觉得我分析得对吗？

答：跟蓝颜之间，要守住什么样的分寸？

首先我想明确一点，不是所有女人都有蓝颜。享受蓝颜，是为了寻求蓝颜带来的安全感。蓝颜，客观上弥补了生命中一些缺失的遗憾。

我有个来访者，她有两个哥哥，但是大哥、二哥都常常会带有主见的"为妹妹好"，比如为了妹妹，可以跨城市来为妹妹找

房子（虽然妹妹不想，哥哥却始终不放心），比如不断地去帮妹妹看她的男友是否合适。哥哥充当了爸爸的角色，却让这个妹妹很烦恼，她想要的是一个平等的朋友，而不是一个事事担心她，常常责备她的管家公。

她有哥哥，却没有享受到理想中哥哥的宠爱，她希望得到一个把她当小公主般伺候的哥哥。后来她在网络上认识了一个有家室的男人，这个男人特别疼她、宠她，帮助她从失恋中走出来。她视他为蓝颜。

一开始就知道他和她不可能，却正因为这份不可能，给了她足够的安全感，让她可以肆意撒娇。因为关系的纯粹，反而可以理直气壮、光明正大地分享。她会和他妻子打招呼说嫂子好，她会给嫂子买礼物，她也会把跟现男友之间的不开心统统诉说给他。他温暖、体贴、他满足了她想象中哥哥的样子。

她不会觉得他们之间有相爱的可能，所以才能做理直气壮的红颜。可是如果真的摆脱世俗的禁锢，在真空状态下走在一起呢，会不会有相爱的可能？她说不知道。

也许，其中一个人跨越一小步，要么成为地下情人，要么永不再见。也许，跨越一步，花苞就落掉了。因为半开未开已然风干，经不起丝毫触碰。

我还有一个来访者，她和男友之间，一有矛盾，她就去找她的蓝颜。他似乎可以无条件地宠爱她，她可以肆意捣乱，撒娇。她不爱他，但是享受那份宠爱，她离不开那份宠爱。一生气，她似乎就可以从一个怀抱投入另一个精神怀抱，这让她很受用。

然而这个蓝颜，确是想要她的。他苦心经营、步步为营，只等姑娘落入他宽厚的陷阱。她明知他的企图心，却不管不顾，她并不想和他有什么，她就是贪婪，什么都想要。反而让她和男友之间的关系，陷入不可收拾的境地。因为她所有的爱情补救措施，不是解决问题，而是转身，走进另一个怀抱。

所以我说，蓝颜，是一种很微妙的存在。要么有地域距离，要么有时间轴线。就怕模糊了界限，万劫不复。

还有一类蓝颜，他不是一个人的蓝颜，他是大众蓝颜。这是一个物种。他是女人哭泣时的右肩，他是天然的情感调解师，他会老公老婆各打五十大棒，他会耐心听十个女人絮叨，表达同情心、同理心。所有女人都会觉得他好，他安全。但是，他一定不是一个完美丈夫。因为一个男人，对生活中其他女人都太好了，必然会勾走了属于妻子的时间，属于家庭的时间。于是，他在外面无论多么多么好，他对自己的妻子，却未必是最好的。

① 静静守在蓝颜知己的界线是对自己的珍爱

问：幸知你好，我很好奇现在所谓的红颜蓝颜，真的会有这样的关系存在吗？我有一个异性朋友，他婉转地说要做我的蓝颜，但是我自己完全没把握，因为我发现自己的感情空白十年后竟然对这个想做我蓝颜的人动心了！我怕自己会有一天忍不住告白，最近特别的纠结，是跟他继续保持红蓝颜关系？还是在自己没有说出不该说的话之前，就干脆明显地保持距离呢？这个距离想要保持就是挑明说不再见面？我们彼此都有家庭，只是我情况比较特殊，跟老公已经分房多年，我不想破坏别人，也不想去做那个人人讨厌的第三者，但这个人却是我感情空白期整整十年后第一个动心的人，纠结的心已经不知道到底该怎么处理了？

答： 他想做你的蓝颜，其实就是爱上你了。你所要做的就是静静等待，像蓝颜一样保持知己关系。除非他想更近一步，如果没有，说明他还没打算放弃他的家庭。这张窗户纸，由他来捅破，更合适。先别想第三者一类的事，顺其自然，稍安勿躁。

 让那些最美好的遇见止步于怀念

问： 幸知你好。我喜欢上了我老公的好朋友，从 5 年前我们第一次见面就互相吸引。可惜，那时我和老公即将订婚、结婚。我知道，没有老公就没有我们的情缘，所以，我和他一直保持距离，从未有逾矩之事。

可是，有时候想想，人生短短数十载，为什么不能和相爱的人在一起呢？今天是新年第一天，我很想和他一起吃饭、看电影，可是，我不能够。

诱惑总是伴随着风险，我们都懂，所以会觉得更加折磨、痛苦。我们并不常见面，可是每次见面都会有强烈的吸引，感觉兴趣相投，彼此会心又默契，聊什么都聊不完。眼神、话语、举手投足都传递着款款深情。我老公是一个单纯善良的人，我们都不忍伤害他。所以，这段情缘，就只能止步至此，两两相望，互道安好。幸知，我想听听你的建议。谢谢。

答: 5年前，当你没遇到你老公的好朋友时，你跟你老公不相爱吗？不相爱，就不会准备订婚、结婚。5年前，你没有勇气选择不结婚，没有勇气选择"和更爱的人在一起"，现在你更没有勇气选择离婚，他也不会越前一步。5年之后，你喜欢的他，还在单身等你吗？

人生总有很多段遇见。人生也会有很多段爱情。但能够走进婚姻的，多数情况下只是一个。有个那么疼你的单纯善良的爱人，就好。即便你和这个喜爱的人真能结婚，5年之后你觉得激情还在吗？你觉得进入家庭生活后，他还会是那个让你凝望、新鲜如初的他吗？

5年前，你已经做出选择了。两两相望，互道安好。享受暧昧，享受痛苦。行步至此，才能保持最美。得不到的，才是最好的。

③ 就当是一场春梦了无痕，战胜心魔重新开始

问： 今年是我结婚的第五个年头，我和我老公很恩爱，他对我很好，很包容，家庭生活很和谐。可是年前的一次聚会上，发生了不该发生的事情……我们是很好的同事关系，工作上有很多对接，但仅限于普通的同事和朋友关系，我们都有各自的家庭，他有老婆和小孩，可能那天晚上都喝多、喝高了，我们做了一些不该做的事情，好在没有达到最坏的那一步……这些天我一直在受着良心与道德的谴责，因为我是一个很传统的人，根本无法接受这个事实。一直告诉自己释怀与忘却，但这段记忆根本没法抹去。

我没法向亲友诉说，只能憋在心里，我不知道以后如何去面对他和这件事，好尴尬。同样的，内心也无法再那么坦然地去面对自己的老公与亲人，希望潘老师能帮忙解解惑。

答： 你面临几个选择，一是一直受良心和道德的谴责，其实你丈夫根本不知道发生了什么事情，但是感觉你的态度有变，继而慢慢地影响你夫妻的感情；二是说出来，坦诚的去告诉丈夫和亲人，求得丈夫的原谅（我相信你不希望这样的坦承，有些秘密还是藏在心里比较好），或者向神父或他人忏悔，或选择跟陌生人诉说（你选择了告诉我，因为我们都不知道你是谁），这也是排解的一种方式；三是离开同事，或者丈夫。

你的内心饱受煎熬，是因为所谓的传统谴责一个微微出格的

自己，让你经受了双重冲突。人都有两面性，人也都会犯错误，既然是已成事实，就要去正确面对。过去了的你也没法改变不是？就当是一场梦，就当从来没发生过，否则反而会在今后的日子影响你的生活、你的工作。你要战胜的是自己的心魔。

4 如何辨别暧昧里是不是有真爱？

问： 我有一个女性朋友，她说她喜欢我，但不是男女那种喜欢，我俩也天天打电话，像是情侣。其实我并不在乎到底是不是情侣，我只想知道这是属于一种什么关系？朋友？情人？我不愿徘徊于一种莫名的感情中。

答： 兴许她没做好准备，譬如觉得喜欢你，但因为各种原因，不想过快过渡到男女关系之中，所以呈观望状态。别跟我说什么兄妹情，我不相信没有血缘关系的男女之间存在第三种感情。不想徘徊就跟她摊牌。若非男女之爱，跟她断了。她若回头，步步留情，那一定是陷入爱情里面。帮助她，认清自己的感情。祝你幸福！

Chapter 5

婚姻与家庭：

聪明爱，理智活

第一节 越友好，越会得到更多的两性反馈

你想象着你的生活是一盘棋，每一个棋子都能按照你的意愿，站在他们应该站立的位置，而你则笑着收官，坐享人生赢家。但到头来，你发现，你自己才是一枚无名小卒，被架在各种将车帅里，身不由己，举步维艰。

事实上，你什么都改变不了，谁都说服不了，至少在自己变得美好和强大以前，你根本不具备影响别人的能力。

你首先要做的，是改变自己，做好自己。

有一个南方的读者，丈夫家里经营家族生意，公公是家庭中的最高长官，婆婆是大当家，家里的三层楼房由公婆出钱修建。一家子兄弟姐妹，连带着家眷儿女，都住在一起。公司里，公公是老板也是 CEO，家中兄弟姐妹，都在家族企业里上班。她生了宝宝以后，就在家中带孩子，每天面对婆婆、妯娌、小叔子、小姑子，再加上自己又生了个女儿，公婆多少有点重男轻女，在这种环境中，产后抑郁，几近崩溃。

面对这样的家族，光理清各人之间的关系、利益、矛盾等，都得花上几天几夜；从现实的角度来讲，也不可能马上让这位读者和她的丈夫搬出去另立门户。

我的建议是，让她把注意力放到自己身上来。对婆婆恭敬，对其他人友好而保持距离，至于他们对她的反应，比如她说的不

够尊重、不喜欢、指桑骂槐、冷嘲热讽，一概不听不问不回复。

她结婚前是一位钢琴教师，我建议她安排好孩子，重新出去工作。通常情况下，丈夫的经济条件足够支撑，妻子又有意愿做全职太太照顾孩子直到上幼儿园；对于孩子来说，也是一件幸福的事情。但他们家的情况，不具备这样美好的条件。如果她再这样待下去，孩子将面临着失去母亲的危险，最起码是失去一个健康快乐的母亲。相比于这个更坏的结果，让保姆和婆婆带孩子，则是相对较好的选择。

减肥瘦身，在外形上提升自己。这名读者本身学习艺术，气质很好，在恢复体型以后，略加打扮，在他们那个乡镇大家族里，就显示出了卓尔不群的风范。

多读书，多交朋友，扩大自己的视野，丰富自己的生活，从内在上提升自己。

把注意力放到自己身上来，一方面，可以提升自己；另一方面，你在对自己的呵护、关注、疼爱中，分散了大量的注意力，不再敏感于别人对你的态度，不再过分纠结于人际关系。

她后来告诉我，她每天忙着做自己的事情，回家以后，又要保证亲子时间和质量，根本没有时间和心思去分析婆婆哪句话的内涵以及外延；眼睛从家里各人中略过，完全没有时间多看一眼，更别提还能像以前那样读出这眼神里是轻蔑还是妒忌了。

更重要的是，当她自己爱自己，当她的身体和心灵得到了好好对待以后，她从心底里升起的幸福感，让她对周围的人有了更宽容和更友善的态度。而反过来，她的友好，也换来了别人的良性反馈。

刚开始，大家对她的变化略有微词，但她坚持向自我观望，不理会旁人眼光，同时用实际行动让别人看到她在一天天变化，变美变开朗，并且把她的美好与别人分享：她会用工资给婆婆买礼物；会用自己的审美指导家中其他女眷穿着打扮；甚至有家里亲戚主动找来请她给孩子当钢琴教师。

1 爱情在血缘关系面前，是最不牢靠的站队

问：幸知，你好。我今年30岁，结婚近6年，老公比我小两岁多。恋爱时朋友警告过我，找对象要找男人，不能找男孩。可当时自己却被浪漫的爱情攻势冲昏了头脑。

老公有个姐姐，非常强势。在我们结婚半年的时候，离婚回了娘家，一年后再婚。再婚后因与婆婆不合，百分之九十的时间还是待在娘家。好吃懒做并且喜欢对我指手画脚。最终因为她要在娘家坐月子而引发冲突。冲突后，刚开始老公还站在我这边，不久就被婆婆和大姑子拉去他们的阵营。于是我成了彻彻底底的外人。没从婆家搬出去的时候，大姑子的老公，说我在婆家霸占地方。从婆家搬出去之后，原想不见面各过各的矛盾会少，谁知老公每去婆家一次，回来必定会给我找事，每次都会吵架。这种

情况到现在已经持续了近三年。

　　现在我怀孕五个月，我生产时老公要去外地学习。我原打算去婆家坐月子，本来也是个缓和矛盾的契机。可是老公今天却说，我想去婆家坐月子是我蛇蝎心肠。现在我完全处于四面楚歌的境地。婆婆偏心女儿，大姑子霸道无理。最重要的是老公，一方面只听他妈他姐的，另一方面开始跟别人暧昧了。今天威胁我说，他还有一点点喜欢我，让我珍惜。曾想离开，却担心肚子里的孩子。我本身出自单亲家庭，性格内向懦弱，不想孩子步自己后尘。不离开，内心却要经受重重煎熬。能帮我分析一下吗？我真不知道如何是好了。

　　答： 在婆家的关系模式中，一方面，我相信是他们的家族阵营，让你成为了外人。这个时候，如果不得不在一起住，只能想办法融入到环境中。爱情在血缘关系面前，是最不牢靠的站队。如果这是一场战争，你一味抵御，无论结果是胜是负，你都是一个失败者，因为这是内部矛盾。而在这个血亲关系的内部，你是一个十足的外来者。你只能迁就，从内心接受他们，爱他们，才能真正为他们所接纳。

　　你的老公很听姐姐的"挑拨"，很听母亲的话。你们的相处模式，也许会被全盘搬到他们家人的饭桌上。你老公确实是一个男孩，因为作为一个维系两个家庭的男人，无疑需要承担多重角色并加以妥协抚慰。在这种情况下，我不建议你去婆家坐月子，孕妇本身带有各种情绪，怀孕不仅不再是"万千宠爱集一身"，尤其是还有小姑子在的情况下，她在心底会跟你抢夺你的婆婆，而无疑婆婆是向着她的。这一定不是一个缓和矛盾的机会，甚至会激发矛盾，引起冲突。

无论你的处境多么四面楚歌，我建议你在自家休养，找个月嫂比较好。如果婆婆愿意来，更好。不知道单亲家庭的你，是跟母亲一起还是跟父亲一起，如果是母亲，更建议由自己的母亲来照顾。至于丈夫的问题，威胁也罢，希望不要形成对你的困扰。不去参合他们家的事，不去理会流言，先全心全意把孩子生下来。在这之前，家庭关系尽量简单一些，同时建立自己的人际脉络，比如小区妈妈群等等，都会成为你的情感支柱，不至于让你太焦虑。

② 这不是我想要的婚姻，但已经结婚了，怎么办？

问：我 22 岁，老公 31 岁。我们在一个城市，住在他部队的公寓。他的父母没有给我们买房子（也在同一城市）。

我们今年 9 月份结的婚，没有仪式，而是旅行，婚前也没有同居过。他性格有些大男子主义。结婚后他就把重心放在工作上。

他几乎没有时间陪我，甚至连一个电话都没有。每天都会有应酬，每天回家都会一身酒气，我们很少有时间交流。那天，他喝了酒几次想动手打我，对我说话爆粗口。我忍受不了，那晚很生气，就跑回我妈妈那儿。他两天没有给我打电话，是他妈妈跑到我们家问缘由。我讲给婆婆听，婆婆连一句公道话都没有说，甚至还到我妈那里数落了我的一堆不是。后来他终于给我打电话，来我妈家，指着我说，我妈对你那么好你竟然对我妈一肚子意见（在他面前我说过他母亲洁癖、防范心理强，当着他的面对我好，背着他们对我是另外一个态度）。他说这些的时候竟然流泪了。

那时候我明白了一件事，在他的心里我的地位是不能和他的母亲比的。"差远了"，这是他说的。我待他的母亲态度是顺从，偶尔在他那儿发牢骚。事后问他为何不尊重我，他解释说一肚子邪火被压的。

若有一个男生给我打电话，他就受不了（一个月不超过两次），我的朋友只是偶尔想起问候一声，他就拿此事大作文章，说不喜欢他，要我必须删掉他的信息，不能跟他有任何联系。婚前他把我 QQ、微信里所有异性朋友都删掉，不许我再联系，把我的手机号码换掉。我们开始交往以后我就发现我没有朋友，甚至连一个可以说心里话的人都没有了。有时候在家，我会莫名的哭泣、郁闷。从一开始我就认为这不是我想要的婚姻，可是我还是结婚了。我没有办法再相信爱情，我该怎么办？

答：绝对大男子主义、家庭暴力、婆媳矛盾……你不能对他指责他母亲的不是，次数过多，会被他母亲认为你在离间他们母子之间的关系。尤其你丈夫是一个把母亲放在最重要位置的男人。你更不能对婆婆说她儿子的坏话，这是天下任何一个婆婆都不能容忍的，你竟然还天真地希望她帮你说公道话？

你需要思考的是："从一开始就认为这不是我想要的婚姻，可是我还是结婚了"，为什么？你图什么？对不起，你一定是有所图的。你要房子，要仪式，还要他陪你爱你，还要跟婆婆争地位——那么，你除了 22 岁的年轻，还有什么？在抱怨的同时，盘点一下你手上的资本和筹码。

"我没有办法再相信爱情，我该怎么办？"你相信爱情吗？你是因为爱情而进入婚姻的吗？你有过不劳而获的心态吗？你能够获得足够的经济独立吗？好好琢磨这几个反问句，然后再决定该如何去做。

3 受虐是一种毒瘾

问：幸知，你好。我老公要跟我离婚，我很爱他，不想离。他父母和家人同意他离。他说他已经不爱我，非常想离。我们有一个 3 岁的女儿，他并不怎么爱女儿，不愿给多少生活费。因为家暴，我在 2012 年与他分居搬出去了，因为实在住不下去，但心里一直想老公能接我回去，或者希望来我这里不要和他父母一起住。他父母实在太过恶毒。但老公从不在我这里睡，感觉像发泄情欲一样，上床完事后提起裤子就走，出门就说离婚。我很痛苦，我很爱他，一往情深，但又没办法。朋友、家人都要我赶快离开他，每次提起离婚，我心里都痛得不知道怎么办。我该怎么办？一想起他会和别人在一起过，心里就苦不堪言，想和他在一起却拉不回他。他听他父母的话，已经严重被他们左右了。

　　答：丈夫不爱你，也不爱女儿，不给钱还家暴，公婆远离你，你都"实在住不下去"了，却依然希望老公接你回去。"上床后提起裤子就走，出门就说离婚"，他把你当成了发泄兽欲的工具，你还指望他爱你？你再如何的苦不堪言，他都会找到新的女人。这不是你的爱，这是一种毒瘾，有了以后哪怕被虐也无所谓，没有了就痛哭流涕、自断活路。

　　我不知道他父母如何"恶毒"，但婆媳关系纠结，一个"孝顺"得把情感天平偏向父母的丈夫，在他面前，你和你的女儿是被抛弃的一对。醒醒吧！走法律途径索要生活费的同时，戒掉毒瘾，走出自我的小圈子，别唯夫是从。鼓起勇气，去广阔天地找寻属于你的工作和爱情。世界上没有什么人是不能离开的，你越是懦弱，越会被欺凌，这是亘古不变的真理。

④ 婚前婆婆突然变卦不买房

　　问：幸知，你好。我跟前男友好了四年，都在外地工作，过年他妈妈催着订婚，让他带我去看房子准备结婚，还见了家长。当时他妈妈也表态，说准备买房子结婚。结果回来第二天，他妈妈过来找我说房子买不起，让我们租房子结婚，还说让他去我家也行，什么我爸妈给找个工作是一样的。

我听了很震惊，现在她说的话跟以前怎么差别那么大？而且这个时候我知道他跟好几个女的都有点儿暧昧，隐藏得很好；那些女的也很乖乖的，白天上班联系，晚上回来绝对不打扰他。我质问他，他哭了，说他就是孤独寂寞了找人说话，最爱的还是我。他对我确实很好，什么都舍得给我，病了都是他照顾我，天天无数个电话，无微不至。但是知道这些，我心都凉了，一切都变了。我该怎么办？

答：我觉得这完全是两码事啊！人家妈妈给你买房，是情分；不给你买房，是名分，和他跟别的姑娘如何如何不能扯为一谈。你若真的爱他，何必介意对方是否有房，或许这就是未来婆婆对你的考验，也说不定。

当然也不排除婆婆在几个姑娘中间帮儿子挑个最佳老婆。若真是这样，先跟他好好相处一段时间，看看他是否还像从前那般爱你。切不可操之过急，千万别去要求对方一定要给你什么物质上的东西。一个过分追求物质的女孩，一定不会讨婆婆的欢心。

5 嫁给一个没有断奶的丈夫，就是嫁给一个家庭

问：幸知，你好。我结婚还没两年，老公在部队工作，有一个 1 岁多的儿子。和老公谈恋爱期间，他因为转了三期士官，他

妈妈就要他与我分手，说我配不上他。后来经过我单方的努力，最终他没有分手，后来我生下儿子，因为不愿回他家住，不让他父母带孩子，我和他妈妈矛盾升级。

他妈妈是个很强势的人，家里事都必须由她做主，她要求我什么事都要听她安排，我忍受不了。他在这中间完全听他妈妈的话，把我和儿子抛在一边不管不问。后来我没有办法，为了不离婚，只好把孩子送过去，今天过年我和他一起回家，他家里坚决要我们离婚，家门也不让我进了。他都是很听他妈妈的话，我现在彻底崩溃了，我打电话他不接，联系不到他，我不知道该怎么办？

答："为了不离婚，只好把孩子送过去"，这是一个多么错误的选择！嫁给一个没有断奶的丈夫，就是嫁给一个家庭。以后联系上他，若要挽回感情，一定不要逼迫他在你或者他的母亲之间做一个选择，并且选择听从他的母亲，从心底接纳他的母亲，如果你想挽回这段婚姻的话。

在这段时间，不要心生烦扰，可以暂时放下这个事情。因为烦扰无助于你对状况的改变。放下这个包袱，做其他一些让你快乐的事情。过一阵子，回头再来处理这段感情，会让你心态更平和一些，也会做出相对更好的选择。

第二节 孩子不是借口，
不要让未来的你讨厌现在的自己

很多用人单位都害怕女员工生孩子。生孩子本是一件好事情，但是把生孩子提高到影响职场生涯和家庭生活的大事情，其实就是一个十足的"借口"。

从刚怀孕保胎开始，女性的职场生涯基本要中止两到三年。如果不是因为"特殊原因"，建议怀孕期的女性顺其自然，在职场不要处处彰显"孕妇权利"，比如三天两头请假。尽量用平常心保持跟过去工作生活状态一样的节奏。不要"妈妈扎堆"，可以在业余时间扎堆，但不要一开始就把自己从普通职场同事圈里摘出。或者即使聚集在一起，也永远只探讨怀孕几周几月、哪家医院哪个大夫、男孩女孩。准妈妈们确实是一个生活交际圈，但是请尽量跟职场摘得清楚一些。这时候，越是给自己贴上"孕妇"标签，领导在表达关怀的同时，也会想着你的职位由谁替代，基本上重要的事逐渐不会交给你做了，而很多孕妇也乐于接受"职场隐形人"这样的身份，觉得生完孩子再说。可很多事情，其实不是生完孩子就可以解决或者符合你想象的样子。

更有甚者，还未怀孕，就以半年后怀孕，身体需要调理的名义，自动隐遁于职场。这些，真的不是爱孩子的标志，而是一种自我放弃。

"难道这个时候不是孩子第一吗？你看全家人的眼睛都在我的肚子上呢。我承载了一家人的希冀呢。"你可能会反问我。这个理解看似没有错，但是同时请注意家庭、孩子、职业三者的平衡。也经常有女性朋友会反复问我同一个问题：家庭和事业如何平衡？这里的平衡，其实就是时间分配。只有会分配时间和有魄力的人，才能成为人生的掌控者，而不是被孩子或者家庭、职业拖累，让它们主宰了自己的生活。

这是一个碎片化时间的时代，碎片化是这个时代的巨大红利。碎片化意味着：很多事情，你可以在"间隙时间"里完成。打个比方，我早上出差去广州，中午跟人约谈事，甚至路上还堵车一小时，晚上回宾馆，第二天中午回北京。回到北京已经是晚饭时间。这两天的目的，如果就是为跟合作商谈 2 个小时的事并达成一致意见，这一定是远远不够的。那其他时间呢？在飞机上发呆的时候，我思考了新 App 的开发，以及公司下一步可能的战略规划，包括跟合作商的计划；下飞机堵车的路上、回宾馆的路上等等，那些碎片化时间里，我看了一本关于心理治疗的书，还有当日新闻，以及部分订阅的微信公众号。那些在路上的时间，怀孕时在医院排队等候检查的时间，当你全部把它们有意识地利用起来时，就不会有等待的焦虑，那些都是背景，丝毫不会影响个人当日目标以及阶段目标。

另外就是关于利用时间的"魄力"，这包括如何合理地统筹规划，为自己服务。请小时工做饭扫地洗衣服，不开车出门而选择打车，找保姆住家，不要把自己变成司机、保姆、奶娘，除非你觉得自己每个小时的时间比他们廉价，否则合理运用、统筹规划，才是真正赚到，赚到好心情好精力，来做更多更有价值的事情。"什么都自己来，把自己变成最强大的人"——没有错，但是如果把强大消耗在琐事上，最后只会让自己精疲力尽。什么都自己来的老板不会是一个出色的老板；什么都自己来、职场和家庭主妇角色全兼顾的女性，不会是一名出色的女性。用尽自己的时间来达到省钱的目的，不符合互联网时代共享经济的原则。表面上看，这是规划了有限的金钱；深层次看，你赶走了能赚到更多钱的时间。

当然，每个人都有自己的人生规划，不一定所有的女性都要一辈子为职场奉献，用两到三年的时间离开职场做全职妈妈也不是什么坏事，但是在做全职妈妈的时候，依然要有着对自己严格的十年规划。掌握人生，就像是制定公司战略规划和阶段计划，只有在人生战略规划上有着清晰的布局，才不会对目前的现状有着无比的焦虑和不知未来何去何从的尴尬。

我知道，那些理解孩儿娘、抒发妈妈现状的抱怨很能赢得转发与共鸣，但是今天我偏偏不。我知道，你会质疑，不是所有人都有条件买得起他人时间的；你也会质疑，不是所有人都拿职场女性的标准来衡量自我的，这都没有关系。我想告诉你，在孩子最幼小的时候，如果能给到百分百陪伴，当然是好事；如果只能是百分之五十，给到快乐的陪伴，意义远远比给到百分百快乐加焦虑的陪伴，质量要高很多。而这快乐二字，也是维持夫妻关系的密码，这快乐二字，也同样依赖于对自我高级别的战略规划。

另外，孩子确实可以赋予人生一段新的开始，但一定不要成为押宝式的赌注。在亲密关系没有稳固好的时候，如果有可能，不要那么快生孩子；生孩子不是为了赌气，不是争夺利益的方式；生孩子也不是挽回婚姻的方式，很多问题，不会因为生了孩子而消失。

① 生孩子绝不是挽回婚姻的方式

问：幸知，你好。我觉得我和老公没有感情，在他心里我连根草都不是。我为他付出太多了，我希望我们能赶快生小孩，才能促进我们的感情，我已经和他提离婚了，他还没给我回应。

我之前有过流产，到现在三年了都还没怀孕，但我一直都在努力配合医生吃药，监测排卵。每次去找医生都是我一个人去的。我觉得他不但没努力准备生小孩的事，还经常喝酒到半夜回来吵我，甚至有很多次因为讲话不和动手打我。

我真的对这段婚姻不抱希望了，在这三年婚姻里，我从最开始的反抗，到后来的顺从、理解，再到现在的彻底失望，我们之间已经没有了信任。我觉得既然那么辛苦地维系这段婚姻，还不如放手，还他和我各自的自由！

答：既然在他心里，你连根草都不是，就要努力活成一朵花。只要你很努力、很自信、很快乐地活着，你就是众人心目中的花，又何苦独独寻求他的认可？

你的内心很矛盾，不希望和他分手，但你提离婚，又想要小孩，从根本上并没有做好离婚的准备，只是想以此"将他一军"。姐姐告诉你，生孩子一定不是挽回婚姻的一种方式，反而会成为这段婚姻的拖累。

从反抗到顺从、理解，再到失望、丧失信任，这基本是一段逐渐褪去的爱情。好好想想，没有他之后，如何过好自己的生活。只要你学会绽放，生活一定不会薄待于你。

② 有时候孕期的家庭矛盾，只是由于关注的重心错了

问：幸知，你好。我最近特别烦，我和我老公是在三年前通过朋友介绍认识的，那时候觉得他挺老实，就结了。可结婚后才知道他和家人矛盾挺大，他父母嫌他不给他打电话，他又是个牛脾气。也就这样，导致的结果是一喝酒他就跟我耍酒疯，而且最近老打麻将，还说他要用这样的方式来报复父母，我真的和这样的人过够了，真的想离婚。可我现在怀孕好几个月了，不知道该咋办，在上上个月因为他打麻将我给他父母说过，他父母把他骂了，他现在说是我在挑拨他们之间的关系，现在一喝酒就和我

闹，都不怎么回家了，真的不知道咋办，真恨自己当初没好好了解他。

答：你要做好中间调解人的角色。第一，既然他和父母矛盾很大，就不要向他父母告状，把问题局限于你俩之间进行解决，越告状，矛盾越大，对事情变好起不到促进作用；第二，他不给他父母打电话，你来打，给他说好话，促进他们之间的关系；第三，他的压力可能也挺大，试着去理解他，另外你怀孕了，好好跟他说话，帮助他理解你，专注于小孩和你们未来的幸福，不要闹，多做一些让自己开心的事情。情绪好，对孩子也有很大帮助。

再说，都认识三年了，如果只因为对方老实而结婚，那婚姻基础一定是有问题的。但我想，你们既然都在一起三年了，应该也是有爱的，否则不可能"忍受"了三年。现在怀孕几个月了呢？超过三个月最好不要打胎。静下心来好好权衡一下。有时候孕妇可能因为受到的关心不够，会有情绪，我很能理解。希望你能够得到家人们的全力支持。祝你幸福。

③ 因为年纪大了就草率地结婚生子，是对自己人生的极大不负责

问：幸知，你好。我是一位已婚妈妈。对于现在的婚姻我很失望。无数次想过要离婚，只是现在因为有儿子，离婚就没这么简单……我们是两个不同地方的人，认识的时候年纪都比较大了，身边的人都说遇到合适的就要抓紧时间结婚了，所以我们认识九个月就领证了，认识十一个月我就怀孕了。

我们的矛盾从怀孕起就很突出了。怀孕五个月的时候因为一件事让我实在太气愤，我选择深夜离家出走，而他在两三个小时后才开始打电话找我。从那时候开始我就很后悔这段婚姻，但又不忍心肚子里的孩子。孩子出生后因为婆婆过来帮我们带小孩，这矛盾越来越多，很多观念思想都完全不同。他家很大男子主义，整个家庭环境就是自私冷漠的；而我家是非常温暖体贴的环境，所以很多事情我们都相互看不惯。我们吵架的时候，我婆婆从来不会说一句他儿子不对，只会说我不对。平时也经常在他儿子面前说我这不好那不好。摸着良心说我对我婆婆真的不错，因为我体谅她老人家六十多岁人生地不熟语言又不通的情况下，从老家来深圳帮我们带小孩。很多时候我真的很委屈，不知道该跟谁说。跟老公沟通，这生活中的事情没说几句，他就会挑我毛病，后面我也不会跟他说了。所以现在我对家的感觉就是，晚上回来睡觉的一个地方，有个儿子在，仅此而已。所以我很苦恼，我都想过去找婚姻咨询师，也跟老公提过，但是他马上就泼冷水，这个现状真不是我想要的，但是我真的不知道怎么去改变现状。

答：首先，因为到了年纪了，所以必须草率结婚，一定是不对的。但现在既然结婚并有孩子了，正如你说的，各种问题也出来了。因为这些事情在婚前都没有好好协商，所以到婚后就成了问题。

你必须明白，婆媳矛盾一定是一个家庭永恒的矛盾，不管你自认为对婆婆怎么样，在一个屋檐下住，你是抢她儿子的人。千好万好都不如自己的儿子好，这是一定的。

还有，我觉得你还不够成熟。深夜离家出走，两三个小时后老公再找你，你就觉得这段婚姻有了芥蒂。另外，可能男人都比较忌讳你去找婚姻咨询师，因为可能在他们看来，两个人的问题——也许他认为只是你的问题，不值得去找所谓的咨询师。这也是中国大部分家庭婚姻咨询师的困境所在——男方不太配合。

你的家庭很温暖，所以，组成现在这个家，你觉得委屈。但是，既然有了孩子，就要好好爱，更多的精力放在孩子或者其他事情上，淡化家庭纷争。不要对男人有太多要求，不要认为做老公一定要怎样怎样，一个屋檐下的情分，来之不易。你不能选择改变别人，就请改变自己。

如果真的过不下去，也可以选择重新开始一段新的爱情。我并不认为不相爱的两个人，可以带给孩子幸福和温暖。但是，你同时也要知道，任何一段新的恋情，一旦组成家庭，都会有各种各样难念的经。

衷心祝福你，早日摆脱烦恼，开始新生。

用孩子逼迫来的婚姻，是一切苦难的开始

问： 幸知，你好。我是一个很苦难的女人。在和老公谈恋爱的时候，他父母嫌弃我不是公务员，坚决反对。老公也就听他父母的了！可是当时我怀孕了，他逼迫我打掉。我没有打，因为以前为他打过一个，身体实在不行了。我坚决要这个小孩，然后我们闹得不可开交。最终，他怕我生下小孩弄掉他公务员的工作，逼不得已和我领证了！

他父母不接受，小孩不能在他家生，也没给我们摆酒席，不给我女儿摆酒席。在他家受尽屈辱。结婚半年后他就开始勾搭同事和别的女人，稍微问问就打我骂我，他父母甚至说打得好。从女儿出生到现在从没有给过我一分钱。我用自己的积蓄养小孩。2012 年 2 月我被逼出家门，然后分居到现在，他从不打电话问女儿，女儿高烧住院他父母说我说假话，不给他看女儿，他就只是听他父母的。现在他一直和我闹分手，我总是不甘心，也有不舍。我觉得自己犯贱，我该怎么办，怎么站起来？

答： 很多婚姻都是因为有了小孩而促成。有时候，有了孩子，可以帮没有下定决心的一方下定决心，让有婚姻畏惧症的他走入幸福的婚姻。但用小孩去逼迫对方结婚，我是不赞成的，尤其还在他逼迫你打胎的情况下。他根本不想要这个小孩！所以，你一开始就要做好这个准备，他不爱你，也不爱这个孩子。所有

今天的结果，都应该是你当时所能预料到的最坏的情况。不幸的是，它最终来了。尤其是他和他父母都不接受你，你说，你这不是犯贱是什么？做好分手、自己养大孩子的准备，这个孩子和他无关。你能尽力的，就是通过法律途径索要到尽可能多的抚养费。然后，勇敢地生活下去，并寻找到真正属于你的挚爱。

自己的身体是自己疼来的，所有的女孩子都要引以为戒，不要为同一个男人多次打胎，但为一个不负责任的爸爸生下孩子，则是错上加错，除非你做好做单身母亲的准备。

⑤ 如要生孩子，也必须在你们相爱的基础上

问： 幸知，你好。我很烦恼现在的感情，不知道是应该继续在一起，还是放弃。我和我的男朋友从 2008 年开始在一起，一直到现在。这期间我有出轨过一次，被男朋友发现了，不过他原谅我了，就那样吵吵闹闹过了几年。

在 2011 年我不听男朋友的话，把我们的宝宝生下来，他叫我不要生，我生下来给我姐姐做孩子了，他家人不知道。

这几年为了这个孩子，我们天天吵架，我的意思是叫他认回去，因为我家里的因素，他不要。现在到了结婚的年龄了，双方父母一直说这个事情。他就是不愿意和我结婚，我也不去强迫他，一切顺其自然吧。我不知道他现在心里怎么想的。现在发现

他和一个女的走得很近，我快崩溃了，我付出那么多，难道是我一厢情愿吗？

答：你难道不是一厢情愿吗？没结婚，对方摆明了说不要孩子，送给你姐姐的那一刻，就已经注定了他的命运。你现在再吵架让他领回去，有可能吗？如果有可能，也是在你们相爱的基础上，让他接纳。可他压根就没想要，现在又爱上别人，这一切的付出都是你心甘情愿的啊。既然一开始做了独自当妈妈的选择，就要承担后果。

第三节　**爱可以改变你，**
　　　　　但你无法利用爱去改造他

夫妻矛盾，不仅仅是一个男人的问题，或者一个女人的问题。

"我有个闺蜜，又能做事，又会哄人，身材好、学历高、上进，这样谁不会喜欢呢？！"

"一个女人如果在视觉上不能取悦一个男人，她如何得到这个男人的心？"

"我认识的朋友是大美女，身材好、皮肤白、温柔、情商高，他老公恨不得每天待在家陪她和宝宝，对他们也各种舍得花钱……不抱怨、不卑不亢、嘴甜不作，她把自己老公当男神，他老公光看到她就开心愉悦了，更何况她还做家务、嘴甜。"

我不得不说，这是一些女人的意淫。美丽、贤惠、忍让、顾家、说话细声细语、读书、懂茶道花道，是不是就把一个女人的美德发挥到极致了？

发挥女性的天性美德、生理优势，没有错；错就错在发挥美德的目的，是为了取悦男人和家庭。

我们常常说要做自己，精神自由财务自由，心底里有两个声音却在打架：我们是女人，我们贤惠淑德讨男人喜欢就好了；我们生育，我们完成传统赋予我们的角色，是这个家庭的功臣，难道还要在事业上跟汉子一样打拼吗？我们连柔软的能力都失去了。另一个声音却是，我们什么都靠男人，这个男人靠不住了怎么办？

答案是，选择你想要的让你最舒服的生活方式，但不要失去独自生活的能力。你的个人能力，要尽量能匹配你目前能过的生活。女性独立，不是非要跟男性一争高下才叫独立；男人也是如此，不是一定要在事业上打拼才叫真男人。自由做自己，发挥自己的天性和优势，让生活丰富并且多样化。

中国女性的地位是在缓慢提升的。男人有着三妻四妾，逛着八大胡同，好像也不是多久之前的事吧？受传统道德观、价值观束缚，又生活在新时代下，要求独立自主的女性，在两面夹击下感到痛苦，是一个时代特性。如果一个女人的快乐仅在于取悦男人，一个男人缓解压力的方式仅在于吃喝嫖赌，并且把这当成男性的集体狂欢，并以此作为群聚和炫耀的资本，那么这个时代男人出轨也就见怪不怪了。

我们至少要做到提高自己、成就自己，这样是为了取悦自己，让自己活得更好，而不是让男人填补了你所有的闲暇时间。让一个男人长期专宠你，这不是一个奋斗目标。如果把这当成目标，路就歪了。跟小三小四斗，醉心于宫廷般的争宠游戏，炼成一个私家侦探，这就是我们想要的人生吗？把取悦男人当成唯一目标，为得到他的爱小心翼翼地活着，就活出了自己的人生价值吗？

资源互换，利益共生。经营一段婚姻，经营一家公司，核心精髓异曲同工。从来没有人说一个男人年老了，他就失去了价值，只要他还有其他"美德"来具备交换价值。但是，总有人说女人年老了，失去家庭，就失去了自我价值。为什么你不断忍让，要留在一个让你不幸福的家庭？

为什么你丈夫出轨的成本很低？你的价值到底在哪里？别告诉我，你穷得只剩下家庭和过去的付出了。

1 婚姻里谁也做不了救世主，只能自渡

问：幸知，你好。我与老公相识有 11 个年头了，结婚才 1 年。他是和我一起毕业，然后去了同一家单位，工作了两年多的校友。学生时期，他就追我，我也喜欢他。可是也不知怎么的，在过去的十年里我们的关系极其暧昧，我们发生关系，也会思念对方，分分合合四五次。这么长的时间，但好像我们不曾做过真正意义上的男女朋友，我因为这个事跟他绝交了三年。

直到结婚前的两个月，我出差到他工作的地方，我们又在一起了，然后两个月后我们结婚了。我 30 岁，他 32 岁。我们都毕业工作十年了，他没车没房，我没介意，存款多少没问。我们的婚礼很简单，在农村老家办的，婚后我才知道，他一共就 1 万元存款，结婚跟别人借了一万，跟他姐借了两万。后来我才知道三年前我工资才 3000 多元时，他就有 7000 多；三年后，我的工资

有7000元，他才6000多元，工作时间还长；这三年里，他常在沐足城、麻将馆、KTV、酒吧里打混，衣服全是名牌、手机里、电脑里全是美女的照片，但找不到一本书、一张资格证书。结婚的时候，我用我所有的积蓄买了辆小车，当时以为他会有存款。之后我难过，他说他会改，他会努力，我相信了。后来我要他辞去原来那个工作时间长、危险性大、工资又低的工作，凑了8万块钱要他跟我一起办工厂。

可一年里，他连我最基本的要求——戒烟都做不到。我经常叫他多学习、多看点书，他口头上说得都挺好，实际上他知道的都是哪部韩剧好看，最近有什么笑话段子。最近我们吵架很频繁，冷战是经常的事，一般是一个星期，上次有20多天，我们俩不在一个城市，一般周末才见面。离婚这也是最近必提的了，这段婚姻我不知道该怎么处理了，诚心求助，希望你能回复我，谢谢！

答：什么才是真正意义上的男女朋友？相互喜欢、发生关系、思念对方，都不算吗？

"绝交三年"，然后继续在一起。在这段婚姻关系中，我只能说你们：一个愿打，一个愿挨。如果选择了11年，你依然还"草率地"做了一个错误的选择，我不知道说什么好。

第一，他有多少钱，有没有负债，婚前你没问。说明你不介意。这三年他过什么样的生活，你也没问，还是说明你不介意。但是现在，你开始介意了。

第二，你一直在用你的标准在控制他，要求他。像养孩子一样"培养"他。"工作时间长、危险性大、工资又低的工作"，是你认为的，也是你让他辞去的，他是否心甘情愿？你凑了8万块钱给他，记得，这是你给他的，赔不赔本，你不能有怨言。

第三，你可以相信爱人爱你，但请不要相信婚后他会做什么改变的承诺。是什么样的人就是什么样的人，每个女人都会认为爱可以改变另一半，但是请记得，你不是救世主，你普渡不了他。你只能渡你自己。

第四，一段不在一个城市的爱情，如果双方没有彼此爱下去的信念，婚姻将很难存续。

② 妻子写给丈夫的信：你为什么不知道心疼我？

妻子：我们结婚已有两年多了，这两年来我们是怎样一起走过的呢？你感到幸福了吗？但我想说的是，我感到很累、很苦、很痛心……

结婚两个月我就发现自己怀孕了，但这个孩子的到来并没有提升我在家里的地位，依然每天下班后给你做饭、洗袜子、拖地……你经常在周末的时候外出喝酒，每次我都会给你打电话，劝你别喝、少喝、早点回家。一是怕你酒后开车出事故，二是担心你的身体。可你根本听不进去，经常喝得大醉然后开车回家。

我承认我怀孕的时候脾气大，而你也没有用宽广的胸怀包容我，经常因为一点小事和我争吵，甚至大打出手。还有一次你用陶瓷砸我，砸到我腿上一大片淤血，你可知道我是你怀孕8个多月的妻子，你怎能忍心下手？

孩子出生后，我白天工作，晚上带孩子，每天累计才4个小时左右的睡眠时间（甚至更少，因为孩子从小觉少），导致我长期耳鸣、头晕……

其实我要求的并不多，只想你能在我累了、困了、快坚持不住的时候说一声：一切都不怕，有老公呢。而不是我需要你的时候你却在玩手机，遇到问题的时候从不挺身而出，积极寻求解决的办法，却因为一点小事跟我争论不休。因为你从未真正理解什么是责任、包容、担当！

作为一个妻子，我有很多方面做得不够好，但你是否知道，跟你生活的这段日子，时刻考验着我的智慧、耐心、甚至是涵养？

还有好多话想说，可头又开始疼了，不知道从什么时候开始习惯性头疼了。你他妈的就不知道心疼我吗？

丈夫：我媳妇布丁其实是个挺伟大的女人，但是经常不能正确地表达和化解自己的问题。总是先吼一通，挑战我们男人的尊严。在持续攻势下，原本选择沉默的我们当然不可能无动于衷，爆发是肯定的啊，误伤也难免啊。

我现在基本上都是独自一屋睡，她娘儿俩一屋睡（因为打呼噜被赶出来，主要还是为了她们能睡好）。我牺牲了老婆孩子热炕头这么优质的生活享受，这还睡不好，也不应该我负主要责任吧？

昨天她说头疼，我也主动揽下家务和奶爸的主要职责，让她去休息了。就算时间短，也是态度的证明！需要我你就说啊，你不说清楚，我怎么知道你需要呢？是吧？

说也得好好说啊，是吧？一上来就不给好脸色，爷们儿的面子何在？最后，能够培养你、锻炼你，成为好老婆好母亲，是我此生的荣幸！也许我的要求有点高、有点苛刻，但还是请注意不要犯口业！

答：结了婚的你们，看到这个妻子和丈夫的信件，也许并不觉得陌生。婚姻问题往往出现在结婚几年后、孩子诞生时等关键时期。结婚几年后，首先要适应的是婚姻平淡、激情不再，这时候也许会出现矛盾冲突。孩子诞生时，夫妻角色需要适应转变，甚至还需要适应家庭的第三者"公婆"或"岳母"的出现。这时候，问题也会产生。

布丁是很传统的中国女性，贤妻良母，表现在希望通过孩子的出生提升家庭地位，希望承担家庭重任包括做饭、洗袜子、拖地，包括照顾孩子等等，而且还要工作。在现代中国式家庭中，妻子和丈夫往往承担同样的外出工作角色，共同负担家庭的经济来源，还要承受家庭压力。她也许把所有的精力都投入在工作和家庭上，也许牺牲了快乐社交、逛街购物等乐趣，但是却看不到丈夫的"回馈"。她的责备，也造成了与丈夫的冲突，以及丈夫口中的"犯口业"与无视他的自尊。

在这里，我想指出传统女性的几重错误。

第一，须杜绝"生孩子会提升家庭地位"的想法。在传统的男尊女卑观点中，生下一个男孩，妻子的家庭地位就会得以提高，所谓母凭子贵。很多女性时至今日依然保持这样的看法，即"我为你生了孩子"，"这是你们×家的孩子"，怀有这样的想法，就会产生家庭地位因此要给我拔高这种态度。但事实上，无论生不生孩子，生的是男孩还是女孩，请记得，一旦结婚，两个人的地位都是平等的，没有任何从属关系。

第二，做饭、洗袜子、拖地，没有规定这是妻子必须承担的责任，而应该由丈夫和妻子共同负担。妻子的一手承担，在一定程度上纵容了丈夫的不作为，妻子却天真地以为自己承担了更多的家务工作，丈夫就要对自己好。而在丈夫眼里，成了一种"能够培养你、锻炼你，成为好老婆好母亲"的荣幸。女性为什么不反过来，培养出干好家务、做好父亲的丈夫，并深以为荣?

当工作和家庭任务超出了自身的负重，妻子的口不择言，往往成为丈夫外出乃至出轨的导火索。在丈夫的眼里，在功利的社会现实下，多了一个"家庭保姆"，还是个让自己一次又一次丧失自尊的"怨妇"，久而久之，也难免外出不归，与哥们儿狂欢到深夜。

作为妻子，一定要在与丈夫共同照顾孩子的同时，兼顾好夫妻二人的感受与互动，丈夫的"牺牲老婆孩子热炕头"之举，往往是出轨的起源。

不要揽下自己做不完的活，要懂得说不，并寻求丈夫的帮助，也许他做家务活没你做得好，但是培养他一定可以。要鼓励他，让他参与到对家庭负责的快乐中去，从中也能更好地升温两个人的爱情。

第三，就事论事，关于劝丈夫少喝酒之举。适当的关心是对的，但是丈夫不是小孩，是个成年人，他自己知道如何照顾自己。妻子的过度劝诫，看起来都对都好——想想母亲去关心一个青春叛逆期的孩子是不是如此？最后呢，孩子总想甩脱母亲的怀抱。丈夫亦是如此，频繁打电话劝慰，看起来对他好，却有可能引起反感，无益于家庭关系，甚至还会把丈夫推向更远处，更频繁的外出喝酒。良药苦口这个词，不一定适合成年人的爱情。在不醉的时候，理性地找他谈谈，双方来个约法三章，喝一次，罚你业余时间全盘照顾孩子一周如何？我到外面和闺蜜度假去！咱来个角色互换！

对于丈夫来说，首先要懂得理解妻子。既然知道她的不容易和伟大，也请容忍她偶尔的言语伤害。事后咱可以指出来，但是在妻子"口不择言"也是在她最痛苦、最想发泄的时候，跟她吵架、趁火浇油只会损伤两个人的关系。要知道，一个人的架无论如何都吵不起来。婚姻中就两个人，"爷们儿的面子"不要也罢，你说对吗？要懂得看妻子的眼色、脸色，真心理解她的不容易。

多问问她，需要什么，需要我做点什么，而不是在妻子劳作时一味玩手机，忽视她的感受。几句甜言蜜语，就是生活的润滑剂。其实女人需要的，是言语关心，是共同承担的爱，是多沟通，是温暖。两个人之间，需要心有灵犀、共同进步，不必分什么你胜我负，动手更是万万不可！

丈夫要表达出自己不喜欢妻子的言语冒犯。还是这样，约法三章，再冒犯一次，你伺候我一晚上可好？

在责任感、包容和担当这三个词上，婚姻绝不是过家家。然而，婚姻有时候，又需要一些"过家家"的方式来调剂。丈夫和妻子的角色，各自都要好好理解。

③ 我要的是丈夫，不要婚姻里的"大爷"

问：幸知，你好。他是理工男，动手能力、执行能力强。在外儒雅、幽默、大方、有人缘、爱面子，不乱说话、喜欢喝酒、打麻将(做生意后学的)，活给别人看。我喜欢看书、听音乐、画画、旅行，看重感情、人品、精神追求，淡泊名利，觉得人应追求内心的平静充实，活给自己看。

他觉得我要是早出生几十年，一定是个不会叛变的共产党员。还说让我做自己，不用在外面给他抬面子，像别人一样说场面话、漂亮话、假话，还说孩子带得好、教得好，都是我的功劳，让别人别把我带坏了。他就觉得热恋过后就要打拼事业，让我过好日子，让别人都羡慕我们。可我就想他能多陪陪我和孩子们，真诚真心、放松地在一起享受天伦之乐。而他好像更喜欢在外面一堆人吃喝吹、打麻将，在家除了逗逗小儿子看看大儿子，然后就是沙发上一躺，等吃喝上桌。或者看电视、电脑、手机，一副大爷的模样，恨不得我像妈侍候儿子一样侍候他。把我惹火了，我不愿做免费保姆了，他就请我出去吃。这样是正常的吗？我属于作死型的、更年期胡思乱想的吗？小儿子也上幼儿园了，我想出去做点什么充实自己，不想与社会脱节。当初我可是收入比他还高的，女人经济独立才更有尊严，请帮我分析分析行吗？

答： 他把你界定为"不会叛变的共产党员"，就是一种大老爷心理。他希望你安分在家，拥有你的精神追求就好了，不用出去社交，就做一个养育孩子的好妈妈，履行主内之职。对他来说，你就是花瓶爱人，放在家摆着，别出去招摇。如果有天他不想要了，他叛变了，你要么在角落里蒙灰，要么被摔得粉身碎骨。你依附于他，唯独没有了你自己。

你这不是作，任何一个女人都注重全方位的婚姻生活，婚姻需要两个人共同经营，不是说男人在外打拼再跟自己说几句好听的话，就可以把家事甩在一边的。他当初是喜欢你的纯粹，也给了你一个贤妻良母的初始设定，但如果你更希望从其他事情上去得到你的价值感，请立即付出行动。夫妻是需要双方共同伺候对方的，不是一方无条件翘脚享受，另一方就要像妈伺候儿子一样。没有这样的理儿。你越是纵容，他就越心安理得。

4 人是回不到原点的

问：幸知，你好。我和男朋友谈了快一年了，他长相差，家庭条件也不好；我长得还算漂亮，家庭和他差不多。他开始对我特别好，让我相信他就是最爱我的人。可是后来，他渐渐地表现出各种大男子主义，从始至终没有一件事让着我，让我伤心痛苦，但是想到从前他的好我就都忍下来。我总想能不吵架就不吵，我就一直迁就着，而且他不喜欢我说我的委屈，他说我是怨妇。后来我就什么都不说了，不高兴了就默默忍着，可是我快承受不住了，他做了太多让我委屈的事，我都记不清多少，但那种感觉一直积累在心里，让我很闷，快要疯掉了。

我是观念比较传统的女孩，和他在一起了，我就想从一而终。我想让他回到原来那样，我不想就此放弃，可是我该怎么办？我要怎么转变他呢？让他回到原来那样温柔体贴。

答：人是回不到原点的。我在一篇推荐文章中也提到了爱情的三个阶段，再次与你分享。你很明显已经进入了爱情的第二阶段（虽然只有短短的一年时间），美好的幻想已经结束，你开始一点一点接受了真实的对方，包括他的大男子主义。他不愿意听你倾诉委屈，也许他也有各种好，但是看起来没有恋爱时那么美好。这个时候你们是否愿意走入爱情的第三阶段呢？你们彼此能感受到对方的真实存在，这时候的爱情是务实和踏实，也许没那么浪漫，但是感觉很舒服、很自然。如果你不放弃的原因仅仅是因为"从一而终"的想法，而不是双方契合而带来的舒适自然，我只能告诉你，如果结婚，未来的日子会更痛苦，你的丈夫会变本加厉，更加大男子主义、甚至出轨、甚至对你的孩子不管不顾，这样的他，你还可以一忍再忍吗？到时候的你，感受也许是为什么自己要一错再错？你无法把他塑造回过去甜蜜的他，那个恋爱初始美好的他。那时候的感动，是荷尔蒙分泌的必然，是蒙着面纱的爱情，那不是真实或者说能够永久保鲜的爱情。

第四节 最高境界的沟通，
是为了家庭利益而达成一致

"我们是一类人，我们价值观相似，但是就是因为太像了，我们老吵架。我们都是倔强的人。"

"其实我就想找个男朋友，他能跟我很好地沟通。"

又是关于沟通的问题。幸知发现，关于情侣或夫妻沟通的学问，是一门值得终身学习的课程。

这个女孩子想要一个跟她沟通良好的男友，有错吗？没有。但是，我们经常误解了"沟通"这个词。听了她的诉求和她的诉说，我发现她想要的，不是沟通，而是这个男人顺着她的意愿，听她的话，以她的想法为主，作为优先考虑。这时候，这个女孩子一定觉得，沟通如此顺畅！

潜意识里希望对方顺从的方式，是不是沟通？对方一旦不顺从你的想法或者观点，就觉得沟通出现了问题：我要跟你讲道理，我的道理是对的，你听了接受了，沟通就有效；你听了不接受或者不回应，那沟通就出现问题。于是，就产生了吵架。

亲，这不叫沟通，这叫做思想工作！

在爱情或者婚姻中，一方常常觉得：我表达出诚意了，我问你事呢，你总得表述一下对这件事情的看法，这才是沟通。你不说，就是不沟通。

这不叫沟通，这是强势！你得首先站在对方的立场，看他是否愿意就这个话题表示兴趣或者表达看法。如果这个时间点，这个状况下，你单方面觉得有问题，想沟通，而对方连解决这个"问题"的愿望都没有，这不就是对牛弹琴吗？你强逼着他，他不甘心受这种强逼，两个人能不吵架吗？

你若真的想跟他就这个问题交流，把这个问题记下来，找到一个彼此合适的时间，再来谈谈。沟通，首先要表达沟通的诚意，即站在对方愿意沟通的情境和前提下。苦口婆心、掏心掏肺非要就这个事情进行交流，这不一定是诚意。这样强迫对方去接受你的"诚意"，其实是一种变相的自私。

这个女孩子跟我讲，我好爱他啊，我怕再也碰不到自己那么喜欢的人了。可是这样的爱，不为对方考虑或者妥协的爱，站在自身利益前提下的爱，只是为了满足自我，并不是真的对他好。

沟通，一定不是站在自身利益前提下的强势，一定不是对牛弹琴还要谈，一定不是做思想工作。

最高境界的沟通，是为了家庭一致利益而达成的妥协和改变，我们是婚姻的盟友，是强强联合。当然如果有一天必须要单打独斗，我也可以保持优秀。但是一开始就各怀心机，这样的联盟如何能够结成？

下一次，我们再来聊聊"联盟"，家庭关系一团糟，就是核心联盟出了问题。

1 没有 100% 完美的爱情，既然接纳了他就试着接纳他的家庭

问：幸知，你好。我跟男朋友在一起快四年了，他是我学长，大学里认识的。现在毕业了，我来到他以及他家人上班的城市，但我发现我真的没有办法跟他父母相处。

我爸妈从不吵架，一家人很和睦，而且父母很通情达理。而他父母三天一小吵，五天一大吵，特别是他爸，特别在乎钱，能挣钱的工作他就觉得好，不能挣钱的工作就不好，就是没能力。我妈从小教育我，让我上大学是为了以后过得好，工作要看能学到什么东西，而不是眼前能挣多少钱。完全不一样价值观的父母，让我很累。我很庆幸自己能遇到通情达理的父母，但是他父母我完全接受不了。这样，以后能幸福吗？

答：你们能不能幸福，取决于你有多爱他。在爱情中，你可以要求他，但无法做到改变对方的父母。你的父母通情达理是个好事，但同时也是坏事——因为他们让你误以为，找公婆也要找到如此完美的。幸知告诉你，这太难了！

每个人身处的环境不同。你接纳他，必须同时接纳他生存的环境、他的父母，也许他们身上的市井气息让你不喜欢，但必须试着去接纳，爱屋及乌。你可以在婚前商量好，结婚后能否跟他父母保持一定距离，比如不在一个屋檐下，但可以适当照顾到。

但最主要的是想办法去接纳、去爱他们，否则你未来的丈夫夹在中间，也会很为难。生活中没有 100％ 完美合意的爱情。能找到一个契合的爱人不容易，再附加上一对理想的公婆，真是难上加难。所以是不是因此分手，要慎重考虑一下。

 ## 两个人的世界需要的是互相谦让，而不是互不相让

问：幸知，你好。我和老公相爱七年，结婚一年，结婚前俩人感情就出现很多问题，出于爱着对方就选择了结婚。婚后的日子过得也很不顺利，也可能是我们的性格真的不和。

最近俩人又要闹离婚，因为很小的事情。中间他说他有女朋友了，我很生气，也当真了；然后我也去找了个朋友想气他，但是出现意外，朋友开车出车祸，我坐在旁边，当时夜里很晚，车祸也挺严重，我双手手腕骨折。醒来后他竟然在现场，叫救护车送我去了医院。

就因为我和男性朋友一起，所以大家误会我们俩谈了，也确实只是朋友关系。现在他也不相信我。这几年我也很累，但始终不能放弃爱他。真的很迷茫，也许内心还存着他会信任我的念想。不知道该怎么办？

答：都爱了八年了，还是不愿意放弃，这样的爱才是真爱啊！在爱情里总会有各种不同的问题，双胞胎还会吵架呢，哪里有完全合拍、天衣无缝的爱。

你们俩需要的是相互谦让，而不是互不相让。都八年了，也该明了彼此的性格，该磨合好了。找他好好谈一谈，七年之痒都过来了，彼此就别再闹小孩子脾气了！真把生活活活地演成电视剧了？痛也痛了，该醒悟了，好不好？就当是上天给的惩罚。

③ 婚姻需要的是深层的交流，而不是表面的维系

问：幸知，你好。我和老公自由恋爱结婚。婚后我做全职妈妈，第三年老公出轨并想净身出户，后来在他父母的压力下，他放弃离婚的念头，说和我好好过日子。之前要离婚说了一堆我的问题，说是我把他推出去的。

我还不想离婚，就在努力改变自己，来维系婚姻。但我感觉不到他的改变，就和他聊了聊。我问他我最近的表现，他说挺好的。但他说对我没感觉，我说结婚三年，爱情的激情早就褪去转化为亲情。他说现阶段的想法是为了孩子和我好好过。我说既然想好好过就拿出好好过的态度来。因为之前出轨期间他回家的时间就在玩游戏，我们说不上几句话，现在唯一改变的就是他没有夜不归宿，但是回来很晚的时候也不说干什么去了。他又说他也

不知道自己想要什么。后来聊到婚姻观，我的观念是因为爱情我选择了你并结婚，那我会遵守承诺不会背叛，努力做好妻子的角色。他认为如果没有激情了就不必在一起，他说现阶段他的想法是为了孩子还愿意好好过，但不保证以后不会改变。我说那就是说以后如果还有婚外情的诱惑你还是会出轨？他说可能是。

他给我的感觉就是我们虽然签了合作的合同，但是他随时会改变想法终止合同，合同对他一点约束力都没有，完全随性。然后他说我们之间很奇怪，他又说不出哪里奇怪，又说这次谈话不会加分，只会减分。我现在做好他随时抽身的准备，我不知道我要怎样做才能给他继续过的信心，他说需要我给他信心，可现在他的态度是没有给我一点安全感，我没有努力的动力了，因为我再怎么努力他还是会随时离去。他觉得离婚不会对孩子和父母造成伤害。所以我现在不知道该如何做了。说的可能有点乱，还望包涵。谢谢。

答："既然想好好过就拿出好好过的态度来"，我相信你强硬的态度，你可能未曾意识到，这是把他推向对方的一部分因素。他现在是对这个家庭自暴自弃，既然你让我维系，好啊，我就维系着，我就冷暴力，我就夜不归宿，你能拿我怎么办吧？你们之间的爱情，现在不是在平等的立场，他根本不想和你对话，你的立场比较低，但是可能对话比较强势，因为你觉得你占据道德优势，这也是他不愿意对话的原因之一。你看，我不知道要什么，我现在和你在一起，以后我更不知道，就这么着吧。

婚姻本来就不是一张道德的合同，所谓的约束力就是经济保障。你确实没有办法给他继续过下去的信心，因为他的心不在你这里，所以，放掉自己的道德强势，适当示弱会让男人心生怜悯。你现在是全职妈妈，我不知道你有没有自己的各种各样的交际圈，还是仅局限于围绕男人和孩子转。你应该把目光从他身上移开，不再纠结于此，随他去吧，就当已经离婚，去寻找自己的工作圈、辣妈圈、交友圈，强大和自信会让你更有魅力，也会让优秀的男人更愿意靠近你。

至于提到离婚带来的伤害，我的理解是这样的：一个彼此冷漠没有爱情的家庭，一个名义上爸爸和妈妈的维系，会让敏感的孩子更加不相信爱。一个家庭一定不能局限于表面的维系，而需要深层交流。否则还不如分开，这样对孩子更好。

 尊重彼此，不要强硬把对方拉到自己的世界

问：幸知，你好，又来找你了。眼看着我们双方就要父母正式见面了，可我不知道要不要跟现在的这个男人过一辈子。昨天又吵了。

周末早上，我再次尝试做早点，但是因为操作流程有误，原本想做的风味煎饼变成了一堆糊糊，品相不好，但我觉得味道还算可以。结果他嫌弃了，从表情到动作到话语，说我做的东西跟屎一样，甚至说我是屎。

很可笑对不对？其实他讲话有时候真的很难听，我甚至觉得那种女友做得不好吃，男友皱着眉头吃掉的这样的场景只存在于别人的故事里。他不尊重我的劳动成果，甚至往死里踩。没有功劳也有苦劳吧？何至于此？

另一件事，我喜欢看爱情剧，被剧情感动得流泪。知道他怎么做的吗？他冲上来捏住我的脸跟我吼，跟我发脾气。他的脾气有时候真的很大，甚至觉得他有点喜怒无常。心理学里不是有种自我型人格吗？我觉得那说的就是他这种，急躁、暴躁。于是我跟他说，我感动说明我的心还不麻木，就像他看性爱片有反应一样，我没有过多干涉他，凭什么他要这么粗暴地干涉我？不尊重我的劳动成果，讲话恶毒，我觉得自己想经营一个温暖小家的美好感觉，都被他的恶语相向破坏完了。我忍无可忍，把还有大半袋的面粉都倒了，把之前精挑细选买回来的各种碗盘砸了一半，甚至再次有了我们不合适，要分手的念头。感觉我的喜好在他这边都是不被尊重并且可以随意践踏的，而他自己总是有理由做任何事。

抛开刚刚那些状况，正常状态下，他对我还可以，有时候还有点可爱。比如故意惹我生气，然后又装出害怕的样子，比如做出幼儿园里一手叉腰转圈圈的动作。家务活他干得多一些，因为他觉得我干得不够好，但是这是一个警戒线，不知道什么时候就会因为这个吵架。

答：尊重是相互的，首先你要尊重你自己，倒掉大半袋面粉，砸掉各种碗盘，看似发泄，实际上是你不尊重自己，不尊重这个家庭的表现。他嫌弃你，可能是因为一时的心情不好，拿你发泄，而你又迫切希望他像电视剧里的男主角那样对你表示认可。生活毕竟不是电视剧，两个人都要学会对对方的喜好表示尊重。你看爱情剧，一个人看，一个人流泪，还是需要他陪伴你看、陪伴你流泪？如果你希望的是后者，他一定会烦躁，因为那不是他喜欢的东西。我们尊重彼此，也不强硬把对方拉到自己的角色世界中来。风味煎饼做得不好，他嫌弃，那下次就做给自己吃，看他会不会凑上来吃？

想经营一个温暖的小家，一个人的架一定是吵不起来的，一个人也不会无缘无故的恶语相向。你的喜好，需要找跟你喜好一致的人来认可，他只需要尊重。他的喜好，也是如此。所以，特别想发火的时候，要学会控制自己，咱们可以跟他秋后算账呢。

5 沟通是一门学问，指责和抱怨则是最大的暴力破坏

问：幸知，你好。我 36 岁，结婚快 8 年了，儿子 6 岁，刚刚生了个女儿，本来是件开心的事情，可是最近我却一点也开心

不起来，感觉自己得了产后抑郁症。老公是山东人，从来不会理解我，从怀孕到生产到现在带女儿的辛苦，他从来没说过一句你辛苦了，这期间有无数个节日和我的生日，他连一句暖心的话都没有，更别说送安慰礼物了。前两天我上呼吸道感染发烧，晚上还得起来奶孩子，孩子哭就得抱着走来走去，感觉自己都快累倒了。他晚上起来抱了一会儿孩子，孩子还是哭他就没办法，让我发着烧起来抱。昨天晚上他说头痛，我说："我头痛的时候，你也没关心我，我还不是一样起来抱孩子？"他说了一句："我头痛明天还是得上班挣钱。"好像现在我休假在家，他挣钱就很辛苦了，我在家玩一样的。他总是说我在家闲着没事。从来不会理解我的辛苦。这两天孩子一哭我就想哭，我是不是得了抑郁症？

答：一、夫妻遇到沟通问题，先回顾一下，从前如何与他交流比较有效。抱怨他好像只会引起他的防御之心，想想他的性格脾气特点，为了生活更好地继续，让我们来做自己的主人，学习调节家庭生活，提高对生活的掌控感。

刚生了孩子，得不到很好的照顾，确实是一件很令人难受的事情。当然，也不排除有抑郁的可能，因为随着生产后雌激素的骤然下降，患上产后抑郁症的可能性也不是没有。如果不严重，一般不需要吃药，调整自己的心情即可。

你和老公结婚都快八年了，看来你们的感情基础还是不错的，从你的描述看来，你们俩的问题是沟通问题。

二、指责、抱怨是语言的暴力，你给对方暴力，对方也会还你以暴力。谁都希望得到对方的关心和爱，而不希望被批评、指责。但是我们大多数人不会表达和沟通。他在头痛的时候希望得到你的关心，可你还给他的不是关心，而是说你也没关心我。因为你也压抑久了。他听到这句话的感觉是什么？肯定也没感觉到温暖。

试试在沟通的时候不指责、不批评，而只是表达自己的感受。

这儿跟你分享我一同事跟婆婆的一次对话。因为她白天上班，一天见不到孩子。晚上下班后孩子见了她特别娇气，有时要哭，她婆婆就会说，孩子在家好好的，你一回来她就哭。相信任何人听了这话都会不高兴的，如果这位同事没有学过沟通，她可能会说："妈你怎么能这么说呢？好像我不该回家似的。"家庭矛盾可能因为这句话而升级。可是她说："妈，我听到你说孩子一天在家都好好的，我一回来她就哭（复述对方说的话，没有评价），当我听到这句话时，我觉得好像自己不应该回来（表达自己的感受，同时降低姿态表示委屈）？"她婆婆一听赶紧说："我不是这个意思。"当然她以后也不说这句话了。

沟通是一门学问，我们每个人一辈子都在学习。

6　喜欢当着外人面吵架的凤凰男，是什么心理?

问： 幸知老师你好！我老公是农村出来的，他是靠自己考出来的，人很聪明。我父母都是老师，我们两家的家庭背景差距很大，我就有一点不理解，公公婆婆喜欢当着外人吵架，越是有人围观越是吵得起劲。我真的很难理解，这种情况我往往觉得很丢人，老公也不知不觉受到了他们的影响，特别喜欢当着外人和我抬杠，吵架，我真的无法忍受，我不明白他们是一种什么心理。

答： 一、吵架"起劲"的背后需求：请关注我，重视我。

你提到老公靠自己，人聪明，比较争气，其实他可能会更担心差距感。吵架"起劲"背后的需求其实就是——请关注我，重视我。我想你可以在这方面多给予他关注。你也提到两家的背景差异，可以通过关注他这种背后的需求，减少他感受到的差异。之后，你们再来沟通吵架时这个方式问题。

二、家不是证明谁对谁错的战场

这位咨询者说她老公的好，她都能接受，她的内心需求就要证明自己对，老公好也是一种对。她的话里有潜在的轻视和否定，并把自己摆在高的位置，这样导致对方的好胜心态出现，你越不喜欢我越做，这个立足点使婚姻一开始就充满鄙视和改造，可想而知后面是争吵和辩护。她老公在做什么？在为自己辩护，为自己家庭辩护，这比面子重要多了，接下来他们会怨恨冷战。咨询者说的表面上客观，但字面推导的结果是她对，但这个"对"以夫妻冲突为代价，所以她有点不知所措。她需要意识到她优越感的不可靠和不合理，进而看到老公的各方面，让她放下不合理的优势从而体会到老公的好。这个老公是谁的？她的，所以还是她对，她放下了一种不合理的"对"，得到了更有生命力的"对"，她得到的多，自然就满意啦！

表面上看，咨询者是觉得对方丢了自己的人，一般会通过攻击的方式表达给对方，对方一听自然不乐意了，你越攻击我，我就越不想改变。实际上，她要学会理解，这些情绪是自己的，自己要为自己的情绪负责，因为毕竟对方觉得抬抬杠，吵吵架很正常，并不困扰。困扰的是她自己，她可以希望并请求对方为自己做改变，但不能强迫和要求对方改变。

丈夫出身农村、喜欢在众人面前与之抬杠、农村公婆公开吵架的案例，是否可以探索：1. 她与丈夫结婚的原因是什么？ 2. 她在婚姻中感受性爱、情感、物质和精神方面的满足度如何？ 3. 她自己的父母如何处理冲突或如何吵架？ 4. 她喜欢夫妻之间如何处理冲突或吵架？ 5. 她丈夫与之"公开抬杠"，他丈夫的感受是什么？ 6. 丈夫喜欢如何处理夫妻冲突？之前的冲突如何产生？

梳理完这六个问题，如果丈夫也有意愿一同进行咨询，夫妻关系是可以得到很大的调整的。

Chapter 6

婚姻与自我：

你需要一堂灵魂修复课

第一节 你可以爱他，但绝不要以自我牺牲为代价

女生学习很好，进入国内最好的大学，即将研究生毕业。她已经拿到了一家股份制银行的岗位，年薪 15 万元。她交往三年多的男朋友，也是同学，一心要进入仕途，而且男朋友的父母都是当官的。这个男生已经拿到北京一家行政机关的 Offer，月薪 6000 元。在拿到政府公务员 Offer 后，男生好像变了一个人。他直接和女生说：你的工作一点也不风光，你在银行工作对我仕途一点帮助都没有，你也没有任何背景，我不会和你结婚，我一定会娶一个对我前途有帮助的女生。

自从寒假回来，打饭买东西的活都是女生做，男生只是打游戏等着她带饭来。这个女生觉得，去年寒假她都把男生带回家给父母、好友看过了，自己也认定他了，没办法放手。

现在他们还是男女朋友关系，女生很痛苦。而男生也说得很明白：毕业的时候就分手。平时在一起的时候，这个女生一直听这个男生说银行的工作有多么不好，进入公务员体系才是人生正确的道路。

现在，这个女生这样咨询我："是不是银行的工作真的没有事业单位的好？我想我去事业单位也挺好的（主要目的是为了能和男朋友继续走下去）。"

当我听到这个情况时，第一感觉是哭笑不得。明摆着就是鲜花插在了牛粪上，但是牛粪自己还觉得挺牛。牛粪觉得鲜花配不上自己，更加奇葩的是，鲜花也觉得自己配不上牛粪！我心疼这个女孩子的同时，又哀其不幸，怒其不争。花样的年华，挡不住的才华，前程路上一片繁华，可是为什么要把自己绑在一个不懂得爱的官二代身上？更何况普通公务员还算不上官二代吧？

其实女生自己也明白，男生不爱自己，或者男生根本就不懂得爱，他爱的是当官这件事，爱的是能给他带来利益的人。他说不会和女生结婚，他要找一个对自己前途有帮助的人。所以，即使他跟这个女生分手后，找到一个能给他带来帮助的人，如果遇到另一个能给他带来更多利益的人，他会立刻换人。一般来说，只要有能给他更多利益的人出现，他的婚姻永远有不确定性。再者，即便他结了婚，他为了利益而离婚的可能性也非常大。女生说男生有事业心，依靠自己的女友或老婆达成利益共荣就叫事业心？连街上拉二胡的老大爷都要乐了！

放下以上的个人评判，对这个女生，可以从多个方面进行分析。比如，她如何看待自己？如何看待爱情？如何看待工作？但是我觉得最主要的就是第一条，这是关于人格独立的问题，这才是择业和对待爱情的基础。

环顾你我四周，谁都能找出一个优秀女生跟渣男不离不弃的"爱情故事"，就像电影《致我们终将逝去的青春》里的校花阮莞，也有一个不负责任的男朋友。还记得阮莞陪着跟自己男友发生关系怀孕的女生做人流后，女生流着泪对阮莞说"他配不上你"，但是阮莞依然用自己的痴情守护着这段"爱情"，直至最后死在这段感情上。我上大学时，隔壁一位长得还行的男生，毕业时带回一位北京的女友，女孩很漂亮很温柔，听说家世也非常好，但是为了爱情和亲人闹翻跟着男孩远走他乡，在我们县城的一所普通中学当了一名教师。男孩的家世一般，孤儿寡母度日，但是因为长得帅，这男孩上班后就被单位一把手的千金垂青，男孩为了自己的远大前程，抛弃了女友，选择了领导的千金，可怜的北京女孩举目无亲，也没有退路，最后竟然选择了自杀……

为什么有这么多优秀的女生把自己心甘情愿地降到尘埃里，牺牲自己的尊严与美好去换取所谓的爱情？

因为她们很少被人肯定，她们根本看不到自己的优秀，因为她们的人格未曾独立。

在我身边，在我的咨询对象中，很多的优秀女生，从偏远的农村一路披荆斩棘，过关斩将，从高考独木桥的千军万马中脱颖而出，进入名校。也许早期形成的这种不自信和不安全感，使她们注重内外兼修，努力学习、不断修炼，到毕业时别人还在为了工作发愁时，她们手里已有几份 Offer……可就是这样的女生，在情感关系中总是觉得事事不如人。

当随着她们一路经历回溯来时路，才发现，在她们的人生历程中，很少被肯定、被赞美、被珍惜、被爱。

父母总是拿女儿的缺点跟别人家的孩子的优点相比。女儿想证明自己，花了多少努力之后却发现，父母永远看到的是更"优秀"的孩子的优点，而且还不忘"教诲"女儿：女孩子再优秀，终归还是要依靠男人。于是在"爱"的名义下，父母生生地夺去了女儿的自信，也夺去了女儿独立的人格。所以，女孩子骨子里认为自己永远都不够好，因为不够好，所以不配更好的男孩。所以跟渣男在一起，是她们早就认了的命。

记得清华大学有位心理老师上课时讲到过中央电视台一档节目：曾有一个在高校门口摆地摊的男孩拐跑了一位在读的女大学生，女生为此退学，跟家人断了联系，嫁给男孩，四处流浪。老师说，为什么女孩子这么轻易地被拐跑，还心甘情愿地嫁给了小地摊主？也许她是第一次听到有人对她说"我爱你"，她太想被爱了。我在这里不是在怂恿你一定要找个高富帅，而是这些女孩儿就算不跟小地摊主，也会跟发廊小哥跑了，跑了以后过得还不幸福。

同样，《平凡的世界》中的孙兰花嫁给二流子王满银是她第一次被示爱。还有一位老师跟我说过，有女孩的父亲要天天对女儿说"我爱你"，她长大了才不至于因为稀罕这个"我爱你"而被四体不勤、五谷不分、只有嘴甜会哄女孩开心的渣男拐跑。天底下的父母都爱自己的孩子，可是很多父母不曾对女儿表达过他们的爱，反而天天在"鞭策"女儿。所以他们的爱从未被女儿感觉到，女儿在父母的打击和否定下认定了自己的不好。配不上白马王子，只配无休止地牺牲自己的尊严，为渣男做牛做马来换取后者的所谓"爱情"。

心里有缺失，总要有些方法来填补。即便填补的方式不正确，但是在这种残酷又直接的磨砺中，或许能让一个傻乎乎的女孩儿体验到真实的生活，并学会如何面对。当然，是重生还是毁灭也得靠悟性，但愿女孩儿们在痛苦的时候还懂得求助。

最后再说一句，牛粪和鲜花也不是完全不能配，好歹牛粪起到了滋养的作用，不过虽然可以滋养一时，但不能保你常开不败。等到有一天养分用尽了，我相信正常女孩还是有能力换一坨的。

① 爱不是自我作践，而是首先要尊重自己的未来

问：幸知，你好！我内心现在好纠结，不知道该怎么办？我老公比我大 24 岁，他最喜欢看美女的照片，还有 A 片。他喜欢存那些照片，他的 QQ、微信上面都是不正经女人的照片，我问他为什么喜欢存那些，他说只是看她们的照片。这样的解释我不理解。

他最近和一个女的聊得很火，那女的都叫他老公了。我问他为什么，他说网上都是乱说的，我也没说什么，也不敢多问。他脾气很怪，多问几句就会吵架。可是我不能接受这样的应答。

我知道在他心里，他一直说男人成不成功、幸福不幸福都是女人的问题，他总责怪我没帮他。他希望我生活上能无微不至地照顾他，又希望我工作上能帮他，可是只要是他叫我做的事情我都拼了命地去为他做，他依然说我没帮他。有一点点不如他意我

都会被骂得狗血淋头，每次吵架都要我去哄他，哄他却会被他贬低得一文不值，而且他一直给我的观念就是女人比男人低一等。

而且，他说女人不能交男性朋友，说别的男人只是想跟你上床而已，都不会真正把你当朋友。这几天因为一个男性朋友给我发信息，跟我吵架吵了好几天，而且把话说得很难听，他说我背着他去找男人什么的，跟他解释他根本不听。

被骂了几天，哭了几天了，心里好乱，我该怎么办？

他什么都没有，没钱、没房、没车，却有两个儿子。我知道你会想为什么我会跟他。我只能说爱，我也不知道为什么爱他，反正就是爱。幸知你告诉我男人成不成功真的是女人的原因吗？什么才是家？有些事情其实自己明白，可是就是不能挣扎出来。一个女人有男性朋友真的就是出轨了吗？求求你帮帮我，求求你！

答：首先，你们根本就没有站在一个平等的立场上。男尊女卑是旧时代的思想，也许亦是相差 24 岁的代沟。你丈夫明显就是花心男，让一个小自己 24 岁的女人既要做自己的贤内助，又要成为事业上的好帮手，又要成为两个非亲生儿子的母亲，他是不是还指望能够有个有钱有权的丈母娘呢？

不知道你们最开始因为什么而结婚，我想你会告诉我说，因为爱。越是"纯洁"不带现实色彩的爱，越是这个世界上最不靠谱、最经受不起风浪的东西。"只要是他叫我做的事情我都拼了命地去为他做"，你越是这样，越丧失了自我，对方也越觉得什么都是理所当然的。他禁止你交男性朋友，他以己度人。他跟各个女人交往，其实不过是他想跟别人上床而已。

很多人问我同一个问题，包括你。为什么他这么不堪，我还是贱贱地爱他？那么多家暴中的女子，被打得头破血流，还是离不开那个男子，宁愿备受身心折磨。所以，民间有一句话，为你而留，叫"可怜之人必有可恨之处"。

哪怕一个男人杀了人，进了监狱，爱他的女人还是爱他。爱情跟钱、车、房、人品有时候真没有关系，上帝造了他，就会有爱他的人配对出现。但是，如果这个男人一而再地伤害你，你再那么贱贱地爱他，这不叫真爱，这是懒惰，你疏懒于逃离现在的情感模式，或者说，你害怕逃离。

什么是爱？爱一定不是自我作践。爱一个人，首先要尊重自己的未来。你要因为爱他，而让自己和他的未来变得美好。这样的人生才是积极的。只有经受住现实考验的爱情，只有从此血脉相连的爱情，只有让未来变得美好的爱情，才能经受往时间考验。每个人都要为自己的未来规划，这个你爱的男人，能否与你共同铸就美好人生？还是在短暂的迷魂药过去后，给你带来巨大伤痛？

男人成不成功，女人也许会成为其中一部分诱因，但没有绝对关系。对于成功，一千个人眼里有一千种定义，但只有脚踏实地地通往成功，这样的路才是可靠的。道理谁都知道，自己却不愿意去做，宁可沦陷。在爱情上如此，事业上也是如此。这也是为什么成功人士永远只有少数的原因。

既然你意识到了，就要给自己摆脱痛苦的动力。至于你问，什么才是家？有爱、有责任、让你感觉舒服的地方，就是家。祝你幸福。

婚姻的谎言与真相

问：他跟我结婚后变了，做了很多过去没有做的事情。他不再夜不归宿，他还是爱我的。虽然，他出轨了，但是不是跟在公司压力大有关系呢？

答：可是就是这样爱你的一个男人，不停地出轨？这叫爱吗？跟下属发生关系，在妻子的质问下，然后说只是对方有利用价值，不能解除合同。一个员工能有多少利用关系？公司缺了她不能运转了？跟网友开房，说只是这段时间压力大。你信吗？今天他夜不归宿，因为你还年轻貌美，还有"利用价值"，还没有跟他吵到天翻地覆。你跟他吵架试试？除非你能容忍他一直不停地出轨，然后家只是一个他随时可以回来的温馨的备胎港。

真相其实是女人常常有救赎情结，以为他足够爱我，就可以把自己上升到救赎者或者终结者的位置上。事实上，本性难移是人类的天性。除非他有毅力去改变，否则你改变不了他的本性。

问：他追的我，他提的结婚，都是他主动的。我当时觉得他很爱我，我很有安全感。结婚前，我知道他有过好几段，但是他说了，我会是他的最后一个。

答：结婚前，你爱他，却因为爱，没有仔细去观察他。选择无条件信任，确实是夫妻和谐相处的基础，但是，这要基于对彼此观察，彼此透明的基础上。

他想跟你结婚，是为了得到你。你是个非常漂亮的姑娘，而且善良，对他来说，是一个非常适合成为妻子的人。那是基于繁衍后代的本能。而你爱他，也觉得安全，你觉得，他那么爱你，这婚姻一定是会幸福的。

但是爱情的头一年，更多是多巴胺分泌造成的结果，所以我们要拨开那层迷雾，真正从相处中去看待爱情。其实承诺是一种美好的假象，有时也是最无效的东西，他可以承诺未来爱你，对你好，但是基于承诺带来的安全感，一定是假象，是海市蜃楼。看起来迷迷糊糊很美，你陷进去，往前走，走到幻境里，其实什么都没有。记住，没有哪个女人能成为男人的救世主，除非他自己渡自己。如果出轨对他来说是一种常态，认识你之前是，认识你之后是，你还指望他会为你收心？承诺是一种美好的假象，有时也是最无效的东西。安全感，一定是自己给自己的，谁都给不了你。

问：我把家照顾得好好的，他喜欢什么我都努力去做。我没有做错事，为什么他还会出轨？

答：婚姻中最忌讳的，就是一方对另一方无条件地宽容，这种不对等的"伺候"，让女人逐渐丧失自我。你逐渐沦为他的丫鬟，而不是他的妻子。婚姻中产生的不尊重，起源是你不尊重自我。是你首先把自己放在了丫鬟的位置，他又凭什么像对待妻子一样对待你？你做惯了保姆和丫鬟，丧失了独立的能力，无论是经济独立还是人格独立。最后只会让他越发地不尊重你。你所叙说的只能表明一个真相：你确实做错事了，你做错的事就是，对自己的不负责任。

问：我要原谅他，为了孩子，我想忍一忍。没有父亲或者母亲的孩子好可怜。我希望给孩子一个完整的家。如果牺牲我的感情能换来孩子的幸福，我愿意。

答：很多女人觉得，为了孩子我不离婚，事实上呢，第一，说是给孩子一个完整的家——如果一个总出轨的爸爸和一个每天不开心的妈妈，爸爸妈妈貌合神离，孩子能幸福吗？让孩子幸福，首先要成为孩子的榜样，一个即使单身却能独立自信的妈妈，能够战胜一切困难的妈妈，才是孩子的精神支柱；第二，说是为孩子不离婚，很多女性其实不过是为了自己，因为没有勇气面对离婚后的生活，觉得重新开始的成本太高。但是，越蹉跎下去，重新开始的成本越高。连为了自己的勇气都没有，如何谈得上为了孩子？

③ 很多悲剧的发生是因为女性缺乏撑起生活的坚强

问：我是个离过婚的女人，离婚原因是家婆说我没得生。但我离婚后遇见了一个男人很爱我，我也很爱他，不介意我的过去，还说会和我生小孩。我们约定两年，如果觉得我们可以在一起，我们就去生小孩。但在我们一起一年半时，我怀孕了，他很开心，他说他会给我名分（忘了说他是个有家庭的人，有一个女儿），现在我们的儿子出生了，我们还在一起生活，可是我觉得这样下去不是办法，因为儿子入不了户口，他现在好像又没有了要离婚的想法，因为他听人说如果他老婆告他，他会坐牢、会净身出户。我好迷茫，不知道该怎么办？我也想过离开他，自己带小孩生活，但我知道他不会同意的，请教教我该怎么办？

答：你是一个太柔软的女人。每个无意中成为小三的女人，也许没想过要名分，却都需要男人的爱。他不想离婚，已经表明了他的态度，什么"老婆告他，他会坐牢、净身出户"其实都是一个欺骗的借口。本质就是，他不在乎你。

你缺少的是遵从你内心的意志。如果你想离开他，自己带小孩生活，要的绝非是他的同意，而是你的坚强。你能否足够坚强到照顾这个孩子，撑起这个家？

入户口，在当下中国确实个很麻烦的事，但是如果作为孩子的爸爸，他不管不问，那真是自私透顶。必须逼迫他想办法给小孩落户，或者托托关系，这是最现实的问题。这个问题解决了，再考虑其他。

4　趁还年轻，收起保姆的天性，恢复女人的血性

问：我 19 岁就和他在一起，现在孩子两岁。结婚后，我就几乎断了和朋友的联系，专心在家做家庭妇女，事事都为他安排妥当。可是最近他认识了 KTV 的小姐，而且我知道他们也开过房，我就大闹了一场。他认定我不会抛弃孩子离开他，所以还是肆无忌惮，当着我的面都会和那个女人聊天，我要是说两句话他就叫我离开，要不就是他走，不回家了。我不知道该怎么办。其实我还是爱他，而且我也舍不得孩子。

答：我几乎在每篇文章中都会提到这样的主旨，女生要独立自主，不要依附男人存活。在这个男权时代，不奢求每个女性都

做个"女汉子"，但要刚柔并济。专做家庭妇女、做男人背后的女人，没什么不妥，但是一定不能断了自己的社交圈，最后沦落成保姆。你现在的身份，除了孩子妈以外，还有什么吸引他的地方？还有资本很傲娇地离开他好好生活吗？如果没有，他自然肆无忌惮。所以，给你的建议是，趁现在还年轻，收起保姆的天性，恢复女人的血性。爱，不是低下求得的。爱，需要平等、需要自尊。

⑤ 越是害怕被男人抛弃的女人就越容易遭遇"抛弃"

问：我和我先生 2011 年认识，当时觉得他很体贴，很照顾我。卜厨做饭什么的。我们同居一年就结婚了并怀了孩子。但自从孩子出生，我发现他变化很大。比如很小的细节，以前每天早上都会亲一下我和宝宝，现在没了这个动作。而且他做什么事情都不问我的意见直接去做了。这样我觉得他根本不把我当一回事。每次和他说，他就会说，你算个屁，很伤我自尊。每次下班回家我们就各自做自己的，很少交流。特别是小孩不在身边的情况，一个晚上不说一句话。

有时候我也怀疑自己是不是有问题，有时我站在镜子面前，看到现在的自己青春不再，都成黄脸婆了，我不想哪天被抛弃后痛苦。每每想到他伤人的话，就难受死了。现在他都不下厨了，我每次做的饭菜不合他胃口，他就拉黑脸说我，听着很伤心。有时候自己想想都会流泪，我承认自己做事不会去想经过，没大脑。有时想过要是哪天过不下去了会怎样？我是个容易流泪的人。今年他的行为越来越让人伤心。有时候说和他沟通，一句话就是你算个屁。最近我总是觉得他有外遇，觉得他越来越对我不好，说我不满足他，语气更重。手机也不要我看。你说我该怎么办？有时想想这日子怎么过，我们结婚才三年。有人问我如果他有身体上出轨怎么办，我真不知道怎么办。我朋友说要我学会哄哄男人，可能我不了解男人。但我觉得这是双向的，夫妻不仅仅只是为了性在一起而是为了生活。期望你给我建议，我现在很迷茫。**谢谢。**

答：你在这个家庭中的地位，由此可见一斑。一个越害怕被男人抛弃的女人，越是会遭遇"抛弃"的境地，为什么？不要试图靠青春、做饭和柔弱的眼泪去挽救一个男人的心。你要靠自信、独立去征服一个男人的心。不要再暗自神伤，你越试图去抓他出轨的证据，越试图去满足他哄他，他越把你当成个屁。这话也许粗陋了，但却是事实。想想你有哪些方面是过去的他非常尊重并且欣赏的，发扬它，再想想你有哪些方面是最擅长的，可以独立生活的，努力去追求，并且实现它们，从中找到充足的成就感。我们每个女人的生活都需要很多支柱，包括亲情、友情、爱情等等，我们活着，不只是为了取悦爱情。我们即使失去一

个支柱，生活也可以继续，并且找到新的支柱，找到新的平衡
和愉悦感。

⑥ 完美主义不是自私和固执的借口

问：幸知姐，我这个人是完美主义者，我很固执。我有一次
初恋，只有这一次，可是分手了，最近分的，可是我不想。我就
要一段感情走到老，可是他跟我说不爱我了，我不相信。我一直
给他打电话，发短信要和好，但是他的态度很强硬，还把我所有
的联系方式全部拉黑。我找不到他很烦躁，我知道我这样做不
对，可是我也不知道我为什么这样啊。

我觉得我现在已经放下了，可是当我一想到我以后结婚的对
象不是初恋，我又觉得以后的日子不能过下去，我觉得以后必须
是他，不能是别的人，我喜欢从一而终。可是我能做的就是不停
打电话，被拉黑了也打，最后他都报警说我骚扰。我觉得我自己
有问题，可是我有时候想起来会失去理智。而且我特别后悔对他
这样，我老是希望时间倒流，我们不分手，或者他提分手的时候
我洒脱一点，也不会变成这样的关系，让彼此那么难堪。

我想知道时间久了，我能去把他找回来吗？或者我性格有缺
陷，我怎么说服我自己呢？希望老师解答。

答：过去的事情已经过去了，盯着过去看，只会让未来更加糟糕。从前往后推，任何一个人的人生都是不完美的。你不能保证你一出生就长得五官完美，生活在一个完美的家庭，有一对模范爸妈，然后上学时每一次考试、每一段爱情、包括穿的每一件衣服都是完美的。很多所谓完美的成功人士，都是因为人生经历中有太多的不完美，他们战胜了这些挫折，改善了自己的内部环境，从而给外人一种天生完美的错觉。美丽的玉石，也需要艰辛的锻造。

从一而终是个非常好、非常理想的爱情状态，但是它一定要建立在双方都自愿的基础上。你想从一而终，他不想，你非要把他拉到你的怀抱，只会让他离你越来越远。他报警，他躲你，你这不叫专情，叫自私。他不是你的宠物。如果不吸取教训，不顾虑他人的感受，任何一段爱情开始，男主人公都会被你吓跑。

你所谓的完美主义，其实不过是固执和缺乏安全感，不敢拥抱变化。你必须学会在实际生活中锻炼自己。改变是从小事做起的，比如你想给他打电话的时候，强迫自己不打，转移自己的注意力，看能忍多久。把后悔当作动力，要是真心想改变，就得吃苦，而不是嘴上说说而已。

第二节 独立又光彩夺目的你，值得拥有最美好的爱情

现在二十多岁的姑娘，大多数都被心灵鸡汤给浸泡着。

看了太多类似"若他情窦初开，就为他宽衣解带；若他阅人无数，就为他炉边灶台"的句子，逐渐被这种把女性当成附庸品的思想所侵蚀。慢慢地开始把男人当作世界中心，开始忘了自己原本就该是一个独立自信的发光个体。

而忽视了自我原本就是发光的独立个体的下场是什么？你开始变得疏于打扮，也不再对这个社会当下流行什么感兴趣。你整天都围着那个男人和灶台打转，灰头土脸、憔悴不堪。明明才二十几岁的年纪，生活娱乐却只剩下买不完的地摊货和逛不完的菜市场。

而男人永远都是喜爱漂亮又有个性的姑娘的，他可能很快就厌倦了如今这个毫无主见、脸色暗黄的你。而当他离开你的那一刻，原本把他当成公转中心的你，整个世界都坍塌了。

终于，现实以惨烈的疼痛让你明白，你必须再做回那个发光的独立个体，你只有先学会爱自己，才会有对的人来爱你。

二十几岁的姑娘如何成为一个自信独立的发光个体？我认为可以从以下几个方面去进行塑造：护肤、读书、社交、健身、化妆。这几个方面做好了，可以由内而外地实现向美好的转变。

你是不是迫不及待地想要做回自信的自己？因为你深知，更

美更会发光的你，也会更懂得抓住生活中的小幸福。而此后，也不必再为那些配不上你的人灰头土脸，委曲求全。独立又光彩夺目的你，值得拥有最美好的爱情。

1 爱你的人永远都会祝福你

问：你好，我离异多年，有一个女儿，去年大学毕业工作了，和我不在一个城市。我忽然有一种一人负重行走很久、突然感觉担子轻了的感觉，想坐下来休息，也更加感觉孤单。这时我结识了一位男士，我们职业差别很大，他就是一个极普通的销售人员；我在金融业，他小我三岁，是一个踏实过日子的男人，最大的特点是有主见，干净，和他在一起的感觉就是凡事不用我多想，一切都有他去处理。原本我并没有想到我们会相处下去，现在我们相处一年半的时间了。

现在的问题是：第一，我的女儿还不知道，我不知怎么和女儿说，担心她不接受，或是表面接受了心理上不接受。第二，我和他在经济上，职业等方面有差异，我有些顾虑亲朋好友包括同事们的看法。我一直很传统，为了女儿，我可以一个人继续走下去直至终老，我不知道是不是应该放下我和他的这一段感情，希望得到指导，解开心结，谢谢！

答：你是个很伟大的母亲。女儿已经工作了，独立了，其实无论她是否接受，你们都各自需要自己的新生活。这么多年，为了照顾孩子，我能想象一个母亲负重行走的坚强。她是你的寄托。这么多年，都是你照顾她的感受，也该轮到她来照顾你的感受了。这没有什么说不出口的，相反，我觉得一个大度的女儿，一定会支持你的选择。因为，她也希望看到一个快乐微笑的母亲。

如何高质量过好个人生活，是人到中年后迫切需要考虑好的一个问题。你需要重新开始一份新的人生规划，也许已经不是孩子和事业，而是健康的体魄、温暖的家庭。也许年轻的时候，两个人的感情，会考虑到经济条件，会考虑到对方父母还有孩子，但现在，没有负担又做了那么多年女强人的你，也该停下来歇歇了。

这是一个你爱的人：干净，有想法，能体贴地照顾你。其他人的看法又有什么关系呢？只要你幸福，他们都会祝福你。如果他们有看法有想法，不管你结没结婚，都会存在。比如，你看她年纪那么大了，还单着呢。各种说辞都会有的。所以，大可不必在乎。

向前一步是深渊，退后一步是幸福

问：幸知，人是不是可以有多重性格？我的意思是不只是双重的？就像人家说的，我们最终会成为自己当初讨厌的那个人！幸知，如果一个女人，已婚、有孩子、漂亮、有气质、高学历、高收入、家庭和睦，是那种让世人艳羡的女人，在世人眼里有涵养、有素养。可是，为什么会对一个比她小六七岁、吸毒、没有固定职业、高中没毕业就去混社会放高利贷，反复无常的这样一个人动心，动情？即使她自己知道不对，难道是犯贱？！谢谢幸知解答！

答：动心，动情，但是不一定结婚。女人总有那么一刻喜欢坏男人拉着你满世界跑，就像韩剧里反复出现的那种疯狂生活。很坏，很刺激，不按常理出牌，对规则世界的颠覆。生活中一切都太完美了，因为完美而枯燥。会有那么一段时间的使坏，仿佛过完这段日子，人生才算完整。请有理智地放纵自己，也千万记住，危险关系往前一步是深渊，尽早回头方为上策。

3 生活不是电视剧的煽情桥段，趁早离渣男远一点

问：认识他已经是很多年前的事了，我们只是同事关系，他是一个英俊而多才的未婚男；我是一个结婚 7 年育有两个孩子的已婚女。两年来我们一直以普通同事相处着，我讨厌他的懒惰和狂妄自大，讨厌他对爱情不忠，他总是脚踏几只船，工作总是三心二意，为此我们也经常争吵，言辞激烈，可是我们从来没记过仇，吵完就像什么也没发生过一样。而且，他跟我老公是很铁的哥们，我一直不太欣赏他的人品。可是今年不知道为什么我会喜欢上他，喜欢一个我一直认为人品有问题的人，我老公的哥们，我的同事，一个未婚男，一个狂妄自大的家伙！我居然还莫名的跟他打了 Kiss。

答：你爱他的英俊多才，你在乎他的种种，否则又怎会争吵？若是普通同事，告诉我他工作三心二意，告诉我他对爱情种种不忠，想必我会一笑置之。女人爱上丈夫的哥们，就像男人爱上妻子的闺蜜。也许你嘴皮子上不承认，却在你内心灼下了深深的印痕。

打醒你一下，你以为是电视剧桥段呢？趁早离渣男远一点，他对你就是蜻蜓点水，明天一定会爱上别家的姑娘。

请先学会自救，然后考虑对婚姻的救赎

问：幸知老师您好，还记得我吗？一年前向您咨询过的，事实上我最大的问题在我老公。

简单说吧，他虽然外表还行，可是性格暴躁、脾气很坏、平时"出口成脏"，爱酗酒。结婚五年有过多个夜晚他喝醉酒回来对我发酒疯，去年有一次喝醉酒回来对我拳脚相加。每次晚上12点以后才回来，借着酒劲要闹得家里不得安宁，有时候是骂我，有时候是骂他爸妈。总之他有各种原因要骂骂咧咧一两个小时才肯去睡觉，好多次全家睡得正安宁，他一回来就开骂，吓得我和婆婆抱着我女儿，我们三个坐在被窝给他发疯。

真的，我每次都想要离婚解脱这种生活！可是最后都会舍不得可爱的女儿，不得不放弃这种想法，我想您会说是不是他在工作或是什么方面压力大？要多和他沟通？没用的，平时我们该说的都说了，他可以说根本谈不上在工作，平时闲暇时间很多，当然收入也不高，但他就是这样一个人，改不了。

我要离婚吗？我不知这种日子什么时候才是个头。

答：一、"事实上我最大的问题在我老公。"——No！最大的问题不在你老公而在你。如果一年前一年后你的状态没有任何变化，你寄希望于通过丈夫的改变来完成你人生的转变，那么，显然，不可能！

二、客观评估匹配度。经历五年婚姻后，你丈夫看似只有唯一一个优点：外表还行。当初是因为什么选择他的呢？纯粹是因为颜控才走入婚姻？想必不是。颜值虽然能提高一个人的吸引力，但婚姻毕竟不是靠脸吃饭。

他是收入不高、酗酒成性、耍酒疯的男人，那你呢？你是否可以给自己做个白描？你的优势、你的理想婚姻、你的目标诉求、你的五年计划，只有当这些都是客观的、明晰的，你才能清楚把握婚姻在你人生中的比重，并往你真正的个人目标上进行努力。你要记得，你如果沉浸在人生的不幸里，它就是个陷阱，而且越来越暗无天日。只有把不幸当成"垫脚石"，生命里才会出现"别有洞天"。

三、"我和婆婆抱着我女儿，我们三个坐在被窝给他发疯。"——我理解你所受的痛苦折磨，还有通过文字表达情绪的愿望，但是腿长在你身上，为什么心甘情愿地被他发疯折磨，忍受他的责骂和拳脚相加？你可否有个独立的房间锁上门睡觉？你有没有激怒他的发疯欲望？你可否在他想要发疯的时候使个"娜拉出走"的手段？

四、"我是为了孩子舍不得离婚。"——从小让女儿跟着母亲，忍受一个"发疯"的父亲，那么给女儿培养的品德，是忍让吗？我们舍不得离婚，"孩子"只是一个冠冕堂皇的借口，因为这个借口让女性觉得很伟大，让女性觉得，因此产生的忍让是一种美德。殊不知，那不过是自己逃避改变的借口。请记得，改变，不一定只通过离婚这一种方式来达成。没有离婚，照样可以先在婚内进行改变。你可以舍不得离婚，但是你不能舍不得改变。

成年人的婚恋模式和行为，往往可以追溯到童年或者成长过程中的某些事件。他形成现在这样的性格，应该有其原因。也许是他父母的婚恋模式，也许是青春期恋爱造成的伤害。现在你所有的留恋，是因为心疼女儿，希望孩子也能有正常的父爱。可是你是否知道，你让女儿在这个看似健全的家庭里受到的伤害，会影响到她未来的婚恋观？童年时期安全感的缺失，极有可能在她成长后，独自面对她的恋爱和婚姻时，潜意识里保留了你现在的这种行为模式和应对方法？

五、日子什么时候是个头，关键还是你是否从今天开始有意愿去改变。第一，跟你发疯的丈夫说 No，学会爱惜自己的身体，尽量给自己和女儿一个不受他伤害的避风港。第二，有自己独立的收入，有自己可以独自生活的空间，这也是你女儿的行为榜样。第三，冷静下来思考，对他是否还有爱？是否还愿意努力，希望未来有所改观？你首先要做的，是自救，其次，才是对家庭的救赎。

六、再啰嗦一句，凡是沟通，必须在夫妻均有意愿的前提下，否则沟通就成了说教和一厢情愿。另外，一个正常家庭生活的底线是，没有正大光明的出轨，没有理直气壮的家暴。

5 幸福会在你最好的状态下与你不期而遇

问：我渴望拥有，却担心只是一厢情愿。幸知老师您好，我处于失恋当中，一直放不下那段感情。

我是乙肝病毒携带者，医生说不影响婚姻生子，认识之初我就把情况告诉了男方，他比我小三岁，我是1985年生的人，男生是医生，他的妈妈也是医生，我们在一起感情很好。

快两年时，我提出见我的父母，但是男方家庭不同意，男生抗争。不过，从说分开到现在已经两年多，他要我尽量往前走。他会努力说服他父母。2014年春节前我们一直有联系，只是关系模糊。

因为这段感情，2014年我离开了工作几年的城市，在那里我有稳定的居所，逃离到了北京，当了北漂。同年年底，我感冒严重，情绪很差，追问他努力说服家长的程度，再一次引发他对我的冷战。我上了他联系电话的黑名单，我以为我的心不会再疼了，可是，疼痛感还是在加强。我想放下，想放过自己，可是会不时地想他。我爱他，不想对他有怨念，可是我会忍不住地产生一些怨念情绪，然后依旧会生出想和他在一起的念头。有时候在想，我是不是精神有些不正常，在这件事情上，我有尽量把我的生活安排满满的，但是依旧会不时地涌起不良情绪。

我知道以我的年纪，处理情感应该是更智慧的，可是我没有，进入婚姻的压力很大。我也想进入婚姻生活，想和他，可是我知道这是渺茫的，或者是我一厢情愿的。我对于感情已经很害怕了，渴望拥有却不知道会不会再拥有。想问老师，怎样才能真正放下，恢复我的信念，慢慢回复原来开心热爱生活的自己，谢谢老师（叙述逻辑很差，多谢老师的阅读）。

答：顺从今夜，明天总会来临。

男生并不是非常在意你是乙肝病毒携带者，如果在意，不会跟你谈两年的恋爱。

男方家庭不同意，你确定仅仅是因为你是乙肝病毒携带者吗？其实，2014 年的时候，你们的感情就在走下坡路了。你们两个人的能量，整体是不对等的，只是你尚未意识到。

你成为北漂，起因是因为男生，但是不能因此自暴自弃，要懂得变偶然为机会。然而，这个时候，头脑不清醒的你，追问他，不如说是逼问，逼问他对你青春的忽略，逼问他爱了你两年却如此的不坚定。你生气，你在意的结果通过如此努力却无法达到，除了抓住不断追问以求结果这根稻草，没有任何事情可做。

那一刻，你的能量是 - 60%，他的能量可能是 - 20%，你不断想吸附他的能量，最后可能达到的状态是双方都成了 - 80%。你受不了，你陷入痛苦的僵局，自制的陷阱；他受不了，他要逃开你负能量的魔爪，于是选择了屏蔽。

任何女人失恋的常态，就是跟自己的过去和未来赌气，因为不甘心。却没有想到，也许你们的问题早就暴露出端倪，只是这种逼问的方式，追着两个人的爱情深入绝境。你的身体和情绪都出现了重大的反应，跟他虽有关系，但最重要的，是你不足够好好爱自己。

学会屈服你的内心，还爱着，别试图忘记。越想丢弃他的烙印，伤痕便愈加深刻。会疼痛，就去感知你每一寸的身体，去享受疼痛，闭上眼睛倾听血液流动的节奏，给自己的身心形成一个能量闭环。

低能量的时候，别选择做高能量状态下应该做的事，比如选择一个伴侣走入婚姻。要相信，幸福会在你最好的状态下与你不期而遇。顺从今夜，明天总会降临。

第三节　婚姻中的创伤与原则问题

　　什么是夫妻／情侣间的原则问题？有的说，信任丧失；有的说，背叛、出轨；有的说，不能越过婚姻中我们彼此设立的界限；还有的说，我们夫妻间好像还没有涉及到什么原则性的问题，暂时还没什么矛盾，如果未来有，也许是无法沟通。

　　很多女性认为，原则问题是爱人出轨或者家暴。这都属于夫妻情爱的重大创伤表现。事实上，真正的原则问题因人而异，在每对夫妻中都各不相同。夫妻之间分道扬镳，不仅是传统观念上的"原则问题"作祟，更多的是在平时忽视的"非原则问题"上栽了跟头。比如生活中一点一滴沟通不畅、负面情绪的累积。

　　真正的"原则问题"发生后，两个人不会因为触犯了想象中的原则问题而爽快分手，这也是婚姻痛苦的来由，就是出现的问题不是原则问题，怎么办？分手还是不分手？原则问题出现后，介于现实的纠葛，又无法分手。所以夫妻之间的"原则问题"，是基于彼此长期生活磨合的底线，并非只是真空想象的重大婚姻创伤。

　　时间再久，你也不会不愿碰对方的手，也不会不愿亲吻对方。这一定不正常。两个亲密的人之间，最高原则就是爱和亲密！爱不在了，亲密不在了，就要反复思量，不要因为有过"七年"时间而把自己困入"爱的圈套"。

婚前须知的"四项基本原则"

问：幸知老师您好！我和前夫由亲人介绍认识，半年内闪婚，之后问题慢慢凸显。

经济上，他从不交钱给我，没钱问我要钱时，我总是颇有微词，我曾说他吃我家、用我家的，他说我这话伤害了他。我们办酒席后第二天，我在他钱包里发现他前女友照片，我们结婚他没放我们的结婚照。我当晚哭闹追究，他的解释我根本没法认同。他安抚了几句，看我还在哭，说"我最讨厌女人哭了"，就不再理我。

之后我就对他各种怀疑，脾气也不好了，委屈郁闷发火，吵的时候也喜欢嚷离婚。而他平时的行为本就让我觉得他不爱我、可疑。他平时不愿意和我单独出去，不愿意和我朋友家人聚会，也不愿意带我进他圈子。和我结婚后就再不发朋友圈，手机洗澡都带着。他讨厌我黏他，一直不愿意单独和我住新房，要跟我父母同住。我妈妈也发现他对我冷淡，后来我们越来越不和，经常吵架。长辈的调解让他觉得都是在说他，终于有一天他觉得过不下去了，我们谈了三天，他说他被感情伤了，难恢复。他没想离婚，但他觉得我们的问题解决不了。深谈让我彻底崩溃，在纠结不舍中又持续了半年，关系也没改善，最后我主动决定离婚。

选择离婚，是觉得他不够爱我，我们的问题没法好好谈，他都是被动消极态度。但同时我也在这段婚姻里看到了我情绪化、情商低的问题，觉得自己也有很多不对。我脾气不好，说话会伤

人，不够成熟，扛不住压力，内心很纠结。一方面，说服自己他不
爱我耗着也不幸福；另一方面，又觉得离婚的决定是否不对？很多
人扛过来也好了，是不是我要求太多，对爱情幻想过重？是不是
再来一段婚姻也一样会出问题？感觉焦虑，老失眠早醒。别人都
说要总结这段婚姻，改善自己，赶快走出阴霾，但是感觉真不容
易。有时也后悔，觉得是不是不离婚更好。我要怎么疏导自己？

答：你遇到的婚姻问题对很多女性有借鉴意义，我们很多咨
询师在畅聊专区做了探讨。在这里不做重点梳理。什么样的婚才
能结？通过这个个案，我想说的是婚前"四项基本注意"。

（一）婚前守则第一条：亲人介绍的婚姻，不意味着安全了

这是一段"亲人介绍"的婚姻。有时候正因为是亲人介绍，
个人对婚姻反而少了很多承担。为什么？因为亲人在背后负责
啊！他们做了把关，这个男人是适合你的。自己也感觉不错，是
爱他的。所以，就高高兴兴地从了。如果亲人强烈反对，反而让
女性会对爱人做一个痛苦地权衡和比较，因为顶着亲人的压力走
进结婚的殿堂，是勇气，更是成本，因为未来的幸福或不幸福，
这样的风险只能自己承担。

亲爱的女性朋友们，其实无论你的婚姻背后是否有朋友或
者亲人的认可，也许你选择的是你母亲看好，你却勉强为之的婚
姻——请记得，这不代表婚姻幸福与否的风险，他们会替你扛下。

（二）婚前守则第二条：婚姻靠谱不靠谱，跟认识时长没有必然关系

认识半年结婚，应该不叫"闪婚"。认识才半年，不是你给自己不了解对方或者说狠点"识人不淑"的借口。仔细想想，这是不是跟"亲人介绍、风险减少"的想法有关？

半年时间，都没有发现对方钱包里放着前女友照片？还是谈恋爱时没放，结婚时才放了？都半年时间了，没有了解他和前女友到底是一个什么样的状态？对方都没有带你进入朋友圈子？这样仓促结合的婚姻，是否真是因为媒妁之言，到了合适的婚期，男人为结婚而结婚？

（三）婚前守则第三条：规则之上，再谈婚姻

在什么情况下，婚姻才成了爱情的坟墓？婚前那么爱我，婚后为什么对我没以前那么好了？为什么婚后才暴露了很多矛盾？

婚姻之所以成为爱情的坟墓，正是因为爱情是没有规则的，是荷尔蒙诱使的，而婚姻是遵守共同规则下的利益交换游戏，两个人之间要有可以实现利益和资源交换的地方，那么就能保持不断探索对方的兴趣，并且进行和平共处。

利益交换这个词不是不好，它意味着资源对等。

婚前你要学会确立的规则：经济问题要协商好，谁管钱？还是 AA？还是不管放在谁账户上，都要保持收支透明？谁做家

务？谁带孩子？要不要跟老人一起住？过年回谁家？遇到两人意见不一致的时候怎么办，如何抉择？

是否要为你们的婚姻划定一个明确的空间界限？他有哪些私人领域是不愿意你闯入的？你呢？你们共同的领地，同样是神圣不可侵犯的，长辈介入，只会把婚姻越调和越糟糕，因为他们的介入，客观上意味着你们双方减少了对婚姻责任的承担，这其实已是一种潜意识的逃避。

（四）婚前守则第四条：安全感来自自身，而非他人

在这位来访者的婚姻中，我们看到了没有安全感的她。是什么原因让她选择了一个在经济条件上跟她相差悬殊的他？在原生家庭里她和父母关系如何？是什么造成了她的不安全感？

这是一段成也爱情败也爱情的婚姻。因为爱他，所以黏他，而这样的爱满足了她的需要，却未必是他的真实需要：他感受到的是空间感的被入侵，他要时时刻刻带着手机来提防妻子，这段婚姻从一开始就没有建立在足够信任的基石上。

"你不爱我"为什么会给小玲带来这么大的惊恐？她的压力源是"你不爱我"。当对方的行为，被她理解为"你不爱我"的时候，就会感到伤心，恼火。这时的她已经不能就事论事，而被就此产生的负面情绪和痛苦所笼罩，进而做出伤感情的行为，或者是伤害对方的话语。

因为对方不够爱你而离婚，不如思考，到底是因为什么原因

让你们都仓促地走进这段婚姻？你们一开始结合的索求是对等的吗？黏他，因为爱他而要入侵他的生活，责备他不够爱自己，最终因为他不够爱你而离婚，可离婚就能放下对一个人的爱吗？最终，依然会因为离婚可能再也见不到他而纠结，本质上你放不下他。其实，离婚不是解决一切问题的方式，关键还是要和自己和解，探究自身问题和情绪的来源。

激情终会退却，不妨试试共同承担生活

问： 幸知老师您好。我想问我到底该不该分手？和自己的男友相处了 7 年多，曾经分手过一次又复合，现在和好了近 3 年，可现在我又觉得快坚持不下去了。我们之间没什么原则问题，他对我也还好，但越来越觉得我连他碰我的手、想和我亲吻都觉得特别别扭，于是我百般借口推辞。我一直觉得他没有错，也曾经相爱，但为什么现在变成了这样？这样正常吗？是说时间久了就会这样吗？请老师帮帮我！

答： 生理上，人体细胞每 7 年完成一次全面代谢，而多巴胺的分泌却只在相识最初的几个月。爱情由激情、亲密、承诺构成。时间相处久了，最初的激情逐步退却，很多夫妻也会陷入审美疲劳中，七年之痒，但仍有很多夫妻可以保鲜如初。从你的描

述来看，你认为你们之间没有原则问题，他对你还好，只是，你的激情有所退却。你们尚未结婚，也经历过分手后的复合，所以问问自己，是否有什么期望没有得到满足，导致自己对他在心理上产生了抗拒，从而导致不愿意有亲近行为。此外，上次分手复合是因为什么？谁先提出复合的？复合后较之前感情有哪些变化和差异？你必须把这个问题想明白。

也不妨试试通过共同的生活压力的承担、相互的赞赏、真诚的内心沟通，提升你们的亲密度。

3 家暴，是绝不能容忍的

问：幸知老师你好。我们结婚3年，孩子两周岁，丈夫就像前几次你们发的那个指责型人格L君一样，无论我做什么，他看不见对的，只看见错的。然后加以指责。我试过和他沟通但无济于事。他觉得夫为天，我只要听他的就好了，不要顶嘴、不能反抗。他自己可以不冲马桶、乱扔垃圾，而我连掉一根头发都不能不捡起来！

前两天，我被揍了！他用力把我头往墙上撞，四次，得逞两次。那种恨不得把我撞死的表情我忘不掉。第二天他就像没事人一样和我继续说笑。几天后还想和我同房。可我忘不掉他那天的表情。我是不是太贱了。

答：家暴的男人，拎着你的头往墙上撞却觉得没关系的男人，把你当成了家庭附属品，一个可以任他肆意辱虐的动物。姑娘，这么看，连宠物的待遇都比你好，你知道吗？如果你心甘情愿，我无话可说。

 家从来不是束缚，圈地思维是大忌

问：潘老师，您好，我半个月前曾经向您咨询过，提到新婚半年的丈夫想要跟我离婚，这是我们双方父母都很看好的婚姻。他条件都不错，但一开始我不是特别爱他，当然婚后挺好，他对我也挺好。可是，他婚后意识到"家"这个概念给他带来巨大的责任感和压力，让他想要逃。同时，他在工作环境中对一个同事产生了好感，他意识到在自己25岁这个年龄还有很多自由没有去体验，不甘心就这样和我过"安稳平淡"的一辈子。

经过半个月分开思考，现在我们重新住在一起了（他再次提出想分居冷静思考，但我不同意，因为他"离婚"念头没消，我怕一分居这段婚姻就更加无法挽回了）。目前他说自己会再努力调整一个月（恰好这个月我有一场重要的职场考试，他支持我，所以打算这个月先让这个问题缓一缓）。

老师，我想问的是：我明明还感觉得到他爱我，不舍得这样结束这段婚姻，为什么他没有坚持下去的信念呢？我该怎么看待他的这些想法？他让我理解他，可我真的无法理解。同时他强调这一切与那位给他好感的同事无关，可我总觉得是有关的。他说正是为了我着想，怕耽误我的青春，所以才会急着想要自己思考出一个答案——自己是否能给我幸福的承诺，自己是否有和我共度余生的信念。如果到最后没有，那还是要选择离婚。

婚姻出现危机，真的好想挽救，不想这样轻易放弃。

答：如何开始一段正确的婚姻？新婚半年到一年，最需要注意什么？学堂里并没有教给我们这些。

（一）好婚姻需要艰巨的执行力

在结婚前，夫妻双方都要意识到家带来的责任感和压力，就是我们必须要信守的原则和承诺。我们要承诺的不只是"我爱你一生一世"，不只是"无论贫穷还是富有都彼此相爱珍惜"——仪式终究是要有的，仪式却只是仪式。在仪式背后，我们要的是行动力和对目标的严格执行。

很多人对学习和工作非常上心，有目标有计划，可是在婚姻面前，为什么就会觉得一切都可以顺其自然了呢？

（二）没有荷尔蒙催产的婚姻，谨慎结合

我们可以一冲动就结婚，可以认识三天就结婚，但背后一定是双方价值观的匹配，还有为对方适度妥协牺牲的精神。否则，

荷尔蒙是婚姻的催产素，却不是最靠谱的结婚理由，但没有荷尔蒙催产的婚姻，是万万不能结合的。

我常常看到有些女孩子放弃了心爱的男孩，后来嫁给了条件还不错但不太爱的男孩，只因父母阻挠，产生了爱情是爱情、婚姻才是现实的想法。这样的婚姻，其实是需要谨慎结合的。如何让爱情和婚姻不分离？前提是两个人都具备独立的人格，在经济上谁都不依赖谁，能够支撑这个新家庭的生活，只有这样才不会过分担心结婚后的经济状况，这也是夫妻共同成长的基础。

（三）两个人的婚姻，千万不能走进画地为牢的境地

25 岁的丈夫不甘心"安稳平淡"地与你过一辈子，这也是很多男人畏惧婚姻的理由，怕婚姻这座围城把自己套牢。结婚后，更多女孩子愿意画地为牢，并且把自己心爱的男人圈进来。把自己的社交、视野都圈了进来。然而大部分男人却害怕这样的"圈地运动"。

两个人的婚姻千万不要走进画地为牢的境地。只要不自我禁锢，婚姻就不会安稳平淡。我不知道你提到的需要你丈夫背负的巨大的责任感和压力是什么？赡养父母？还清房贷？这一定是需要双方一起扛起的重担，千万别只放在你丈夫一个人那里。如果一个男人的视野里被迫看到的只是房贷、父母、孩子、家庭，那么不婚的自由，比起这些更具吸引力。

婚姻，不意味着安稳平淡，意味着从此两个人可以执手共同

成长。你往前走一点，你拉我一把，谁都不能落后半点。这样的爱情，是向上的，是有吸引力的，但绝不平淡。

（四）婚姻亮起红灯时，尊重男人想分居的想法

男人想分居有两个原因，被家束缚，想喘口气儿；另外一个原因，可能真没想好，害怕在婚姻里给不到你什么。这时候，他会觉得，与其这样拖下去，不如早点分开也是对女人的一种负责任，对自己的一种负责任。对女性来讲，女性普遍是害怕分居的。这个时候男人对女人还滞留的爱，成了她拼命想要抓住的救命稻草。对她来说，你爱我的表现，就是我们一直走下去，哪怕是拖下去。因为很多女性害怕分离。这时候，如果默许了男人的分居，她会害怕这最后滞留的爱，都会淡去。

这也是我刚才提到的圈地思维，你想跑，我使劲给你圈进来，只要你在我的世界里待着，让我看到你，我就是安分的。但恰恰这个时候的男人是最焦躁的，也许他为了履行某种责任或者义务，或者因为同情女性的天性，暂时留下来，但随之而来的，却是未来巨大的离开行动力。所以，最好的方式，应该是尊重男人此时此刻的选择，帮他去分担责任和压力，让他真正去考虑自己想要的生活，考虑在婚姻中必须要承担的责任，但这个责任一定不是女人"苦口婆心"强加给丈夫的，而是需要靠他自己去领悟的。

无论是同房不同床，还是不同房，记得适时让他回到他的世界待一会儿。对来访者来说，这个时候丈夫提出"努力一个月"，

是一个非常好的机会，但一定不是劝说的开始。

婚姻是一场漫长的持久战。你拉我一把，我拉你一下，被尊重，被依赖，同时保持共同思考，共同成长，两个人的关系才会不断进阶。

每个时刻，婚姻里的爱情，都可以是新鲜的。

5 对中国女人而言，离婚的代价到底有多大？

问：幸知老师您好，我觉得，中国目前的社会，婚姻法律是约束不了中国男人的，于他们而言，离婚没有代价。我们恰好处在中国法律保护婚姻特别薄弱的时代。所以，大家只好用"强大自己"这四个字来互相鼓劲，用经济独立、灵魂独立来要求自己。这不是不对，只是作为人，就应该有亿万种活法，我更希望我们平台中的律师，包括幸知平台和各个行业的精英人士能够推动国家法律的改革。在保护婚姻的社会体制下，女人才能有真正的精彩，而不是所有中国女人的人生"坚强"两字挂当头。

当制度不能够去维护婚姻，单靠个人的应变去维护社会变迁带来的婚姻风险，女人会越来越无趣。所以，我觉得要联合起来倡导制度上的改变。

国家必须重视家庭的价值。它是一条连接到社会进步的锁链。不能单单靠女人自己强大就会全员进步。

如果制度不做些什么，不保障女性的利益，舆论又一味只要女性强大，我觉得像走钢丝。现在不单单有幸知平台，有很多机构，有很多老师在教大家强大，变成女超人。这远不够，推动政策中对女性的保护，女性才有可能越来越好。其实大家内心的目标都一样，有人做的是维护小我，有人维护大群体。后者恰恰是最艰难最没有利益的事。让社会来保障多元化的存在。

答:（一）传统价值观念的束缚

在婚前第一课中，我们会发现处女情结会更多地困扰女性。离婚亦如是，离婚有孩，仿佛意味着女性在婚姻市场的贬值。所以，女性希望得到更多的财产或者爱情保障。这就是为什么中国女性更看重房产挂上自己名字的原因。更希望自己在嫁过去时房子车子具备——这也成了男性沉重的负担。

女性一旦因为房子车子（更多是婚前财产）的依赖，当她发现离婚后并没有获得太多，就更没有离婚的勇气，因为离婚后的物质生活没有现在"看得到摸得着"，而且孩子教育问题也成了她无法下定决心离开的缘由。同样是因为房子车子等传统价值观的考核标准，让很多女性委屈了精神上的爱情，为进入婚姻而进入婚姻，这都为日后婚姻的不幸埋下了可能的伏笔。

在我们会员里，也有一些久居美国或加拿大的，按理说有着完善的社会保障体系，为什么她们在精神上还是没有得到足够的保障呢？根源不在福利体系，根源在根深蒂固的中国式传统价值观。比如，离婚总是不好的，离婚了很难找到更合适的，婚姻能挽救尽量挽救，家丑不可外扬，即使压抑自己也要在外维持和睦贤惠的姿态，等等。

（二）中国女性处于新旧价值观念迭代的时代

新价值观念是，我要工作，我要有自己的财产，我要经济独立，只有自己才是最靠得住的；旧价值观念是，我要照顾孩子，我要料理好家庭。作为一家之长的丈夫，总得承担起整个家庭大部分的经济支柱，哪有让女人那么辛苦的道理？为什么别人家的丈夫就可以承担一切，在我家里，我还需要那么努力那么辛苦？太辛苦了容易容颜衰老？女人不应该像水一样，把自己养得好好的、美美的吗？

旧的价值观念并不是不好的。女人更擅长照顾孩子，料理家庭。但是同时承担工作职责的女性，会感受到更大的压力。最近热播的电视剧《虎妈猫爸》中，我们可以看到，赵薇饰演的虎妈，一边要承担养育孩子的职责，另一边无法协调好公司的工作，屡被老板指责。佟大为饰演的猫爸，已经是很有责任心、很会协调婆媳关系、讨老婆开心的好丈夫，即使这样，夫妻之间依然摩擦不断。而更多的家庭里，这样的丈夫却是稀有的。

新旧价值观念交替的时代里，我更赞成这样的生存法则，即妻子要美丽要独立（独立不意味着就是女汉子），要照顾家庭，丈夫也要承担一部分照顾家庭的责任。双方平等分工，更有利于相互关系的良好建构。

或者有一段时间，丈夫侧重对外，妻子更擅于安内，但是妻子必须时刻意识到，这是暂时的，或者在安内的同时，保持自我独立的人格，并且保持与丈夫同等成长的能力，否则可能会被不平衡的家庭体系淘汰。

（三）在这个时代，男性意识觉醒的速度远远赶不上女性，尤其是在婚姻建设上

在一个家庭里，妻子发现问题，重新建设改变，丈夫却不把这个问题当成问题，不保持同步的改变，这也是出现婚变的一种重要原因。

（四）婚姻的本质是交换。不意识到婚姻的交换属性，就会陷入美丽的谎言

中国关爱女性的制度确实还不够完善。制度也许能保障婚姻中的女性在经济上与男性拥有同等的权利，但保障不了爱情。而我们女性恰恰最需要和最依赖的是后者。最好的保障，是爱情还新鲜时就要学会足以应付各种可能出现的状况。婚姻的本质是交换，交换不是不好，有足够的交换力，才是爱情永恒新鲜的动力。我们女人，最大的灾难，是在爱情、婚姻、家庭、孩子中停滞了自我的成长，无论是把时间放在哪里，都不能忽视同步

成长的能力。不能把照顾家庭当成不再进步的借口。人一旦停止成长，无论多么美貌光鲜，都会在精神上走下坡路。这才是衰老的开始。

请学会在结婚之前，意识到婚姻真正的属性，对于结婚这种形式形成共识，如果负担不了家庭责任，不愿意为家庭付出，就不要盲目结婚。盲目结婚的后果，要各自承担。

"当我年轻的时候，我的想象力从没有受到过限制，我梦想改变这个世界。

当我成熟以后，我发现我不能改变这个世界，我将目光缩短了些，决定只改变我的国家。

当我进入暮年后，我发现我不能改变我的国家，我的最后愿望仅仅是改变一下我的家庭。但是，这也不可能。

当我躺在床上，行将就木时，我突然意识到：如果一开始我仅仅去改变我自己，然后作为一个榜样，我可能改变我的家庭；在家人的帮助和鼓励下，我可能为国家做一些事情。然后谁知道呢？我甚至可能改变这个世界。"

——《伦敦威斯敏斯特大教堂出口处墓碑》

　　我们女性，在这个年代，确实比男性有太多的不容易，但是这样的不容易，是以未来千千万万的女性幸福作为回报的。我们从小我出发，不是为了变超人，而是变成一个充满自信无可取代的人。我们首先是个人，是个有自信和底气的人，其次才是个女人。只有这样，才能共同去推动整个社会的进步。

　　这段话，送给所有在婚姻中挣扎的你们。

图书在版编目（CIP）数据

婚姻的十万个为什么 / 潘幸知著 .
-- 北京：光明日报出版社，2015.8
ISBN 978-7-5112-8973-5

Ⅰ.①婚… Ⅱ.①潘… Ⅲ.①婚姻—通俗读物
Ⅳ.① C913.13-49

中国版本图书馆 CIP 数据核字 (2015) 第 183955 号

婚姻的十万个为什么

著　　者：潘幸知

责任编辑：庄　宁　　　　　　　　策　　划：紫图图书 ZITO®
责任校对：张　翀　　　　　　　　封面设计：紫图装帧
责任印制：曹　净

出版发行　光明日报出版社
地　　址：北京市东城区珠市口东大街 5 号，100062
电　　话：010-67078250（咨询），67078870（发行），67078235（邮购）
传　　真：010-67078227，67078255
网　　址：http://book.gmw.cn
E-mail：gmcbs@gmw.cn　zhuangning@gmw.cn
法律顾问：北京德恒律师事务所龚柳方律师

印　　刷：北京嘉业印刷厂
装　　订：北京嘉业印刷厂
本书如有破损、缺页、装订错误，请与本社联系调换

开　　本：880 × 1230 毫米　1/32
字　　数：200 千字　　　　　　　印　　张：11
版　　次：2015 年 8 月第 1 版　　印　　次：2015 年 8 月第 1 次印刷
书　　号：ISBN 978-7-5112-8973-5

定　　价：45.00 元